KB122412

양명우파와 정제두의 양명학

The Right wing of Yangming Study and Jeong-Jedu's Yangming Study

Lee, Sang-Ho

연세국학총서 100

양명우파와 정제두의 양명학

이 상 호

혜안

머리말

철학사가哲學史家의 길은 철학사를 읽는 기준을 정하고, 그 기준에 따라 철학의 전개를 읽어 내며, 그 속에서 각 철학자들의 철학적 위치와 특징을 규명하는 것이다. 어떠한 기준을 설정하고 적용하는가에 따라 그 평가는 달라질 수 있지만, 그래도 철학사가는 모두에게 동의받을 수 있는 객관적 기준을 설정하고 그에 따른 올바른 평가를 해야 한다는 책임의식을 자기 숙명으로 받아들인다.

이 책은 필자의 박사학위논문인 「정제두鄭齊斗 양명학陽明學의 양명우파적陽明右派的 특징特徵」을 수정·보완한 것이다. 이 논문은 한국 최고의 양명학자인 정제두의 양명학을 '전체 양명학사'에서 어디에 위치시킬 것인지를 고민하던 과정에서 집필된 것으로, 전체 철학사 속에서 정제두의 철학적 특징과 그 위치를 규명하려는 것이다. 이것은 정제두가 한국 양명학의 대종사로서 인정되지만, 전체 양명학사에서 그의 양명학을 어떻게 자리매김해야 할지에 대한 연구가 제대로 이루어지지 않았다는 문제의식에서 나온 것이다.

그러나 이 작업은 전체 양명학의 흐름사를 이해할 수 있는 '기준'을 먼저 설정하고 그에 따른 전개 양상을 정리하며, 나아가 그러한 전개 양상 속에서 정제두의 양명학이 어디에 위치하는지를 규명해야 하는 복잡한 작업이었다. 물론 이러한 작업 가운데 많은 연구는 이미 선배 학자들을 통해 이루어졌으며, 필자는 그러한 연구의 기반 위에서 이 문제를 다루고 있다. 하지만 그럼에도 불구하고 아직까지 해결되지 않은 문제들이 산재해 있었다.

양명학의 전개사 위에서 정제두의 양명학을 정리하려고 하면서 부딪친 첫 번째 문제는 양명학의 전개사에 대한 학계의 통일된 견해가 없었다는 사실이다. 양명후학의 흐름을 세 개의 전개로 바라보는 입장과 두 개의 흐름으로 이해하는 입장이 때로는 충돌하고 때로는 뒤섞여 이해되고 있었던 것이다. 세 개의 흐름으로 바라보는 입장은 양지에 대한 이해를 중심으로 양명후학을 분류한다. 이것은 원래 왕수인의 직전제자였던 왕기에 의해 구분된 6개의 학파를 3개의 학파로 합쳐서 분류한 것으로, 양명의 직·재전제자를 분류하는 틀로는 대단히 유용하다. 하지만 이것은 그 이후의 전개, 특히 조선의 정제두까지 이어지는 양명학의 전개 양상을 이해하기에는 불가능하다.

이에 비해 두 개의 흐름으로 바라보는 입장은 양명학을 좌파와 우파의 전개로 이해한다. 이것은 그 철학의 내적 구조에 따른 구분이 아니라, 그 철학이 기존의 철학적 입장으로부터 '개혁성과 변혁성'을 가지는가 그렇지 않은가에 따라 구분한 것이다. 이러한 입장은 굳이 인물에 따른 전승과정이 확인되지 않아도 그 철학적 성향을 중심으로 전체 양명학 전개를 정리할 수 있는 장점을 가지고 있다. 그러나 여기에도 문제는 있었다. 이와 같은 구분은 봉건사상에서 근대성의 단초를 발견하려는 '근대성 담론'에서 특히 주목을 받으면서, 이 과정에서 '근대성의 맹아'를 가진 것으로 이해된 '양명좌파'에만 시선이 집중되었다. 이렇게 되면서 '양명좌파'는 그 철학적 특징으로부터 전개 양상까지 충실하게 연구가 이루어졌던 반면, 양명우파 철학은 양명좌파의 상대개념으로 이름만 있을 뿐 그 내용이 채워지지 않은 채 남아 있었다.

이 책의 궁극적 목적은 정제두의 철학을 전체 양명학사에서 어디에 위치시킬 것인지를 연구하려는 것이다. 이 때문에 우선 정제두의 양명학을 양명학 전개사 속에 포함시켜 논의하기 위해서는 단순화의 위험성에도 불구하고, 양명학 전개를 좌파와 우파로 이해하는 입장을 받아들일 수밖에 없었다. 그런데 이러한 선택을 하고 난 후 바로 봉착한 문제는 앞에서 보았던 것처럼, 양명우파 철학에 대한 특징과 전개 양상에 대한 연구가 거의 이루어지지 않았다는 점이다. 그럼에도 불구하고 정제두의 철학이 양명좌파 철학이 아닌 것은 이미 기존 연구를 통해 확인되고 있었으며, 따라서 정제두의 양명학은 양명우파 철학의 전개사 속에서 살펴볼 필요가 있었다. 결국 이름만 존재하던 양명우파 철학의 학문적 특징과 그 전개 양상에 대한 정리가 먼저 이루어져야 했던 것이다. 이 책의 출발점은 바로 여기이다. 먼저 '양명우파'가 무엇이며 그것이 어떻게 분파되어 이론적 전개 양상을 보여주는지를 정리했던 것은 이러한 이유에서이다.

그러나 이름만 존재하던 '양명우파' 철학에 내용을 채워넣는 것은 쉽지 않은 문제였다. 특히 어려운 점은 연구 기반과 토대가 거의 없다는 사실이다. 결국 필자는 연구의 토대를 '가설'에서 출발하기로 하였다. 방법론적으로 이미 연구가 이루어져 있는 양명좌파 철학의 특징들을 먼저 확인한 후, 그것에 반하는 철학적 특징들을 양명우파 철학으로 가정假定했다. 그리고 이 같은 입장들이 양명좌파 철학을 비판했던 일련의 인물들에게서 공통적으로 드러나고 있는지를 확인함으로써, 양명우파 철학의 특징을 규정하기로 하였다. 이러한 방법을 통해 필자는 섭표와 추수익, 그리고 유종주와 황종희로 이어지는 양명우파 철학의 학맥과 특징들을 확인하였다. '양명우파'의 철학적 특징과 그 전개 양상을 해명하기 위한 첫 번째 시도였으며, 그 결과는 이 책 1부를 통해 정리되어 있다.

이처럼 양명우파 철학을 정리했던 것은 양명우파의 학문적 전개 속에서 정제두 철학의 위치를 설정하기 위함이었다. 정제두의 철학은 양명좌파 철학에 속하지 않으며, 몇몇 중요한 특징들로 인해 이미 양명우파 철학으로 볼 수 있다는 견해들이 제출되어 있었다. 이 책의 2부는 바로 이와 같은 견해들을 실제로 증명해 보는 것이다. 1부에서 정립된 양명우파 철학의 특징들을 가지고, 그것이 정제두의 양명학에서 어떻게 드러나고 있는지를 분석하는 것이다.

이 같은 작업을 통해 필자는 양명우파 철학이 가지고 있는 세 가지 특징들을 가지고 정제두의 양명학을 분석했다. 그리고 이를 통해 정제두의 양명학은 그러한 특징들이 완성된 이론으로 구성되어 있음을 확인했으며, 그것은 전체 양명학사에서 가장 발전된 형태의 '양명우파 철학'을 형성한 것으로 평가할 수 있었다. 이것은 특히 정제두의 철학이 주자학의 체용론 기반 위에 양명학 이론을 수용하여, 그것을 하나의 완비된 이론체계로 만들고 있는 점에서 더욱 분명하게 드러나고 있다. 이 같은 정제두 양명학이 비록 그 시대의 환경에 의한 것이라고 해도, 양명우파 철학으로서의 완성도 높은 이론체계를 만들고 있다는 점은 높이 평가할 수 있는 대목이다. 이러한 점은 왕수인에 의해서 시작된 양명학이 정제두의 양명학을 통해 양명우파 철학으로 완성되고 있음을 보여주는 것이라고 말할 수 있다.

이와 같은 필자의 정리는 필요에 의해 어느 한 입장을 선택하고, 가설로부터 시작하여 확정의 단계를 거치는 작업에 의한 것이어서, 다양한 반론의 가능성이 상존한다. 또한 다른 기준의 설정을 통해 정제두의 철학을 다르게 자리매김 시킬 수도 있다. 그러나 적어도 전체 양명학사에서 정제두의 양명학을 정확하게 자리매김시키려 했던 이 책의 의도만큼은 독자들에게 제대로 전달되기를 바라마지 않는다. 그리고

이를 통해 정제두 철학에 대한 다양한 논의들이 다시 일어났으면 하는
마음이 간절하다.

이 책은 필자만의 노력만으로 이루어진 것은 결코 아니다. 이 연구
의 시작은 필자가 학자로서의 길을 걷는데 있어서 가장 큰 사표가 되
신 홍원식 교수님의 지도에 따른 것으로, 학문의 아버지 같으신 그분
의 학은學恩은 단순한 '감사의 말'로는 표현할 수 없을 것 같다. 또한
이 책이 완성되는 과정에서 날카로운 질정을 아끼지 않으셨던 임수무
교수님과 이동희 교수님께도 감사의 말씀을 전한다. 비록 학문의 범주
는 다르지만 필자의 연구에 관심을 가지고 열정적으로 지도해 주셨던
이진우 교수님께도 감사의 마음을 전한다. 나아가 양명학계의 선배이
자 스승으로 날카로운 지적과 따뜻한 격려를 아끼지 않은 영남대학교
최재목 교수님께도 감사의 마음을 감출 길 없다. 특히 함께 공부하면
서 10년을 넘게 동고동락同苦同樂해 온 김기주 선생님을 비롯하여 황
지원, 이기훈, 손미정, 심도희, 예중열 선생님에게도 감사의 마음을 전
한다. 또한 어렵게 인문학자의 길을 걷는 아들을 보면서 한시도 마음
놓지 못하는 부모님과 늘 사위의 건강 걱정에 노심초사 하시는 장인·
장모님께 이 한 권의 책이 조금의 위안이라도 되기를 바라마지 않는
다. 항상 남편과 아버지의 자리를 잘 지켜주지 못함에도 불구하고 격
려하고 기다려주는 아내 미라와 아들 주형, 그리고 곧 태어날 새 생명
에게도 사랑한다는 말을 전하고 싶다.

어려운 환경에서도 2005년도 국학진흥사업의 일환으로 연구비를 지
원해 주신 연세대학교 국학연구단에 특히 감사를 드리며, 이 같은 기
회가 더 많은 국학 연구자들에게 주어지기를 간절히 바란다. 나아가
도서출판 혜안의 오일주 사장님과 이 책을 맡아서 편집해 주신 김태규
선생님에게 지면을 통해서나마 감사를 드린다.

끝으로 이 책을 하늘에서도 형 걱정을 하고 있을 둘째 상현의 영전에 바친다.

2007년의 마지막 날에
이상호

차 례

서 론

1. 왜 '양명우파陽明右派' 철학인가?

양명학적 세계관을 가지고 살았던 마지막 유학자이자, 최초의 양명학 연구자였던 정인보鄭寅普(호는 爲堂, 1893~1950)의 평가처럼, 정제두鄭齊斗(호는 霞谷, 1649~1736)는 조선 양명학의 대종사大宗師라고 할 수 있다.[1] 이 말에는 두 가지 의미가 포함되어 있다. 하나는 정제두의 양명학에 대한 이해의 깊이가 한국을 대표할 만큼 깊다는 의미이다. 그는 양명학을 이단으로 배척했던 조선의 시대적 여건에도 불구하고 양명학에 침잠하여, 양명학에 대한 깊이 있는 이해를 하고 있다.[2] 또 다른 하나는 정제두의 양명학이 단순히 중국의 양명학을 답습한 것이 아니라, '한국적 양명학'의 특징을 드러낼 수 있을 정도의 이론적 발전

---

1) 정인보는 정제두에 대해서 "綜博한 학설을 세워서 王門의 제자들도 미치지 못할 정도의 큰 저작을 남기고 있다"고 평가하면서 "朝鮮 陽明學派로서는 霞谷이 第一類中으로도 가장 大宗이니……"라고 말한다. 자세한 것은 鄭寅普, 「陽明學 演論」, 『薝園 鄭寅普全集』 2권(서울 : 연세대학교출판부, 1983), 221쪽 참조.
2) 松田 弘은 정제두와 양명의 비교연구는 그대로 한국 양명학의 특질을 밝혀 내는 것이라고 말한다. 이러한 그의 입장은 정제두의 철학을 한국 양명학의 대표로 인정하는 것이다. 자세한 것은 松田 弘, 「朝鮮朝 陽明學硏究의 現狀과 今後의 課題」, 『朝鮮後期 論文選集』(서울 : 삼귀문화사, 1994), 358~359쪽 참조.

을 가져왔다는 의미이기도 하다.

정제두의 양명학은 여러 측면에서 중국 양명학과는 다른 이론적 차별성을 가지고 있으며, 그러한 이론 역시 나름대로 탄탄한 논리구조를 형성하고 있다. 이러한 이론적 차이와 논리구조는 그 자체로 충분히 '한국 양명학'의 지분을 차지할 만하며, 그것을 통해 당시 한국의 상황을 들여다 볼 수 있을 만큼 의미를 가진다. 정제두의 양명학에 대한 정확한 이해는 이 때문에 중요하다. 정제두 철학의 특징과 위치에 대한 규명은 곧 한국 양명학의 특징과 위치에 대한 규명일 수 있기 때문이다.

이러한 이유로 인해 근래에 들어오면서 정제두에 대한 연구는 상당히 많이 진행되었다.[3] 그러나 이 연구들 대부분은 직접적으로 정제두의 철학 속에 들어 있는 논리구조를 파헤치거나 혹은 왕수인王守仁(호는 陽明, 1472~1528)의 철학과 비교를 통해 이루어지고 있다. 하지만 필자가 보기에 정제두의 철학적 위치와 그 특징을 밝히기 위해서는 왕수인뿐만 아니라 그 이후 전개된 양명후학들과의 비교가 필수적이다. 왕수인이 양명학을 창시하고 그것이 곧바로 정제두에게 유입된 것이 아니기 때문이다.

왕수인에서 정제두에 이르기까지는 대략 200여 년 정도의 양명학 발전사가 있었다. 이 기간 중국의 양명학은 왕수인이 창시한 그 모습 그대로 유지되었던 것이 아니라 좌파와 우파의 심각한 분기현상을 겪었다. 특히 정제두가 살았던 시기 중국에서는 양명좌파의 세력이 강하게 일어났다가 줄어들었으며, 유종주劉宗周(호는 蕺山, 念臺, 1578~1645)와 황종희黃宗羲(호는 梨州, 南雷, 1610~1695) 같은 인물들이 양명좌파의 말폐적 현상을 비판하면서 새로운 양명학을 정립한 지 얼마

---

3) 정제두 관련 연구에 대해서는 다음 장(기존연구 검토)을 참조할 것.

되지 않았다. 이러한 과정에서 당시 양명학은 왕수인의 양명학과는 많은 차이를 가진 이론으로 변모되어 있었다.

정제두가 살았던 17세기 말에서 18세기 초는 특히 조선과 청나라의 교류가 빈번했던 시기였다. 이 때문에 당시의 이러한 철학적 사조들이 조선에 유입되었던 것으로 보이며, 정제두 역시 여기에서 많은 영향을 받았을 것으로 추정된다.[4] 따라서 정제두의 양명학이 가지는 위치를 정확하게 자리매김하기 위해서는 그의 철학을 양명후학들에 의해 변화된 중국 양명학과 비교하는 것이 중요하다. 이것은 전체 양명학의 흐름 속에서 정제두의 양명학을 평가하는 것으로, 이렇게 되어야 정제두 양명학의 철학적 특징과 위치가 분명하게 설정될 수 있다.

따라서 양명후학들의 흐름과 철학의 변이 양상을 제대로 정리하는 것은 정제두의 양명학을 규명하기 위한 '전제'라고 할 수 있다. 그런데 정작 문제는 이러한 '전제'가 불분명하다는 점이다. 왕수인의 후학들에 대한 분류는 그의 직전제자인 왕기王畿(호는 龍溪, 1498~1583)로부터 시작되어 현대 학자들에게까지 이르고 있음에도 불구하고, 일치된 견해가 만들어지지 않고 있다. 동시에 어느 정도 일반화된 구분 틀 역시 전체를 설명할 수 없거나, 혹은 중국에 한정되어 논의되는 경우가 많다. 이 때문에 조선의 양명학자 정제두의 양명학적 위치를 정립한다는 것은 애초부터 힘든 일이었다고 할 수 있다.

양명후학에 대한 학계의 일반적인 분류는 두 가지가 있다. 하나는

---

4) 황종희의 생몰연대가 1610~1695년이며, 정제두의 생몰연대는 1649~1738년이다. 황종희에 비해서 불과 40여 년 정도 늦게 태어났다. 이때 이미 중국에서는 양명학에 대한 변혁과 비판의 시기가 지나고 있었다. 그리고 중국 양명학의 흐름을 중심으로 명대 유학사상을 정리하고 있는 황종희의『明儒學案』역시 1676년에 이미 완성되었다. 따라서 정제두의 양명학은 이와 같은 분화와 변혁 및 그에 대한 평가까지 영향을 받은 상태에서 이루어졌을 것으로 추정된다.

양지良知에 대한 입장 차이를 중심으로 셋으로 나누는 방법이며, 또 다른 하나는 그 철학이 가진 성격과 성향을 중심으로 좌파와 우파로 나누는 방법이다.

양명후학을 셋으로 나누는 방법은 왕수인의 직전 제자인 왕기의 구분 방법에 따른 것이다. 그는 당시 양명후학들을 양지에 대한 입장을 중심으로 귀적歸寂 · 수증修證 · 이발已發 · 현성現成 · 체용體用 · 종시終始의 6개 학파로 나누었다.5) 이러한 분류방법을 현대 일본 학자인 오카다 다케히코(岡田武彦)가 차용하여 양지의 특성에 따라 귀적파歸寂派 · 현성파現成派 · 수증파修證派로 통합해서 셋으로 구분한 것이다.6) 각 학파가 양지를 어떻게 이해하고 있는지를 중심으로 학파를 나눈 것으로, 철학적 내용에 따른 학파 분류라고 할 수 있다.7) 이 방법은 현재 한국 학계에서 일반적으로 사용하는 양명후학 분류방법 가운데 하나이다.8)

---

5) 왕기의 이러한 입장은 王畿,『龍溪全集』卷1,「撫州擬峴臺會語」에서 잘 나타나 있다. 그는 여기에서 왕수인의 양지에 대한 제자들의 해석이 분분함을 밝히고, 그것을 여섯 가지로 나누어서 설명하면서 조목조목 비판하고 있다. 이러한 분류와 비판에 대해 최재목은『동아시의 양명학』이라는 책에서 알아보기 쉽게 정리하고 있다. 자세한 것은 최재목,『동아시아의 양명학』(서울 : 예문서원, 1996), 90~95쪽을 참조할 것.

6) 岡田武彦,『王陽明と明末の儒學』(東京 : 明德出版社, 昭和45年), 122쪽.

7) 岡田武彦, 위의 책, 122~123쪽 참조. 최재목은 이러한 岡田武彦의 입장이 동아시아 삼국에 보편적으로 쓰이게 되었다고 말하면서, 그의 입장과 이러한 입장의 원류인 왕기의 입장을 자세하게 소개하고 있다. 최재목,『내 마음이 등불이다 - 왕양명의 삶과 사상』(서울 : 이학사, 2003), 404~408쪽을 참조.

8) 한국 학계의 많은 학자들이 양명후학을 구분하면서 이 분류법을 차용해서 사용하고 있다. 몇몇 대표적인 입장들을 살펴보면 다음과 같다. 裵永東은 明末과 淸初의 사상을 논하는 과정에서 양명후학들을 岡田武彦의 입장을 그대로 받아 들여서 양명후학을 현성파와 수증파, 귀적파로 나누고 그것을 다시 좌파와 중도파, 그리고 우파로 분류한다. 자세한 것은 裵永東,『明末淸初思想』(서울 : 民音社, 1992) 참조. 김길락은 양명학 분류에 있어서 岡田武彦이 세 개의 학파로 나누고 있는 입장을 소개하면서 자신 역시 그 입장에 따르고 있

이 같은 구분은 양명후학들 속에 드러난 양지에 대한 이해차이를 구분하고, 그것을 통해 학파가 분화되어 가는 모습을 살펴보기에는 매우 유용한 틀이다. 하지만 이것은 어디까지나 직전 제자인 왕기의 구분 틀에 근거한다는 점을 간과할 수 없다. 왕기 당시까지의 양명후학 전개 양상에 대해서는 이러한 구분이 적용될 수 있지만, 그 이후 일어난 양명후학의 전개 양상에 대해서는 이 구분만으로 담아내기에는 무리가 있다는 말이다.

실제로 왕기 이후 양지현성론이 태주학파에게까지 이어지면서 양지현성파는 성리학적 테두리에서 '양명학'이라고 규정하기 어려운 단계로까지 발전한다.[9] 이에 비해 귀적파는 마음 본체에만 침잠하면서 재전 제자 이후 학맥의 전승이 사라지는 결과를 낳았고, 수증파는 동림학파東林學派를 거쳐 유종주와 황종희에게 이어지면서 양지 수증론 그 자체의 의미는 없어져 버린다. 특히 이러한 구분으로 양명후학을 정리할 경우, 우리는 정제두를 어디에 위치시켜야 하며 그 특징을 무엇을 기준으로 정리해야 할지 알 수 없게 된다. 전체 양명학사를 거시적인 관점에서 구분할 수 있는 틀로는 문제가 있다는 말이다.

이 때문에 양명후학 전체에 대한 거시적 구분은 용어가 가진 문제점

음을 보여준다. 자세한 것은 김길락, 『象山學과 陽明學』(서울 : 예문서원, 1995), 310쪽 ; 김길락, 「明代에 있어서의 陽明哲學의 展開」, 『中國思想論文選集 - 陽明學(1)』(불함문화사, 1996) 참조. 이 외에도 삼파 분류법에 따라서 기술하고 있는 논문으로는 김성태, 「陽明學과 王門三學」, 『철학논구』 21집 (서울대 철학과, 1993) ; 정지욱, 「王龍溪의 良知現成論 - 歸寂 · 修證派와의 비교를 통하여」, 『陽明學』 제6호(한국양명학회, 2001) ; 김동혁, 「陽明學의 철학적 특성과 그 분파적 전개」, 『논문집』 제19집(혜전대학, 2001) 등이 있다.

9) 이 때문에 후외려는 진보적인 태주학을 보수적 양명학으로부터 분리시켜야 한다는 입장을 제기한다. 그래서 그는 태주학파를 양명학과 관련지어 양명좌파라고 부르는 것에 문제가 있다고 비판한다. 자세한 것은 侯外盧, 『中國思想通史』 4卷下(北京 : 人民出版社, 1960), 971쪽 참조.

과 단순화의 위험성에도 불구하고, 좌파와 우파로 나누어 보는 것이 효과적이라고 생각된다. 일반적으로 철학사에서 좌파와 우파로 나누는 것은 순수하게 철학적 입장만을 반영한 것이 아니라, 그 철학이 기존의 입장으로부터 이탈하는 '변혁성과 개혁성'을 가지고 있는가 그렇지 않은가에 기준한다.[10] 이러한 기준은 좌파와 우파의 구분이 가장 일반화 되어 있는 헤겔후학들에 있어서도 마찬가지이다.[11] 양명학을 좌파와 우파로 구분한 것 역시 이러한 개념들을 받아들여 적용시킨 것으로, 그 자체의 철학구조보다는 그 철학이 지향하고 있는 특징을 중심

10) 일반적으로 학계에서 양명후학을 좌파와 우파로 나누는 것은 1934년 嵇文甫의 「左派王學」이라는 논문에서 비롯된 것으로 알려져 있다. 여기에서 嵇文甫는 태주학파를 진보적 성격으로 인해 좌파로 분류하고 있다. 이후 嵇文甫의 이러한 입장은 『晚明思想史論』이라는 책에서 매우 잘 드러나고 있는데, 여기에서 그는 양명좌파를 '스승의 학설을 초월하는 쪽'으로 분류하면서 여기에 대한 반대로서 양명우파 역시 한 층을 구성한다고 말한다. 특히 여기에서는 양명후학에 대한 논의가 『明儒學案』에서처럼 지역에 따른 논의는 소개되지만, 양명학을 세 개의 학파로 나누어 보는 논의는 눈에 띄지 않는다. 자세한 것은 嵇文甫, 「左派王學」, 『民國叢書』 弟2編 7(上海：上海書店, 1990) ; 嵇文甫, 『晚明思想史論』(北京：東方出版社, 1996) ; 홍원식, 「'근대적 개인'의 발견 - 태주학파를 중심으로」, 『중국철학』 3집(중국철학회, 1992), 각주 1)과 2)를 참조할 것. 원래 嵇文甫의 「左派王學」은 1934년 河南大學敎에서 발행한 『河南大學學報』 第1卷 第3期에 처음으로 발표되었다. 그리고 이 논문은 다시 1990년 上海書店에서 발행하는 『民國叢書』 弟2編 7에도 영인되어 실렸다. 필자는 『民國叢書』 弟2編 7 속에 포함되어 있는 내용을 참조하였다.

11) 헤겔학파의 좌·우파 분리는 헤겔 후학인 슈트라우쓰(1808~1874)의 『예수전』 출판이 계기가 되었다고 한다. 원래 좌파와 우파라는 말은 프랑스 의회에서 진보진영이 좌측에 앉고 보수진영이 우측에 앉으면서 생긴 말에서 빌려온 것으로, 우파는 헤겔철학을 신봉하는 쪽을, 좌파는 헤겔철학에서 관념적이고 형이상학적인 모습을 제거하는 쪽을 지칭하는 말이 되었다. 이 말에서 우파는 '신봉과 고수'라는 의미를 지니게 되었으며, 좌파는 '변혁'의 의미를 지니게 되었다. 여기에 대해서 자세한 것은 韓端錫, 『헤겔철학사상의 이해』(서울：한길사, 1981), 165쪽 이하 및 맥렐란. D, 『청년헤겔운동』, 홍윤기 옮김(서울：학민사, 1984), 15쪽 이하를 참조할 것.

으로 한 논의라고 할 수 있다. 여기에서 기준은 '성리학으로서의 양명
학'이며, 그것은 주자학과의 관계가 중요한 변수로 작용한다.

　양명학은 명대 중기 관학화된 주자학을 비판하면서 성립된 학문이
다. '성인됨'을 추구하는 주자학이 자기 기능을 하지 못하면서, 명대 중
기의 혼란한 상황이 초래되었다고 생각했던 것이다. 이러한 시대 인식
은 주자학보다 더 '성인됨'을 실현할 수 있는 방법을 고민하며, 이 과정
에서 주자학이 가진 이론체계가 맹자의 성선론을 그대로 담지할 수 없
다는 비판으로 이어졌다. 따라서 양명학의 학문 목적 역시 주자학과
마찬가지로 '성인됨'에 있으며, 사람과 세계 역시 '도덕'이라는 틀 속에
서 이해한다. 주자학과 양명학이 모두 '성리학'12)으로 규정되는 이유이
다. 주자학에서 양명학으로 흐르는 길은 결국 성리학 내의 흐름이며,
이것은 양명후학들의 흐름을 판단하는 중요한 기준이다.

　이처럼 주자학에 대한 비판으로 인해 성립되었던 양명학은 그럼에
도 불구하고 '성리학'이라는 범주 내에서는 주자학과 같은 목적을 지향
한다. 양명후학들의 분기가 시작되는 것은 바로 이 지점이다. 양명학이

---

12) 박경환은 자신의 박사학위논문에서 송명성리학의 일반적인 사유체계를 일곱
　가지로 정리하고 있다. 첫째는 '현실 속에서의 도덕적 실천을 통한 자아의 완
　성'이라는 '人道'문제에 대한 강조이며, 둘째는 天道論과 人道論 결합의 사유
　체계이고, 셋째는 보편이 특수 속에 遍在한다는 사유에 근거한 性善的 人性
　論의 확정으로 본다. 넷째는 악의 문제를 해결하기 위한 기질지성의 설정이
　며, 다섯째는 성선론에 근거한 본래의 선한 性의 '회복'이라는 修養論의 공유
　이고, 여섯째는 수양의 구체적인 방법에 있어서 이른바 존덕성과 도문학과
　같은 내외의 방법을 병행한다는 점을 든다. 그러나 이것은 心學의 존재 여부
　로 인해 송명성리학 전반에 일관된 것은 아니지만, 심학 역시 여기에 대한 비
　판에서 시작하기 때문에 일정한 영향을 인정해야 한다고 말한다. 그리고 마
　지막으로 일곱 번째는 이상적 인격인 성인에 대한 새로운 이해이다. 필자가
　주자학과 양명학을 모두 '성리학'으로 규정하는 것은 바로 이와 같은 기준에
　근거한다. 자세한 것은 朴璟煥,「張載의 氣論的 天人合一思想 硏究 - 天道論
　과 人道論을 중심으로」(박사학위논문, 고려대학교, 1997), 2~3쪽을 참조.

22

기본적으로 주자학과 같은 목적을 지향하면서, 양명후학들은 '주자학과 양명학이 가진 성리학적 공통점'에 시각을 맞추는 쪽이 생긴다. 동시에 양명후학들 가운데에는 주자학을 비판하면서 성립된 양명학의 특징에 초점을 맞추어 '주자학과 양명학이 가진 차별성'에 주목하는 입장도 생겨나게 된다. 이러한 모습은 양명후학에 대한 해석에 있어서 주자학과의 길항관계가 중요하다는 사실을 드러내는 것으로, 이를 기준으로 양명후학들은 학문적 지향점이 각기 다른 두 입장으로 나누어진다.

이 기준에 따르면 양명좌파의 철학적 특징은 비교적 분명하게 드러난다. 일반적으로 양지현성파에서 태주학파로 이어지는 길을 양명좌파로 부르는데, 이들은 기존의 성리학적 틀을 탈피하여 '개인의 정감을 용인'하고 봉건적 질서체제에 반대하는 모습을 보인다.[13] 특히 이들은 주자학과 다른 양명학만의 차별적 입장에 주목하면서 더 이상 개인을 성리학적 개념 체계 내에서 설명하지 않고, 집단적 윤리에 대한 강한 거부감을 보이게 된다. 왕기와 왕간으로부터 시작해서 이지에게까지 이어지는 양명좌파 철학의 흐름이다.

그러면 양명우파 철학의 흐름은 어떠한가? 그러나 양명우파는 양명좌파와는 달리 그들의 철학적 특징이나 학맥관계 등이 정리되어 있지 않다. 양명좌파 철학이 동양의 '근대성'이나 '개인주의의 발현'이라는 측면에서 현대 학자들의 조명을 받았던 반면, 양명우파는 양명좌파로 인해 '이름'만 존재할 뿐 그 실체가 밝혀져 있지 않았던 것이다. 이렇게

---

13) 이러한 모습은 하심은이나 안산농, 이지 등에 오면 더욱 분명하게 드러난다. 특히 이지는 개인의 정감을 중시하면서, 그것에 바탕해서 기존의 성리학에 대한 강한 비판적 시각을 견지한다. 여기에 대해 자세한 것은 유동환, 「李贄의 天理人欲論 硏究」(박사학위논문, 고려대학교, 2000) 및 이상호, 「李贄의 사욕긍정과 다욕부정의 논리」, 『중국철학』 14집(중국철학회, 2006) 등을 참조할 것.

되면서 양명학은 왕수인으로부터 양지현성파를 거쳐 태주학파로의 길이 일반적인 것처럼 인식되기에까지 이르렀다.

그러나 양명후학 가운데에는 이른바 귀적파나 수중파의 인물들도 있었으며, 이후 동림학파를 거쳐 유종주와 황종희에게로 이르는 길이 따로 존재한다. 동시에 조선조 정제두의 양명학 역시 양명좌파 철학의 특징을 가지고 있지는 않다. 양명후학으로서 양명좌파 철학에 대해 반대하는 입장을 견지한 이들이 존재하고 있으며, 그들 나름대로 하나의 흐름을 형성하고 있는 것이다. 따라서 이들을 양명우파의 흐름으로 묶어서 그들의 철학적 특징을 확보할 수 있다면, 이것은 양명후학의 흐름을 객관적으로 읽어낼 수 있는 근거가 된다. 양명후학의 발전단계를 양명좌파로의 이행으로만 바라보았던 오해를 불식시킬 수 있으며, 동시에 명대明代에서 청대淸代로 이어지는 양명학의 흐름을 균형 있게 이해할 수 있는 것이다.

그리고 우리는 이 지점에서 정제두의 철학에 대한 제대로 된 이해의 가능성을 열게 된다. 주지하다시피, 정제두의 양명학이 양명좌파적 특징을 지니고 있지는 않다. 그는 양명학 역시 기본적으로 '성리학'으로 이해하고 있으며, 이것은 그가 양명학을 주자학에 비해 훨씬 더 '성리학적인 요소를 가진 철학'으로 이해하고 있는 데에서 잘 드러난다. 양명학이 개인의 욕망에 대한 인정의 가능성이 있음을 인식하여, 그것을 차단하려는 시도에서 그의 양명학이 이루어지고 있다는 점은 매우 눈여겨보아야 할 부분이다.

따라서 정제두의 양명학은 양명우파 철학의 특징을 추출하고 그것을 가지고 그의 철학을 분석할 때, 그의 철학적 특징과 양명학사 내에서 차지하는 철학적 위치를 확인할 수 있을 것으로 생각된다. 이러한 의미에서 양명우파에 대한 연구는 정제두 철학의 위치와 특징을 분명히 하기 위한 선행연구로서의 의미를 가진다고 할 수 있으며, 동시에 전체 양명학사를 좀 더 다양하고 복합적으로 이해할 수 있는 가능성을 여는 것이기도 하다. 이것은 기존의 정제두 양명학에 대한 연구가 왕수인의 철학과 비교를 통해 이루어지는 것과는 달리, 전체 양명학 흐름 속에서 그의 철학적 특징을 확인하게 될 것이다.

　'왜 양명우파인가'라는 물음에 대한 답은 여기에 있다. 정제두의 철학적 특징과 위치는 양명후학들의 흐름 속에서 파악되어야 한다. 그리고 이러한 양명후학들의 흐름 역시 세 개의 학파로 분리해서 보는 방법에 비해, 좌파와 우파의 흐름으로 보는 것이 효과적이다. 정제두의 철학은 양명우파 철학의 입장에서 이해할 때 그 철학적 위치와 특징이 분명하게 부각될 수 있다는 말이다. 따라서 양명우파에 대한 연구는 정제두 철학의 위치를 설정하기 위한 선행연구로서 의미를 가지며, 동시에 전체 양명학사를 좀 더 다양하고 복합적으로 이해할 수 있는 가능성을 여는 것이기도 하다. 또한 이를 바탕으로 정제두의 철학을 이해하는 것은 정제두의 철학만을 대상으로 하거나 왕수인의 철학과 직접 비교를 통해 정제두의 철학적 특징을 드러내는 연구들과는 달리, 전체 양명학의 계보 속에서 정제두 철학의 특징과 위치를 규명하는 것이기도 하다.

　이러한 이유에서 이 글은 크게 두 가지를 목적으로 한다. 하나는 양명우파의 철학적 특징과 그 학문적 전개 양상을 규명하는 것이다. 양명우파라는 '이름' 속에 들어갈 내용을 확인함으로써 실질적인 양명우파의 철학적 특징과 그 전개가 어떻게 이루어지고 있는지를 확인하려는 것이다. 이러한 시도는 기존의 양명좌파 철학에 대한 연구 성과들을 참고하여, 그것과 반대되는 철학적 성향의 흐름이 있는지, 그리고 있다면 어떠한 특징을 가지고 있는지를 확인함으로써 이루어질 것이다. 두 번째는 이러한 양명우파의 철학적 특징들이 확보되면, 이것을 중심으로 정제두의 양명학을 분석하려고 한다. 이 시도는 정제두의 철

학이 양명좌파 철학이 아니라는 '가정'에서 출발하지만, 이를 증명하면
전체 양명학 흐름 속에서 그의 철학적 특징과 위치가 분명하게 드러날
수 있다. 이것은 궁극적으로 전체 양명학사에서 정제두의 철학이 차지
하는 특징과 그 위치를 분명하게 드러냄으로써, 한국 양명학의 특징과
위치를 확보하려는 것이기도 하다.

2. 기존 연구 검토

이전 연구 성과들에 대한 검토는 이 책의 문제의식을 분명히 하기
위한 것이다. 그러나 이 책에서 필자가 가지고 있는 문제의식과 일치
하는 연구성과는 실제 거의 존재하지 않는다. 물론 몇몇 논문이나 저
작 속에서 정제두의 철학이 '양명우파' 철학적 성향을 가진다는 주장들
이 제기되지 않았던 것은 아니지만, 그것이 구체적으로 어떠한 특징들
속에서 이루어지는지에 대한 논의는 없었기 때문이다. 물론 필자는 이
러한 선행연구들이 가지고 있었던 '추측'이 의미 없다고 보지는 않는
다. 필자의 연구는 이들의 추측을 제대로 증명해 보기 위한 것이기 때
문에, 그들의 영감과 추측은 필자에게 직접적인 영향을 준 것이라고
할 수 있다. 그러나 좀 더 세밀한 논의를 통해 정제두의 양명학을 전체
양명학사에서 조망하려 했거나, 혹은 양명우파적 특징으로 기술하려
했던 연구는 없다고 할 수 있다.

이러한 이유에서 필자는 부득이하게 이전 연구성과들을 두 부분으
로 나누어 살펴볼 수밖에 없다. 하나는 양명우파의 철학적 특징을 확
인하는 작업에서 중요한 영향을 주었던 양명후학 및 양명우파에 대한
연구들이며, 또 다른 하나는 하곡 정제두에 대한 기존 연구들이다. 이
들의 연구들을 간단하게 살펴봄으로써 이 책의 연구가 어떤 문제의식

에서 시작하며 어느 위치에 서 있는지를 확인해 보고자 한다.

1) 양명우파에 대한 기존 연구들

양명후학에 대한 최초의 분류를 한 사람은 왕수인의 직전제자인 왕기이다. 그는 왕수인 제자들의 양지에 대한 해석을 중심으로 6개의 학파로 나누고 있다.[14] 이 분류는 최초로 시도되었다는 점 외에도, 양지에 대한 이해 차이를 중심으로 학파를 나눈다는 점, 그리고 이후 현대학자인 오카다 다케히코를 통해서 세 개의 학파로 통합·분리됨으로써 동아시아 전체에서 양명후학을 분류하는 중요한 기준이 되었다는 점 등에서 그 의미를 가진다.

왕기 이후 양명후학에 대한 학파 분류는 황종희의 『명유학안明儒學案』에서 이루어지고 있다. 물론 그의 스승인 유종주의 「사설師說」이 있기는 하지만, 그것은 『명유학안』의 원류로서 의미를 가질 뿐, 내용의 소략함과 개인에 대한 소개에 그침으로 인해 후학들에 대한 분류로 보기에는 무리가 있다. 『명유학안』은 양명후학들을 지역에 따라서 7개의 학파로 분류하고, 그 속에 있는 학자들의 대표적인 저작 속에 있는 내용을 발췌해서 소개하고 있다. 그러나 이것은 양명학을 지역에 따라서 분류하고 있어서 학파분류의 선행연구로는 큰 의미를 가지지는 않는다고 할 수 있다. 다만 이것이 의미 있는 것은 황종희의 양명학 도통道統에 대한 입장들이 반영되어 있는 저작이라는 점이다.[15] 따라서 양명

---

14) 여기에 대해 자세한 것은 이 글의 각주 5)와 6)을 참조.

15) 이것은 필자의 입장이다. 아직 한국에서 『明儒學案』을 황종희 철학이 가진 양명우파적 성향에서 읽어 내려는 연구들이 없기 때문에, 그 특징이나 관점들이 학계에서 분명하게 보고되어 있지 않은 상태이다. 다만 勞思光은 『明儒學案』에 대해서 "마음 가운데 양명학의 유폐를 깨끗이 없앤다는 목표가 있다"라고 밝혔다. 이러한 점은 『明儒學案』을 陽明學과 관계지어 논하고 있음

후학에 대한 분류방식으로는 큰 의미가 없어도, 황종희의 철학적 특징을 이해하는 데에는 중요한 의미가 있다. 이러한『명유학안』의 논의를 그대로 이어 받아서 정리하고 있는 대표적인 책으로는 후외려侯外廬, 구한생邱漢生, 장기지張豈之의『송명성리학宋明性理學』이 있다.16) 여기에서 후외려는 양명후학을 삼파三派나 좌·우파로 구분하기보다는 지역과 학단에 따른『명유학안』의 분류를 차용해서 후학들의 학문을 기술하고 있다.

『명유학안』및 그와 유사한 분류 방법을 차용하고 있는『송명성리학』을 제외하면, 양명후학에 대한 논의는 앞 장에서 밝혔듯이 '양지'에 대한 견해 차이에 따라 삼파로 구분하는 쪽과 좌·우파로 구분하려는 입장들로 나뉜다.

양명후학을 삼파로 나누어 보는 대표적인 견해는 오카다 다케히코(岡田武彦)의『양명학과 명말의 유학(陽明學と明末の儒學)』이다. 이 책은 양명후학들을 현성·수증·귀적으로 나누고, 그것을 다시 좌파와 중도, 그리고 우파로 나누어서 이해한다. 이러한 입장은 오카다 다케히코를 비롯한 여러 학자들에 의해서 집필된『양명학의 세계(陽明學の世界)』17)라는 책에서 좀 더 세밀하게 논의되며, 이후 한국학자들에게도 영향을 주게 된다. 배영동裵永東은『명말청초사상明末淸初思想』이라는 책에서 양명후학들을 현성파·귀적파·수증파로 나누고, 그것을 다시 좌파와 우파, 그리고 중도파로 구분한다. 그러나 이러한 연구성과들은 이후의 좌파적 성향에 대해서는 분명하게 언급을 하고 있지만, 우파나

을 알 수 있게 한다. 필자의 자세한 입장은 이상호, 「『明儒學案』과 양명우파 철학」,『중국철학』12집(중국철학회, 2004)을 참조. 노사광의 입장에 대해서는 勞思光,『中國哲學史 - 宋明篇』, 鄭仁在 옮김(서울 : 探究堂, 1987), 531쪽 참조.

16) 侯外廬, 邱漢生, 張豈之,『宋明理學史』(北京 : 人民出版社, 1997年).
17) 岡田武彦 編著,『陽明學の世界』(東京 : 明德出版社, 1986), 281~341쪽 참조.

중도파의 학파적 전개나 발전에 대해서는 다루지 못하는 한계가 있다.

최재목 역시 양명후학을 분류하면서 "양지론의 전개 양상"으로 정리함으로써, 양지의 이해에 따른 학파 분화에 초점을 맞춘다. 여기에서는 특히 왕기의 학파 분류와 비판을 자세히 소개하고 있으며, 오카다 다케히코의 입장도 함께 소개한다.18) 김길락 역시 이러한 입장들을 받아 들여서『상산학과 양명학』및「명대에 있어서의 양명철학의 전개」라는 글에서 양명후학을 삼파로 분리하고, 그에 따른 철학적 특징들을 정리하고 있다. 이외에 김성태의「양명학과 왕문삼학王門三學」, 정지욱의「왕용계의 양지현성론 - 귀적·수증파와의 비교를 통하여」, 김동혁의「양명학의 철학적 특성과 그 분파적 전개」와 같은 글들 역시 오카다 다케히코의 입장에 기본적으로 동의하면서, 그 후학들을 삼파로 분리한다.19) 하지만 이들의 연구성과들 역시 동림학파東林學派나 유종주·황종희로 이어지는 학술적 전개에 대해서는 제대로 정리하지 못하는 한계를 가진다.

이에 비해 양명후학을 좌파와 우파로 구분하는 대표적인 연구로는 이미 앞장에서 밝혔듯이 혜문보嵇文甫의「좌파왕학左派王學」과 그것을 기반으로 기술된『만명사상사론晩明思想史論』이 있다. 이 책에서 혜문보는 양지를 중심으로 한 학파 구분에 대해서는 언급하지 않은 채, 학문적 성격만을 가지고 구분한다. 그러나 혜문보 역시 양명좌파 철학의 특징에 대해서는 밝히고 있지만, 양명우파의 철학적 특징에 대해서는 언급 없이 인물들을 중심으로 논의를 전개하고 있을 따름이다. 좌·우파로 나누는 또 하나의 대표적 저작으로는 황공위의『송명청리학체계론사宋明淸理學體系論史』가 있다.20) 이 책에서 황공위는 양명후학들을

---

18) 자세한 것은 최재목, 앞의 책, 86쪽 이하 참조.

19) 자세한 서지사항은 각주 8) 참조.

20) 이 책에서 黃公偉는 학파의 전수관계 및 이론적 특징들을 도표로 표현하고

좌파와 우파로 구분하고, 이 범주를 재전 제자들에 이르기까지 확대시키고 있다. 특히, 그는 여기에서 수증파와 귀적파 모두를 우파로 이해하고 있으며, 현성파만을 좌파로 분리시키고 있다. 좌파와 우파에 따른 비교적 분명한 구분이다. 그러나 이 입장들은 중국에서 양명좌파를 높이 평가하는 과정에서 나온 것으로, 양명좌파와 우파를 나누고 있어도 어떠한 기준으로 좌파와 우파를 분리하는지에 대한 깊이 있는 논의는 이루어지지 않고 있다. 양명좌파 인물들을 먼저 구분해 낸 후, 좌파가 아닌 나머지 인물들을 우파로 분류하고 있는 것이다.

이외에 양명후학을 다루고 있는 연구로는 양국영楊國榮의 『양명학』21)이 있다. 이 책은 양국영의 박사학위논문으로 출간된 책을 번역한 것으로, 왕수인으로부터 웅십력까지의 양명학 발전사를 다루고 있다. 그러나 양국영은 이 책에서 양명학의 발전사를 학파의 분기를 중심으로 정리하는 것이 아니라, 대표적인 이론들을 거점으로 해서 정리하고 있다. 특히 이것은 중국만을 대상으로 한 책으로, 중국의 양명학사를 전체 양명학사로 이해하고 있다. 다만 이 책에서는 '양명학'의 귀결점을 황종희를 통해서 이해함으로써 유종주와 황종희를 양명학의 발전사라는 측면에서 기술하고 있는 것이 특징이다.

이 외의 대부분의 연구는 철학사를 기술하면서 양명후학들 가운데

있는데, 이 가운데 양명학파(요강학파)의 전수과정에 대해서는 좌파와 우파로 분리하고 있다. 좌파로는 태주학파와 절강학파의 왕기를 포함시키고 있으며, 우파로는 강우학파를 지칭하면서 인물들로는 섭표와 추수익·나홍선·구양덕·유문민 등을 들고 있다. 그리고 절강학파에서도 전덕홍과 황관을 우파로 들고 있다. 이 책에서는 수증파와 귀적파를 따로 구분하지 않고 있으며, 양지에 대한 입장차를 가지고 학파를 분리하지도 않는다. 이를 통해 재전 제자들에 이르기까지 좌·우파 분리를 시도하는데, 이것은 양명학을 철저하게 좌·우파로 분리하는 입장임을 알 수 있다. 자세한 것은 黃公偉, 『宋明淸理學體系論史』(臺北 : 幼獅文化事業公司, 1971), 379쪽 이하를 참조.
21) 楊國榮, 『陽明學』, 김형찬, 박경환, 김영민 옮김(서울 : 예문서원, 1994).

중요도가 있는 제자들을 몇 명 언급하는 책들이다.[22] 이외에는 주로 양명좌파의 성격이나 근대성에 초점을 맞춘 연구이거나 혹은 좌파인 물에 대한 단독연구가 대부분이다.[23] 그러나 이러한 논문들은 이 책에서 목적하는 선행연구와는 크게 관련성이 없기 때문에 따로 거론하지 않는다.

2) 정제두에 대한 기존연구

다음은 정제두에 대한 기존연구들이다. 지금까지 정제두에 대한 연구는 그의 철학적 특징과 논리구조, 나아가 경학 등과 관련되어 많은 연구가 진행되어 왔다. 이것은 근래 한국 철학계가 양명학으로까지 지평이 확장되고 연구자들의 관심도 넓어지면서 이루어진 결과이다. 정제두에 대한 가장 대표적인 연구로는 김교빈의 박사학위논문인 「하곡 철학사상에 관한 연구」[24]가 있으며, 이것은 이후 약간의 보완·수정을 거쳐 『양명학자 정제두의 철학사상』[25]이라는 단행본으로 출간되었다.

---

22) 대표적인 저작들을 몇 개 소개하면 다음과 같다. 齊魯大學國學硏究所, 『明代思想史』(臺北:臺灣開明書店, 1978) ; 勞思光, 앞의 책 등이 그러하다. 여기에서는 주로 왕기와 추수익·섭표·왕간 등을 중심으로 다루고 있으며, 그 이후 학파의 전승관계에 대해서는 언급하지 않고 있다.

23) 앞에서 양명좌·우파 논의를 위해서 언급된 논문들 가운데에도 여기에 속하는 연구성과물들이 많으므로, 여기에서는 그것을 제외한 몇몇 대표적 연구들을 소개하고자 한다. 가장 대표적인 것으로는 金守中, 「陽明學의 '大同'社會意識에 관한 硏究」(박사학위논문, 서울대학교, 1991)가 있다. 이것은 양명학의 '대동'사회론을 왕수인과 대표적 좌파 인물인 왕간과 하심은을 중심으로 고찰하고 있는 논문으로, 왕수인 후학에 대한 초반기 연구라고 할 수 있다. 이외에 劉東桓, 「李贄의 天理人欲論 硏究」(박사학위논문, 고려대학교, 2000) ; 박상리, 「王艮의 安身說」, 『양명학』 제3호(한국양명학회, 1999) ; 이경룡, 「羅汝芳의 天命流行과 主靜主敬工夫論」, 『양명학』 제7호(한국양명학회, 2003) 등이 있다.

24) 김교빈, 「霞谷哲學思想에 關한 硏究」(박사학위논문, 성균관대학교, 1991).

이 연구는 정제두에 대한 본격적인 연구를 촉발시켰던 것으로, 특히 정제두의 철학적 구조에 초점을 맞추어서 해명하고 있다. 여기에서 김교빈은 정제두의 철학을 주자학과 양명학을 절충시킨 학문으로 규정하고 있으며, 그 근거를 정제두 철학이 가진 이원론적 구조에서 찾고 있다. 이 논문은 이 책에서 정제두의 철학을 양명우파로 규정할 수 있도록 단초를 제공했던 것으로, 중요한 선행연구라고 할 수 있다. 다만 김교빈의 논문은 정제두 개인의 철학에만 한정되어 있어서, 전체 양명학사에서 정제두가 차지하는 위치나 학문적 특징을 밝혀내지 못하는 한계를 가진다.

정제두에 대한 대부분의 연구는 이처럼 개인의 철학사상이나 철학구조를 밝혀내는 연구가 대부분이다.26) 이것은 한국철학사 내에서 주목받지 못했던 정제두의 양명학을 발굴하고 정리한 것으로는 중요한 의미를 가지며, 이들을 통해서 정제두의 철학이 가진 구조가 드러났던 것도 사실이다. 그러나 이 연구들은 여전히 개인 인물에 초점이 맞추어져 있어서 김교빈의 연구가 가지는 한계를 그대로 가지고 있다.

이러한 연구에서 조금 더 발전된 형태가 바로 정제두의 철학을 왕수인과 비교하고 있는 입장들이다. 박연수의 박사학위논문인 「하곡 정제두의 사상에 있어서 인간이해에 관한 연구」27)는 정제두 관련 박사학위

---

25) 김교빈, 『양명학자 정제두의 철학사상』(서울 : 한길사, 1995).

26) 대표적인 몇몇 연구들을 예로 들면 다음과 같다. 윤사순, 「鄭齊斗(霞谷) 陽明學의 硏究」, 『韓國學硏究』 4권(고려대학교 한국학연구소, 1992) ; 정인재, 「鄭霞谷의 良知說」, 『韓國儒學思想論文選集』 56권(불함문화사, 1996) ; 이해영, 「霞谷 鄭齊斗 哲學의 陽明學的 展開」, 『韓國儒學思想論文選集』 28권(불함문화사, 1993) ; 박연수, 「霞谷鄭齊斗의 知行一體觀」, 『韓國儒學思想論文選集』 28권(불함문화사, 1993) ; 금장태, 「霞谷 鄭齊斗의 心學과 經學」, 『종교학연구』 17(서울대학교 종교학연구회, 1998) 등이 있다.

27) 박연수, 「하곡 정제두의 사상에 있어서 인간이해에 관한 연구」(박사학위논문, 성균관대학교, 1989).

논문으로는 가장 먼저 출간된 것으로, 정제두 철학의 인간관을 그 대상으로 한다. 이를 위해 박연수는 서양과 주희, 그리고 왕수인의 인간관을 비교하면서, 하곡 정제두의 인간관을 도덕적 주체와 행위의 당위적 주체라는 특징으로 정리하고 있다.

그 외에도 박홍식의 「양명 왕수인의 양지설과 하곡 정제두의 생리설 비교연구」[28]와 일본 학자인 마쓰다 히로시(松田 弘)의 「조선조 양명학의 특질과 그 논리구조」[29]가 있다. 박홍식은 앞의 연구를 통해 왕수인의 양지설과 정제두의 생리설이 같은 문제의식에서 출발했다고 보면서, 이 둘을 비교하고 있다. 이러한 비교를 통해서 박홍식은 정제두의 철학적 특징을 양지설을 수용하면서도 양지가 가질 수 있는 '욕망긍정론'의 가능성을 차단하는 철학으로 정리하고 있다. 이 연구는 본 논문에서 정제두의 철학을 양명우파로 보게 하는 단초를 제공하고 있다.

이에 비해 마쓰다 히로시(松田 弘)는 「조선조 양명학의 특질과 그 논리구조」에서 정제두의 철학이 갖는 한국철학사적 의미를 짚고 있다. 여기에서 그는 정제두의 철학을 "육구연과 왕수인으로 대표되는 심학의 사조와 기대승으로 대표되는 조선유학사상사의 철저한 리기합일론의 합류지점에서 독자적인 논리구조를 가지고 만들어진 것"[30]으로 정리한다. 이러한 점은 정제두의 철학이 갖는 특징을 조선 주자학과의 연관성 속에서 해명하고 있는 것으로, 정제두 철학의 출발점에 대한 이해를 바탕으로 그의 철학을 규명하고 있는 것이다.

---

28) 박홍식, 「陽明 王守仁의 良知說과 霞谷 鄭齊斗의 生理說 比較硏究」, 『한국 유학사상논문선집』 28(불함문화사, 1993).

29) 松田 弘, 「朝鮮朝 陽明學의 特質과 그 論理構造」, 『韓國學報』 제25호(서울 : 일지사, 1981).

30) 松田 弘, 위의 논문, 111쪽 참조.

그러나 이 두 연구는 여전히 왕수인과의 직접 비교를 통해서 정제두의 철학을 정리함으로써 박홍식 스스로도 "양명학 자체도 양명의 여러 제자를 거치면서 변모"[31]했음을 인정하지만 그것이 연구에 반영되지 않고 있는 한계를 가진다. 즉, 200여 년간의 양명학 발전사나 학파 분기에 관계없이 왕수인과 정제두의 철학만을 비교함으로써, 전체 양명학사에서 정제두의 철학이 차지하는 위치를 밝혀내지는 못했던 것이다. 그럼에도 불구하고 양명학이라는 지평에서 정제두의 철학적 특징을 밝혔다는 점에 있어서는 중요한 의미를 가진다고 할 수 있다.

이외에는 한국 양명학사나 철학사를 다루면서 정제두의 양명학을 조명한 연구들이 있다. 가장 대표적인 연구로는 정인보의『양명학연론 陽明學演論』을 들 수 있다. 정인보는 이 책에서 정제두를 한국 양명학의 대종사로 규정하면서, 그의 철학적 특징을 '실심實心'에 근거해서 해석하고 있다. 그는 특히 조선의 주자학자들이 양명학을 이단시하고 있음에도 불구하고 그것을 연구한 정제두에 대해서 높게 평가하면서,[32] 이러한 실심에 근거한 자세가 일제강점기를 살고 있는 사람들에게서도 일어나기를 바랐던 것이다.[33] 특히 이 책에서는 정제두를 조선 양명학을 일으킨 사람이면서 학문적인 이론을 완비시켰던 인물로 평가하면서 한국 양명학사에서 가장 중요한 인물로 설정한다. 하지만 이 연구는 역시 전체 양명학사에서 정제두의 위치를 밝히기 위한 목적으로 이루어진 것이 아니어서, 그의 철학적 위치를 설정하고 있지는 않다.

이후로도 한국 철학사나 한국 양명학사를 다루면서 정제두에 대해

---

31) 박홍식, 앞의 논문, 354쪽.
32) 정인보, 앞의 책, 221쪽 이하를 참조할 것.
33) 이상호, 「鄭寅普의 陽明哲學硏究」(석사학위논문, 계명대학교, 1998), 70~71 쪽 참조.

다루고 있는 연구들도 많다. 대표적인 연구로는 유명종의 『한국의 양명학』,[34] 윤남한의 『조선시대의 양명학연구』,[35] 김길환의 『한국양명학연구』[36] 등이 있다. 이 가운데 유명종의 『한국의 양명학』에서는 정제두의 양명학을 양명우파라고 직접 거론하고 있지만,[37] 어떠한 이론적 특징에 의해서 그러한지는 밝히지 못하고 있다.

3) 문제제기와 책의 구성

이러한 입장에서 보면, 양명우파를 학파적 관점에서 접근하여 그 이론적 특징과 내용을 규명하고, 그 학파의 전승을 정리하는 것은 이 연구에서 처음 시도되고 있는 것이다. 양명우파에 대한 첫 연구라고도 말할 수 있다. 동시에 이것은 양명학사 전체를 큰 줄기로 나누어 봄으로써 실질적 사승관계에 근거하지 않더라도, 양명학이 발전할 수 있는 두 가지 다른 갈래의 길을 드러내 보이려는 것이기도 하다. 양명학은 주자학에 비해 '개인'을 중시하면서도, 여전히 '성리학'이라는 공통의 문제의식을 가지고 있다. 이것은 양명학이 두 가지 극단적 방향으로의 발전가능성을 시사하는 것으로, 여기에 따라서 양명학사를 정리하는 것이 양명학의 특징을 더 잘 드러낼 수 있다는 것이 필자의 생각이다.

---

34) 유명종, 『韓國의 陽明學』(서울 : 同和出版社, 1983).

35) 윤남한, 『朝鮮時代의 陽明學 硏究』(서울 : 集文堂, 1986).

36) 김길환, 『韓國陽明學硏究』(서울 : 一志社, 1994).

37) 유명종은 "하곡학은 양명우파로 돌아갔다"라고 평가하면서, 정제두의 학문을 양명우파 철학으로 평가한다. 여기에서 우리가 눈여겨봐야 할 부분은 그는 중국의 양명학을 크게 좌파와 우파로 보고 있으며, 岡田武彦의 삼파설을 수용하지 않고 있다. 이 때문에 그는 수증파('實心磨練'으로 표현)와 귀적파('主靜歸寂'으로 표현)를 모두 양명우파로 보고 있으며, 양지현성설을 주장했던 사람들과 태주학파를 양명좌파로 이해하고 있다. 자세한 것은 유명종, 위의 책, 125쪽 참조.

특히 이러한 정리 속에서 비로소 정제두의 양명학이 전체 양명학사에서 어떤 위치에 있는지를 분명하게 확인할 수 있다. 지금까지 정제두에 대한 연구는 경이로움에서 시작되었다. 한국에 양명학이 없었다고 보는 일반적 인식을 불식시키기에 충분했기 때문이다. 특히 그의 양명학 이론은 단순히 양명학을 수용한 정도에 지나지 않는 것이 아니라, 그것을 하나의 자기 철학으로 새롭게 구성함으로써 '한국적 양명학'으로 변용시켜 내고 있었기 때문에, 그 경이로움은 더더욱 컸다. 이러한 연구들은 지금까지 그의 이론이 가지고 있는 구조를 밝혀내는 작업으로부터, 주자학 및 양명학과의 비교를 통해 정제두의 철학이 가진 특징을 부각시켜 냈던 것이다.

하지만 이제는 차분하게 정제두의 철학이 전체 양명학사에서 어떤 위치를 차지하고 있는지를 정리할 필요가 있다. 이것은 지금까지 밝혀진 그의 철학적 특징을 중심으로 전체 양명학의 흐름사 속에서 그의 위치를 설정하는 것이다. 이를 위해서 우선 필자는 양명학의 흐름을 양명좌파와 우파라는 큰 줄기로 설정하고, 그 속에서 정제두를 양명우파의 흐름 속에 위치시키려고 한다. 그리고 그 속에서 그의 철학이 어떠한 특징을 가지는지를 확인하려는 것이다.

이를 위해서 이 책은 서론과 결론을 빼면, 크게 두 부분으로 구성될 것이다. 하나는 양명우파의 흐름과 그 특징을 먼저 설정하는 작업이며, 나머지 하나는 이러한 특징을 중심으로 정제두의 철학을 분석함으로써 양명우파 철학으로서의 정제두 양명학을 정리하는 것이다. 1부 역시 크게 두 부분으로 정리될 것이다. 1부 1장에서는 양명학이 좌·우파로 분리될 수 있는 이론적 단초를 정리하고, 그것이 초기 양명좌파에게서 어떻게 드러나는가를 정리한다. 그리고 이를 기준으로 양명좌파와는 차별성을 가지는 양명우파만의 철학적 특징을 규명함으로써 양명우파란 무엇인가에 대한 필자의 입장을 정리할 것이다. 그리고 2

장에서는 이러한 양명우파의 철학적 특징이 유종주와 황종희에게 어떻게 받아들여져서 이론화되는지를 확인함으로써, 중국 양명우파 철학의 이론적 특징과 그 전승을 정리해 보려고 한다.

이러한 입장을 바탕으로 해서 2부에서는 양명우파 이론의 특징에 기준해서 정제두의 양명학을 분석하게 된다. 2부 1장에서는 양명우파 철학을 형성하게 되는 형이상학적 근거인 '도덕본체와 도덕정감의 불일치성'이 정제두의 철학에서 어떻게 받아들여져서 이론화되는지를 정리하려 한다. 이러한 모습은 정제두의 리기론理氣論과 심성론心性論을 분석함으로써 확인할 수 있다. 2부 2장에서는 이를 바탕으로 양명우파 철학의 또 다른 특징인 '도덕본체와 도덕정감을 일치시키려는 공부론'이 어떻게 형성되고 있는지를 정리한다. 이것은 주로 정제두의 치양지론과 격물치지론, 그리고 지행합일에 이르는 공부론을 통해서 확인된다. 2부 3장에서는 정제두의 철학에서 나타난 도통론과 '주왕화회론朱王和會論'의 특징을 확인한다. 이것은 특히 정제두에게 오면 매우 특징적인 면모로 드러나는 것으로, 양명우파 철학으로서의 정제두를 잘 드러낼 수 있는 논거가 될 것이다.

제 1 부

양명우파 철학의 전개

제1장 양명학과 초기 양명우파 철학

1. 양명학의 철학적 특징과 학파 분리의 가능성

1) 양명학의 성립과 그 특징

주자학朱子學의 성립이 남송南宋 시기의 어려운 역사적 상황에 대한 지식인들의 대안 찾기 가운데 하나였듯이,[1] 양명학陽明學의 성립 역시 명明나라 중기의 어려웠던 역사적 상황을 해결하기 위한 왕수인의 대안 찾기 결과였다.[2] 왕수인은 명나라 중기에 있었던 환관들의 횡포와 곳곳에서 일어나는 반란들의 원인으로, '성인됨'을 목표로 하는 주자학이 과거科擧를 통해 자신의 영달이나 추구하는 학문으로 전락한 것을 꼽는다. 이것은 당시 관학官學의 위치에 있었던 주자학이 성인됨을 목적으로 삼지 않게 되면서 생긴 폐해를 비판하는 것이지만, 왕수인은 단순히 말폐를 비판하는 것에 그치지 않았다. 그는 주자학이 그렇게 될 수밖에 없는 필연적 이유가 주자학 이론체계 내에 있다고 생각했으며, 이 때문에 그는 주자학의 이론구조를 강도 높게 비판하면서 좀 더 성리학 본래의 목적에 충실한 새로운 이론체계를 만들려고 시도한다.

---

1) 자세한 것은 박경환, 「주자학 완성의 사상사적 의미 - 修己와 經世의 문제를 중심으로」, 『中國哲學』 6집(중국철학회, 1999), 223~232쪽 참조.
2) 자세한 것은 양국영, 앞의 책, 21~32쪽 참조.

왕수인은 주자학의 가장 큰 이론적 폐단을 심心과 리理를 '갈라 보는 것'에서 찾는다. 주자학은 세계와 만물의 구성을 리와 기氣의 합으로 이해한다. 이를 통해 도덕실천의 담지자인 심 역시 리와 기의 결합으로 이해함으로써 심을 리인 성性과 기인 정情의 결합으로 이해한다. 이러한 존재론적 구도는 가치론으로 치환되어 성은 선함의 근거로, 정은 악함이 발현될 수 있는 가능성으로 설정된다.[3) 심은 바로 이와 같은 성과 정의 결합으로 이해되고 있는 것이다. 그런데 여기에서 문제는 바로 심이 선과 악의 가능성을 모두 가지고 있는 정을 포함한 개념이며, 따라서 이것은 순선한 개념으로서의 리가 될 수 없다는 것이다. 주희가 심을 기로 생각한 이유는 바로 여기에 있다.[4) 이와 같은 주희의 심 개념은 인간 본성을 선한 것으로 해석하면서 그 담지자로 심을 설정하고 있는 맹자 철학과는 다르다고 할 수 있다. 왕수인의 비판은 바로 이 지점에서 이루어진다.

심과 리가 다른 것이 아닌데, 주희朱熹(호는 晦庵, 1130~1200)는 그것을 '갈라서 보고' 있다는 것이다. 이 때문에 왕수인은 맹자의 성선설性善說을 적극적으로 해석하면서, 동시에 성선설의 이론적 기반이 되는 양지良知를 바탕으로 그의 철학체계를 구성하기 시작한다. 이것은 주자학에 체계에 맞추어서 해석된 맹자의 철학을 맹자의 본래 의도로 읽어 주려는 시도이다.

---

3) 朱熹, 『朱子語類』 卷5, 「心性情等名義」, "橫渠說得最好, 言'心統性情者也.' 孟子言, '惻隱之心, 仁之端, 羞惡之心, 義之端.' 極說得性·情·心好. 性無不善, 心所發爲情, 或有不善. 說不善非是心, 亦不得. 却是心之本體本無不善, 其流行爲不善者, 情之遷於物而然也. 性是理之總名, 仁義禮智皆性中一理之名. 惻隱·羞惡·辭遜·是非是情之所發之名, 此情之出於性而善者也. 其端所發甚微, 皆從此心出, 故曰, '心統性情者也.'" 참조.

4) 위의 책, 같은 곳, "心者氣之精爽" 참조.

맹자孟子는 "사람이 배우지 않고도 할 수 있는 것은 양능良能이고, 생각하지 않고도 알 수 있는 것은 양지良知이다"라고 말했다.[5]

양지와 양능에 대한 맹자의 직접적 언급이다. 맹자가 말하고 있는 양지의 가장 중요한 특징은 "생각하지 않아도 알 수 있다"는 것으로, 누구나 가지고 있는 선천적 능력임을 강조한 말이다. 이러한 이유에서 맹자의 양지는 일반적으로 '선천적 도덕인식능력'으로 정의된다. 왕수인은 이러한 맹자의 양지를 자기 철학의 중심 이론으로 수용한다. 도덕적 앎은 배우거나 생각해서 아는 것이 아니라, 사람의 마음속에 선천적으로 내재되어 있다는 입장에서 출발하는 것이다. 이러한 입장에서 그는 다음과 같이 말한다.

> 지知는 심의 본체이므로 심은 저절로 알 수 있다. 아버지를 보면 저절로 효孝를 행할 줄 알고, 형을 보면 저절로 공손할 줄 알며, 어린아이가 물에 빠지는 것을 보면 저절로 측은할 줄 알게 된다. 이것이 바로 양지이니 (마음) 밖에서 구할 수 없다.[6]

형을 보면 아우 노릇 해야 할 것을 알게 되고, 어린아이가 물에 빠지면 측은한 마음이 생겨나는 것은 '저절로 아는 앎'이다. 외부적인 공부나 기타 가르침을 통해서 얻어지는 것이 아니므로, "마음 밖에서 구할 수는 없다"라고 말했던 것이다. 그러면서 왕수인은 바로 이러한 양지를 하늘의 이치, 즉 천리天理라고 말한다.

---

5) 『孟子』, 「盡心上」, "孟子曰, 人之所不學而能者, 其良能也, 所不慮而知者, 其良知也."
6) 王守仁, 『王陽明全集』 卷1, 「傳習錄上」, "知是心之本體, 心自然會知. 見父自然知孝, 見兄自然知弟, 見孺子入井, 自然知惻隱. 此便是良知, 不可外求."

　　내 마음의 양지는 이른바 천리이다. 내 마음에 있는 양지인 천리를 사사물물事事物物에서 이루게 되면, 사사물물은 모두 그 리를 얻게 된다.[7]

　　내 마음 속에 있는 양지가 곧 천리이므로, 이것이 사사물물事事物物에서 이루어지게 되면 사물은 리를 얻게 된다. 이러한 입장은 각각의 사물들 속에는 사물의 리가 있고 내 마음은 성性을 리로 받았으므로, 리를 하나하나 배워가다 보면 천리를 알게 된다는 주희의 활연관통론豁然貫通論[8]과는 차이가 있다. 각 사물의 리는 내 마음의 양지가 부여한 것일 뿐, 마음 밖에 달리 리가 존재하는 것은 아니라는 말이다. "심의 본체가 곧 천리이다"[9]라는 왕수인의 말은 이러한 입장을 직접적으로 드러낸다. 이렇게 되면서 왕수인은 양지의 담지자인 마음을 리로 이해하여, '심이 곧 리'라는 입장을 제기한다.

　　선생님께서 "심은 곧 리이다. 천하에 심 밖의 일(事)이 또 있으며, 심 밖의 리가 또 있겠는가?"라고 말했다.[10]

　　심즉리心卽理설에 대한 왕수인의 직접적 언명이다. 이것은 "사물의 理는 내 마음 밖에 있지 않다. 내 마음 밖에서 사물의 理를 구한다면 사물의 理는 없다"[11]는 왕수인의 심에 대한 입장에서 나온 것으로, 심

---

　7) 위의 책, 卷2,「傳習錄中」, "吾心之良知, 卽所謂天理也. 致吾心良知之天理於事事物物, 則事事物物皆得其理矣."
　8) 朱熹,『朱文公文集』卷44,「答江德功弟二」, "此爲格物而至於物則物理盡者也. 物理皆盡, 則吾之知識豁然貫通, 無有蔽碍, 而意無不誠, 心無不正矣." 참조.
　9) 위의 책, 같은 곳, "心之本體, 卽是天理."
　10) 왕수인, 앞의 책, 卷1,「傳習錄上」, "先生曰, 心卽理也. 天下又有心外之事, 心外之理乎?"

을 순수한 리의 담지자로 설정한 것이다. 도덕법칙이 도덕행위의 '대
상' 속에 존재하지 않는다는 사실을 '양지'를 중심으로 설명하고 있는
것이다.[12] 태어나면서부터 가지고 있는 양지는 곧 천리이며, 따라서 이
러한 양지의 담지자인 심 역시 그 자체로 천리라는 말이다.

이와 같은 왕수인의 양지에 대한 입장은 그의 '치양지론致良知論'에
서 더욱 확대 해석된다. 치양지론은 양지를 중심으로 『대학大學』의 '격
물치지格物致知'를 해석하는 과정에서 나온 것으로, 치지致知에서의 지
知를 양지로 해석한 것이다. 이 부분은 특히 주희와 왕수인 철학의 차
이를 확연하게 드러내는 부분이기도 하다. 주희는 격물치지에 대해 다
음과 같은 입장을 제기한다.

치致는 끝까지 미루어 가는 것이요, 지知는 인식(識)과 같으니, 나의
지식知識을 끝까지 미루어 내 마음이 아는 바를 다하지 않음이 없고자
하는 것이다. 격格은 이른다(至)는 것이요, 물物은 일(事)과 같으니, 사
물의 리를 끝까지 궁구窮究해서 그 극진한 곳에 이르지 않음이 없고자
하는 것이다.[13]

여기에서 주희는 격물格物을 '사물의 리를 끝까지 궁구하여 극진한
곳에 이르고자 하는 것'으로 해석하면서, 격格을 '이른다', 물物을 '사事'
로 이해한다. 이러한 입장에서 주희는 다시 '이른다'는 의미를 '궁구한
다'로, 물物은 '사물의 리(事物之理)'로 이해한다. 격格을 '궁구한다'로,
물物을 '사물의 리'로 이해하고 있음을 알게 하는 대목이다.

왕수인은 바로 이와 같은 주희의 격물치지 해석에 대해 이의를 제기

---

11) 위의 책, 卷2, 「傳習錄中」, "夫物理不外於吾心, 外吾心而求物理, 無物理矣."
12) 진래, 『양명철학』, 전병욱 옮김(서울 : 예문서원, 2003), 59쪽 참조.
13) 朱熹, 『大學章句』, "致推極也, 知猶識也. 推極吾之知識, 欲其所知無不盡也.
格至也, 物猶事也. 窮至事物之理, 欲其極處無不到也."

한다. 왕수인은 격물치지를 해석할 때에는 그 조목 바로 뒤에 있는 성
의정심誠意正心과 관련시켜 해석해야 한다고 말한다. 이러한 입장에서
그는 격물格物의 격格에 대해 "격물의 격格자는 『맹자孟子』에서 대인大
人은 임금의 마음을 바로잡는다(格)는 말의 격格자와 같다. 그것은 심心
의 바르지 않음을 없앰으로써 그 본체의 올바름을 온전하게 한다"14)라
고 말한다. 격格은 심心을 바르게 하는 것, 즉 정正으로 해석하는 것이
다. 또한 물物에 대해서는 "의意가 있는 곳이 바로 물物이다"15)라고 하
는데, 여기에서 의意는 "심心이 펼쳐진 것"16)이라고 말한다. '심心이 가
있는 곳'을 물物로 보고, '바르게 하는 것(正)'을 격格으로 보는 것이다.
따라서 격물格物이란 '심心을 바르게 함'이라는 의미로 해석되는데, 이
것은 격물치지 다음 구절인 성의정심에서 정심正心을 의미한다.

　동시에 치지致知에 대해서도 왕수인은 주희와 다른 해석을 내린다.
왕수인은 지知란 양지良知를 의미하며, 치양지致良知란 바로 '양지를 이
루는 것'이라고 해석한다. 그래서 그는 "내 마음에서 양지良知를 이루
는 것이 치지致知이다"17)라고 말했던 것이다. 이렇게 보면 왕수인이 말
한 치양지致良知는 내 마음에 있는 양지를 이루는 것이며, 격물치지는
"내 마음의 양지를 이루어서 발發하는 심을 바르게 한다"라는 의미이
다.

　주희의 격물치지론이 사사물물事事物物의 리를 하나하나 궁구함으로
써 궁극적 리를 인식할 수 있다는 입장에 서 있다면, 왕수인의 격물치
지론은 양지를 이루어 마음을 바르게 하려는 것이다. 따라서 주희의

---

14) 王守仁, 앞의 책, 卷1, 「傳習錄上」, "格物, 如孟子大人格君心之格. 是去其心
　　之不正, 以全其本體之正."
15) 위의 책, 같은 곳, "意之所在便是物."
16) 위의 책, 같은 곳, "心之所發便是意."
17) 위의 책, 卷2, 「傳習錄中」, "致吾心之良知者致知也."

격물치지론은 공부하는 사람의 상당한 노력과 의지를 필요로 하는데
비해, 왕수인의 격물치지론은 이미 태어날 때부터 가지고 있는 양지로
인해 큰 노력을 필요로 하지 않는다. 양지를 이루어서 그것이 그대로
드러날 수 있으면 심 역시 저절로 바르게 되므로, 치양지가 수양론修養
論의 관건이 된다.

이와 같은 양명학의 심즉리설과 치양지론은 구체적 행위이론인 지
행합일론知行合一論으로 이행된다. 왕수인은 주자학의 지행론知行論이
지知와 행行을 갈라놓음으로써 행함이 드러나지 않는다고 비판하면서,
지행합일을 주장한다. 물론, 주자학 역시 지행합일을 말한다. 지행합일
은 도덕실천에 학문의 목적을 두고 있는 성리학으로서는 당연한 귀결
이기 때문이다. 다만 주자학에서는 무엇을 (혹은 어떻게) 행할 것인지
를 알고, 그것을 행위로 옮겨 내는 것이 중요하다는 입장을 가지고 있
다.[18] 그러나 왕수인은 지행합일에서 지를 양지로 설정하면서, 그 양지
의 특징으로 인해 지와 행은 애초부터 다른 것이 아니라고 말한다. 양
지는 도덕에 관한 인식능력으로, 그것은 그 자체로 도덕적 행위를 포
함하고 있다. 양지와 양능을 함께 쓰는 이유가 바로 여기에 있다. 지와
행은 하나의 각기 다른 모습일 뿐, 그 자체로 둘이 아니라는 말이다.

내가 일찍이 말했듯이 지知는 행行의 주된 의미이며, 행은 지의 공부

---

18) 대표적으로 程頤는 知와 行을 분리하여 知先行後를 주장하였다. 그러나 주
희는 이것이 너무 知와 行을 갈라놓고 보고, 특히 知에 비해 行의 중요성이
떨어지게 하는 주장이라고 보았다. 그래서 주희는 知와 行이 양날의 바퀴와
같다고 주장하면서 知行竝進을 주장하였다. 그러나 이러한 주희의 입장과 정
이의 입장 모두는 이미 분리되어 있는 知와 行을 어떻게 합일시킬까라는 문
제의식에서 출발한 것이지, 양명처럼 知와 行은 애초에 하나라는 입장은 아
니다. 여기에 대해 자세한 것은 홍원식, 「程朱學의 居敬窮理說 研究」(박사학
위논문, 고려대학교, 1991), 35~41쪽 및 50~59쪽 참조.

이다. 지는 행의 시작이고, 행은 지의 완성이다. 만약 (무엇을) 깨달았을 때에는 단지 지 하나만 말해도 이미 그 가운데에는 저절로 행이 존재하고 있으며, 단지 행 하나만 말해도 이미 그 속에는 저절로 지가 존재한다.[19]

지知와 행行은 심 속에서 하나이다. 다만 행으로 시작되어 가는 단계가 지이고, 이 지가 완성되면 그것이 곧 행이라는 말이다. 따라서 굳이 구분하려고 하면 지와 행으로 나누어 말할 수는 있지만 그것은 애초부터 나누어져 있는 것이 아니다. 이러한 측면에서 양명학의 지행합일론은 주자학의 그것과 분명한 차별성을 가지고 있다.

이러한 입장에 따르면, 왕수인의 철학은 '양지'를 중심으로 심즉리설과 치양지설, 그리고 지행합일론의 구조를 형성한다. 왕수인의 철학은 양지에 기반해서 설정되고, 양지를 통해 설명된다고 말할 수 있는 이유는 바로 여기에 있다.

2) 양명학의 학파분리 가능성

양명학 이론이 양지를 중심으로 만들어졌다면,[20] 학파의 분리 가능성 역시 양지에 있다. 심은 양지의 담지자로서 의미를 가지며, 이러한 이유에서 심이 곧 리로 설정된다. 그런데 여기에서 우리는 양지의 의미를 다시 한 번 꼼꼼하게 살펴 볼 필요가 있다. 양명학을 지탱하는 핵심 개념이 양지라면, 양지에 대한 해석차이에 따라 얼마든지 다른 이

---

19) 王守仁, 앞의 책, 卷1, 「傳習錄上」, "某嘗說, 知是行的主意, 行是知的功夫. 知是行之始, 行是知之成. 若會得時, 只說一箇知, 已自有行在. 只說一箇行, 已自有知在."
20) 勞思光, 앞의 책, 481쪽. 노사광은 "양명의 학설수립은 원래 '양지'를 유일한 핵심 관념으로 생각했다"고 말한다.

론으로의 이행 가능성이 있기 때문이다.

이미 앞에서 말했듯이 양지를 처음 말한 것은 맹자이다. 여기에서 맹자는 인간이 본래부터 가지고 있는 옳고 그름을 판단할 수 있는 마음을 양지라고 말하면서, 양지의 개념을 선악 판단의 '활동체'로 설명한다. 하지만 이 같은 맹자의 철학은 이후 근 천여 년 묻혀 있다가 성리학의 발흥과 더불어 재발견된다.[21] 양지로 인해 맹자의 성선론은 불교의 불성론에 대응할 수 있는 이론으로 부각되면서, 이것은 인간이 성인이 될 수 있는 가능근거로 설정된다. 선한 본성을 가지고 있다는 맹자의 성선론이 성리학 심성론 체계에서 순선한 도덕본체로 설정되었던 것이다. 동시에 성리학 이론구조 속에서 선한 본성은 하늘의 순선한 리와 존재론적으로 동일한 것으로 설명되면서, 그것은 곧 리로 설정된다. 이러한 과정에서 인간의 선한 본성은 도덕본체의 의미를 획득하였지만, 동시에 '활동체'라기 보다는 주자학의 리기론 체계에서 리理적 존재로 해석된다. 순수한 도덕본체일 뿐, 그것이 실제로 선악을 판단하거나 사단과 같은 '도덕정감'은 아니라는 말이다.

이와 같은 양지에 대한 기본적 시각은 주자학을 비판하면서 성립된 양명학 속에도 고스란히 받아들여진다. 왕수인은 주자학을 비판하면서 맹자 본래의 철학으로 돌아가려고 시도하는 과정에서, 선악을 판단하는 능력으로서의 양지를 적극적으로 수용한다. '활동체'로서의 양지를 특히 중시하고 있는 대목이다. 그러면서 동시에 그는 성리학의 발전사 속에서 성립되었던 인간의 근원적 도덕본체 또한 '양지'라고 말한다. 물론 이러한 입장은 기본적으로 왕수인의 철학체계 내에서 체용일원이라는 측면에서 하나로 받아들여지지만, 어느 한쪽을 더욱 강조할 수 있는 가능성은 그대로 남겨져 있다.

---

21) 홍원식, 「退溪學과 『孟子』, 그리고 孟子」, 『퇴계학과 한국문화』 제36호(경북대학교 퇴계연구소, 2005) 참조.

우선 왕수인은 양지를 직접적인 활동체로 이해하고 있다. 왕수인은 맹자가 말한 시비지심이 양지라고 말하면서, "맹자의 시비지심是非之心은 지知이니, 시비지심은 사람들이 모두 가지고 있으므로 이른바 양지이다"[22]라고 말한다. 옳고 그름을 판단하는 것이 바로 '양지'라는 말이다. 그는 또 "그대의 이 한 점 양지가 그대 자신의 준칙이다. 그대의 의意와 념念이 머물러 있는 곳(향해 있는 곳)에서는 그것이 옳으면 옳은 것으로 알고, 그르다면 그른 것으로 아니, 다시 그러한 것들을 조금이라도 속일 수 없다"[23]라고 말하면서 준칙으로 작용하는 양지를 강조한다. 옳고 그름을 판단하고 의와 념을 속이지 않는 활동이 바로 양지라는 말이다. 이러한 입장에서 그는 다음과 같이 말한다.

> 양지라는 것은 맹자께서 "시비지심是非之心은 사람들이 모두 가지고 있는 것이다"라고 말했던 것이다. 시비지심은 생각하지 않고도 알고 배우지 않아도 얻을 수 있으니, 이 때문에 이것을 양지라고 일컫는다. 이는 곧 천명天命의 성性이고, 내 마음의 본체가 저절로 신령스럽고 밝게 깨닫는 것이다. 무릇 의념意念이 일어나면 내 마음의 양지가 저절로 알지 못하는 것이 없다. 그것이 선하다는 것을 오직 내 마음의 양지가 저절로 알고, 그것이 불선不善하다는 것 또한 오직 내 마음의 양지가 저절로 안다.[24]

---

22) 왕수인, 앞의 책, 卷5, 「與陸元靜」, "孟子之是非之心, 知也, 是非之心人皆有之, 卽所謂良知也."
23) 위의 책, 卷3, 「傳習錄下」, "爾那一點良知, 是爾自家底準則. 爾意念着處, 他是便知是, 非便知非, 更瞞他一些不得."
24) 위의 책, 卷26, 「大學問」, "良知者, 孟子所謂是非之心, 人皆有之者也. 是非之心不待慮而知, 不待學而得, 是故謂之良知. 是乃天命之性, 吾心之本體自然靈昭明覺者也. 凡意念之發, 吾心之良知無有不自知者. 其善歟, 惟吾心之良知自知之, 不善歟, 亦惟吾心之良知自知之."

이처럼 양지는 시시비비를 직접 가리는 마음으로, 의념意念이 일어날 때에 작용하는 것이다. 여기에서 양지는 직접적인 활동으로, 측은지심惻隱之心이나 시비지심是非之心과 같은 '도덕정감'으로 드러나 있는 마음이다. 이러한 이유에서 왕수인은 감응해서 동動한 의意도 양지라고 말한다.[25] 드러난 도덕정감과 선악에 대한 인식 및 판단에 대해서도 '양지'라고 말하고 있는 대목이다.

이와 동시에 왕수인은 양지를 '마음의 본체'이자 '천리'로 해석한다. 이것은 양지 스스로가 '활동체'가 아니라, '활동하게 하는 본체'로서의 의미를 갖는다. 이와 같은 이유에서 왕수인은 활동체로서의 양지에 대해서는 '양지의 발용發用'으로 규정하면서, 본체로서의 양지와는 구분한다.

> 양지는 천리天理의 밝고 신령스러운 깨달음이니, 양지가 곧 천리이다. 생각(思)은 양지의 발용이니, 이처럼 양지가 발용한 생각(思)이라면 생각하는 바가 천리 아닌 것이 없다. 양지가 발용한 생각은 저절로 명백明白하고 간이簡易하므로, 양지 역시 능히 알 수 있다. 만약 그것이 사사로운 뜻(私意)이 임의로 만들어 낸 생각이라면 저절로 어수선하고 혼란스럽겠지만 양지는 또한 저절로 (그것을)분별해 낼 수 있다. 대개 생각의 옳고 그름이나 악함과 올바름은 양지가 저절로 알지 못하는 것이 없다.[26]

왕수인은 여기에서 양지를 천리로 규정한다. 생각(思)은 '양지의 발

---

25) 위의 책, 卷2, 「傳習錄中·答顧東橋」, "其虛靈明覺之良知應感而動者謂之意." 참조.
26) 위의 책, 卷2, 「傳習錄中·答歐陽崇一」, "良知是天理之昭明靈覺處, 故良知卽是天理. 思是良知之發用, 若是良知發用之思, 所思莫非天理矣. 良知發用之思自然明白簡易, 良知亦能知得. 若是私意按排之思, 自是紛紜勞擾, 良知亦自會分別得. 盖思之是非邪正良知無有不自知者."

용'을 의미하며, 이로 인해 비로소 생각 역시 천리로서의 의미를 갖는
다는 말이다. 따라서 여기에서 말하는 양지는 생각으로 드러나기 이전
상태를 의미하는 것으로, '생각으로 발發하게 하는 양지'라고 말할 수
있다.

　　이러한 왕수인의 입장은 다음과 같은 인식에 바탕하고 있다.

　　　천명을 일컬어서 성이라고 하니, 명은 곧 성이고, 성을 따르는 것을
　　일컬어 도라고 하니, 성이 곧 도이다. 도를 닦는 것을 일컬어서 교敎라
　　고 하니, 도가 곧 교이다.……도는 곧 양지이다.27)

　　이 말은『중용』수장의 구절을 해석하고 있는 것으로, 여기에서 왕
수인은 천명의 명命과 성性, 그리고 도道를 같은 것으로 보면서, 이것
이 곧 양지임을 분명히 하고 있다. 인간이 하늘로부터 부여받은 도덕
본체를 양지로 인정하는 대목으로, 실제 여기에 근거해서 인간 선함의
이유가 설명된다. 따라서 이러한 양지는 정감으로 드러나 활동하는 양
지라기보다는 인간이 가진 도덕본체를 설명하는 말이라고 할 수 있다.
이러한 도덕본체는 정靜함으로 설정되는 순수한 것으로, 정감으로 일
어나기 이전 상태를 의미한다. "내 마음의 양지는 이른바 천리이다"라
는 왕수인의 말은 바로 이러한 의미라고 할 수 있다.

　　이러한 입장에서 보면, 양지는 이중적 의미를 지닌다고 할 수 있다.
하나는 발용(활동)된 상태로서의 양지이고, 또 다른 하나는 발용되기
이전에 발용하게 하는 본체로서의 양지이다.28) 양지는 '천리'로서 '마음
의 본체'인 동시에, 그것을 통해 발현된 '선악을 판단하는 활동체'인 것

---

27) 위의 책, 卷3,「傳習錄下」, "天命之謂性, 命卽是性, 率性之謂道, 性則是道,
　　修道之謂敎, 道卽是敎.……道卽是良知."
28) 진래, 앞의 책, 293쪽 참조.

이다.[29] 맹자의 성선론에 바탕한 양지 개념(활동체로서의 양지)을 중심으로 철학을 설정하면서, 그것을 다시 형이상학 체계를 통해 설명(본체로서의 양지)하려고 시도하면서 생긴 결과이다.

이러한 양지의 두 측면이 실제로 왕수인에게서는 아무런 문제가 되지 않는다. 그는 양지의 이러한 측면들을 체와 용의 관계로 설명하면서[30] 동일한 양지라는 사실을 강조한다. 도덕본체로 인간에게 내재된 천리가 도덕정감으로 그대로 발현되는 상태 전체를 일컬어서 '양지'로 이해하기 때문이다. '천리와 영각靈覺을 합해서 양지로 이해해야 한다'[31]는 입장도 바로 여기에서 나온 것이라고 하겠다.

그러나 이러한 왕수인의 양지 개념을 논리적 해석을 통해 받아들여야 하는 제자들은 왕수인의 양지이해와 다른 양상을 띨 수밖에 없다.

---

29) 牟宗三은 이러한 양지의 모습을 '객관인 동시에 주관인 것'으로 풀고 있다. 양지는 천리의 自然明覺處이기 때문에 천리는 비록 객관이면서도 明覺이라는 측면에서 주관이며, 천리는 양지의 필연적이면서도 옳길 수 없는 것이기 때문에 양지는 주관이면서도 객관이라고 말한다. 이러한 입장은 양지가 단순히 '천리'로서만 존재하는 것도 아니고, 그렇다고 순수한 '주관'으로서만 존재하는 것도 아님을 밝힌 것이다. 채인후는 이러한 양지에 대해서 '법칙성'과 '감응성'이라는 용어로 풀고 있다. 객관적 법칙으로서의 양지와 그것이 사물에까지 감응해 나가는 양지가 존재한다는 말이다. 물론 이것은 모두 '하나'이며, 이러한 의미에서 양명학은 그대로 실천성을 담보하는 '도덕형이상학'으로서의 의미를 가진다고 말한다. 모종삼의 입장에 대해서는 牟宗三, 『從陸象山到劉蕺山』(臺北 : 臺灣學生書局, 1979), 220쪽 참조. 채인후에 대한 입장은 蔡仁厚, 『왕양명 철학』, 황갑연 옮김(서울 : 서광사, 1996), 45~55쪽 참조.
30) 양지를 체와 용으로 설명하는 왕수인의 입장을 하나만 들어 보면 다음과 같다. 왕수인, 앞의 책, 卷2, 「傳習錄下」, "性無不善, 故知無不良, 良知卽是未發之中, 卽是廓然大公, 寂然不動之本體, 人人之所同具者也. 但不能不昏蔽於物欲, 故須學以去其昏蔽, 然於良知之本體, 初不能有加損於毫末也. 知無不良, 而中・寂・大公未能全者, 是昏蔽之未盡去, 而存之未純耳. 體卽良知之體, 用卽良知之用, 寧復有超然於體用之外者乎?"
31) 진래, 앞의 책, 304쪽 참조.

양지의 이 같은 두 측면은 '인간 선함의 당위(본체로서의 양지)'와 '그것의 실현(활동체로서의 양지)'을 대표한다. '당위'는 이치적인 측면으로, 하늘을 통해 정당성이 부여되며, 그 '실현'은 마음의 활동인 인간의 정감을 통해서 이루어진다. 그런데 이러한 '정감'은 당위의 실현이기도 하지만, 동시에 인간 욕망의 활동이기도 하다. 즉 '악'의 가능성을 동시에 갖고 있다는 말이다. 도덕본체가 도덕정감으로 그대로 드러난다면 그 정감은 '당위의 실현'이지만, 그렇지 않다면 도덕본체와 인간의 정감 사이에는 괴리가 있을 수밖에 없다.

특히 여기에서 중요한 것은 이 둘의 관계에 대한 입장의 차이라고 말할 수 있다. 하늘로부터 부여받은 '마음 본체로서의 양지'와 '선과 악을 판단하는 정감인 양지'의 두 측면은 도덕본체인 동시에 선·악을 판단하고 행동하는 도덕정감이기도 하다. 그렇다면 이 둘의 관계는 어떠한가? 인간의 도덕정감은 도덕본체가 그대로 드러난 것인가? 아니면 그 사이에 차별성이 있는가? 바로 이러한 물음에 답하는 과정에서 각기 다른 입장으로의 분화가 일어날 수밖에 없다.

도덕본체가 도덕정감으로 드러나는 데 있어서 아무런 장애나 방해가 없다면 사람에게 드러난 도덕정감은 도덕본체인 양지의 직접적 발현이다. 따라서 '지금 현재 드러난 정감이 곧 양지'이다. 그러므로 마음 속에 있는 양지를 깨닫기만 하면 성인이라고 말할 수 있다. 그러나 현실에는 분명히 악함이 존재하고, 따라서 사람의 모든 정감이 절대적으로 도덕본체를 반영한다고 보기에는 어렵다. 그런데 모든 성리학자들이 그렇듯이 양명학 역시 본체인 '양지'의 선함을 전제한다. 따라서 결국 문제는 도덕본체가 도덕정감으로 드러나는 과정에 있다. 도덕본체가 도덕정감으로 드러나는 과정에서, 그것이 그대로 드러나지 못하게 하는 방해 요인이 존재한다는 말이다. 이렇게 되면서 그 '방해 요인'을 없앨 수 있는 '공부'나 '수양'이 필요해지게 되고, 이것은 개인의 수양을 수반한 철학으로 이행될 수밖에 없다. 이러한 두 입장은 수양과 공부가 필요 없는 강한 심 중심의 철학을 형성하는 경우와, 양지를 그대로 도덕정감으로 드러내기 위한 수양과 공부가 필요해지는 쪽으로 나누어지는 결과를 낳는다.

전자에 따르면, '양지'에 대한 '자각'만 이루어지면 그 사람의 생각이나 순간순간의 정감들을 모두 '양지'의 발현으로 이해할 수 있다.[32] '자각' 이외에 더 이상의 공부는 필요치 않게 되며, 동시에 사람들에게서 일어나는 순간순간의 정감까지 양지의 발현으로 인정할 수 있는 철학적 가능성을 담보하게 된다. 이러한 가능성을 한 단계 더 밀고가게 되면, 개인 정감을 용인하게 되고, 객관적이고 집단적인 체계에 따른 판단보다는 주관적이고 개인적인 판단을 우선하는 경향을 보이게 된다. 이러한 성향은 궁극적으로 기존 질서와 공동체주의에 대한 반발로 이어지게 된다. 양명후학 가운데 양지현성파에서 태주학파로 이어지는 학맥이 걷는 길로, 이것을 일반적으로 양명좌파라고 부른다.

후자에 따르면, 양지가 도덕 정감으로 드러나는 데 있어서, 질적 차이가 존재할 수밖에 없다. 드러난 정감이 비록 '양지'에 의해 발현되었다 하더라도 그것이 양지의 본래 모습이 아닐 수 있다는 말이다. 이처럼 '본체'와 '드러난 정감'이 분리가 전제되면, 다시 '드러난 정감'을 '본체'의 모습 그대로 드러내기 위한 '합일'의 노력이 필요해진다. 즉 정감을 양지 본래의 모습인 도덕정감으로 만들어 내려는 것이다. 이렇게 되면서 개인의 정감이나 사사로운 욕심을 막는 방법론을 요청하게 되고, 이것은 객관화된 공부론의 모습으로 드러난다. 양명후학들을 통해서 제기되고 있는 신독愼獨이나 계구戒懼 공부는 바로 이러한 맥락에서

---

32) 이러한 입장은 양지를 '지금 이 순간에 본래 그대로의 완전한 양지가 아무런 전화과정 없이도 현재의식으로 드러나 자기전개·실현의 주체로써 활동하고 있는 것'으로 본다. 자세한 것은 정지욱, 앞의 논문, 151~152쪽을 참조.

제기된다. 이들은 좀 더 완비된 도덕철학으로 양명학을 설정하는 동시에, 그것을 이루기 위한 객관화된 공부방법론을 중시하기 시작한다. 개인의 정감을 부정하면서 집단적인 윤리의식을 강조하는 봉건적 사고로 이행되는 것이다. 이러한 모습은 기존의 성리학 체계를 더욱 공고히 하는 동시에 개인의 정감을 도덕의 방해 요소로 이해하는 모습으로 드러나는데, 우리는 여기에서 양명우파 철학으로 가는 길을 엿볼 수 있다.

이러한 모습들은 주자학과 양명학의 길항관계 속에서 살펴보아도 분명한 특징으로 드러난다. 양명좌파는 양명학 가운데 주자학과의 차별적인 부분에 초점을 맞추어 그것을 부각시킴으로써 아예 성리학적 틀을 탈피해 나가는 입장을 선택한다. 이에 비해 양명우파는 주자학과 양명학이 가지고 있는 성리학적 공통점에 초점을 맞춘다. 이러한 모습은 현실적인 악에 대한 인정과 그것을 극복하기 위한 구체적 방법론의 제시로 드러나며, 이러한 이유로 인해 공부론에 있어서 많은 부분 주자학적인 방법론이 차용되기 시작한다. 이러한 모습은 궁극적으로 주자학과 양명학의 화회和會 현상을 낳는 쪽으로 이행된다.

이 기준에 따르면, 현성파를 제외한 귀적파와 수증파 모두는 체가 그대로 용으로 드러나지 않는다는 점을 인정하면서 공부의 중요성을 강조한다. 따라서 다음 장에서는 양지현성파를 중심으로 초기 양명좌파의 철학적 특징을 이해하고, 이후 양명좌파를 통해서 그것이 어떻게 전개·발전하는지를 살펴 볼 것이다. 이를 통해서 양명좌파 철학의 특징을 먼저 확인하고, 이것을 중심으로 양명우파 철학의 특징을 설정할 수 있는 가설을 세워가기로 한다. 그리고 이러한 가설을 중심으로 그것이 실제로 이후 특정 학맥을 통해서 이어지는지를 확인함으로써 양명우파 철학의 흐름을 설정해 보기로 하자.

2. 초기 양명좌파의 철학적 특징

왕수인 사후 직전제자인 전덕홍錢德洪(호는 緒山, 1496~1574)과 왕
기 같은 인물들에 의해 서로의 통일의식이 강조되었음에도 불구하
고,33) 하나의 학파로 존속되지 못한 것은 양지에 대한 근본적인 견해
차이 때문이다.34) 양명학의 가장 핵심이론인 양지에 대한 이해 속에
학파분화의 가능성이 내재하고 있으며, 그것은 전덕홍과 왕기로부터
이미 시작되고 있었다.

양지에 대한 자각만 있으면 드러난 모든 정감까지 양지로 인정하고
있는 쪽은 양명좌파로의 길을 걷는다. 초기 이들의 이론은 '양지현성
설'과 '사무설四無說'로 대변되는데, 이러한 특징들은 이후 태주학파에
이르기까지 존속된다. 여기에서 양명좌파는 '심心'을 특히 강조하게 되
고, 이것은 이후 불교나 도교에 대해서도 유연하게 대처하는 모습을
보여준다. 주자학에서 보여준 경직된 이단관과 도통론이 사라지고 있
는 것이다.

이러한 입장들을 정리하면, 일반적으로 양명좌파는 다음과 같은 철
학적 특징을 가진다고 말할 수 있다.35) 첫째, 양지에 대한 입장에 있어
서는 '양지현성설'을 주장하고 그것을 분화・발전시켜 가는 입장이다.
둘째, 왕수인이 말한 사구교설四句敎說을 사무설四無說로 해석하는 입

---

33) 진래, 앞의 책, 570쪽 참조.
34) 배영동, 앞의 책, 50쪽 참조.
35) 裵永東은 양명좌파 철학에 대한 연구들을 검토하면서, 양명좌파의 철학을 이
   러한 세 가지 특징으로 정리한다. 이것은 裵永東 개인의 입장이라기보다, 기
   존 학계에 일반화되어 있는 양명좌파의 철학적 특징을 이 세 가지로 정리한
   것이라고 말할 수 있다. 양명좌파의 철학의 특징에 대해 필자 역시 기본적으
   로 이 입장에 동의한다. 여기에 대해 자세한 것은 裵永東, 「陽明學 左派思想
   의 歷史的 性格」, 『한국정치학보』 24권(한국정치학회, 1990), 251~254쪽 참
   조.

장이다. 셋째, 이러한 것을 기반으로 유·불·도의 통합논의나 합일론
이 일어나고 있는 입장이다. 그러면 우선 이와 같은 일반적 특징이 어
떻게 드러나고 있는지를 간단하게 정리해 보기로 한다.

1) 양지현성설良知現成說

오카다 다케히코(岡田武彦)는 양명후학을 삼파로 분류한 후 이들을
다시 좌파와 중도, 그리고 우파로 나누고 있는데, 이 가운데 양명좌파
로는 '양지현성파良知現成派'를 든다.[36] 이들의 입장을 한 마디로 규정
한다면, 지금 현재 드러난 정감과 뜻은 그 자체로 '양지의 현성現成'이
라는 말이다. 양지의 현성이란 "양지의 당하구족當下具足, 즉 지금 이
순간에 본래 그대로의 완전한 양지가 아무런 전화과정 없이도 현재의
식으로 드러나 자기전개·실현의 주체로써 활동하고 있음"[37]을 의미
한다. 이러한 입장은 왕수인이 다음과 같이 말한 것을 적극적으로 받
아들인 것이다.

> 천명天命의 성性은 순수하고 지극히 선하다. 그 신령스럽고 밝아서
> 어둡지 않은 것은 모두 그 지극한 선이 발현한 것이니, 이것은 모두가
> 명덕明德의 본체요 이른바 양지라는 것이다.[38]

천명의 성으로 인해 드러난 정감 역시 신령스럽고 밝아서 어둡지 않
을 수 있다는 것이다. 이러한 입장은 발현된 양지가 왜 순선할 수 있는
가를 밝히는 것으로, 그 근거가 바로 천명의 성에 있다. 이것은 인간이

---

36) 岡田武彦, 앞의 책, 122쪽.
37) 정지욱, 앞의 논문, 151~152쪽.
38) 王守仁, 앞의 책, 卷7, 「親民堂記」, "天命之性, 粹然至善. 其靈昭不昧者, 皆
   其至善之發現, 是皆明德之本體而所謂良知者也."

받은 천명의 성이 그대로 드러나면 드러난 정감 역시 신령스럽고 밝다는 것을 의미한다. 물론 이 말에서는 천명의 성에 근거해서 드러난 정감이어야 한다는 전제가 분명히 깔려 있다. 그런데 왕수인의 이와 같은 입장은 그의 직전 제자인 왕기에게는 다음과 같은 내용으로 전해진다.

> 양지는 본래부터 허虛하고 적寂하며, 배울 필요도 없고 생각할 필요도 없다. 하늘이 영묘한 뿌리를 심어 놓았고 하늘이 영묘한 근원을 터놓았으므로, 온갖 사물과 변화가 모두 이로부터 나오니, (마음)밖의 것을 기다릴 필요가 없다.39)

'허적虛寂함'과 '배우고 생각할 필요 없음'은 양지의 두 모습이다. "허虛하고 적寂한 것은 원래 양지의 체體이고 명각明覺은 원래 양지의 용이다. 체와 용은 하나의 근원이므로 선후의 구분이 없다"40)라는 왕기의 말은 이 둘의 관계를 체와 용으로 설정하면서도 원래부터 선후의 구분이 없음을 강조한 것이다. 그 선후를 따질 수 없으므로 드러난 양지가 곧 본체인 양지이다. 본체와 정감 사이의 간격을 인정하지 않고 있는 것이다. 이러한 이유에서 왕기는 인위적 공부를 통해 양지를 계발하려는 시도들에 대해 강하게 비판하면서,41) 양지현성에 대한 자신의 입장을 다음과 같이 밝히고 있다.

---

39) 王畿, 앞의 책, 卷17, 「漸庵說」, "良知本虛本寂不學不慮. 天植靈根天濬靈源, 萬事萬化, 皆從此出, 無待於外也."
40) 위의 책, 卷2, 「滁陽會語」, "虛寂原是良知之體, 明覺原是良知之用. 體用一源, 原無先後之分."
41) 이러한 모습은 수중파에 대한 비판으로 이행된다. 이 때문에 노사광 같은 경우는 '現成'을 '修證'에 대처하기 위한 말로 규정하기도 한다. 노사광, 앞의 책, 533쪽 참조.

세간에 현성양지現成良知가 없다고 말하는 것에 따르면, 양지는 만
번 죽을 정도의 공부가 아니면 결코 생겨날 수 없다. 그러나 이것(現成
良知)을 가지고 헛된 견해와 부화뇌동하는 무리들을 바로잡는 것은 병
증에 대한 약이 아닐 수 없다. 만약 반드시 현성양지와 요순이 같지 않
다고 하고, 공부와 수정修整을 기다린 후에 얻을 수 있다고 한다면, 이
것은 구부러진 것을 바로 잡으려다 곧은 것을 망치는 잘못을 면치 못
한다.42)

이 말에 따르면 양지는 공부와 수양을 거쳐서 이루어지는 것이 아니
라, 그 자체로 이미 드러나 있다. 양지의 선천성을 강조하는 맹자와 왕
수인의 입장을 좀 더 강하게 해석한 대목이다. 이러한 양지현성론의
입장은 이후 태주학파의 학자들에게도 그대로 전해지면서 양명좌파의
중요한 철학적 특징을 이룬다.

왕간王艮(호는 心齋, 1483~1541)은 "양지는 천성으로, 예부터 지금까
지 사람들마다 모두 갖추고 있으니, 인륜과 일상생활에다 그것(양지)을
적용시킬 따름이다"43)라고 말한다. 모든 사람이 다 갖추고 있으므로
각각의 일에 그것을 적용시키기만 하면 된다는 말이다. 왕동王棟(호는
一菴, 1503~1581) 역시 이러한 입장을 받아 들여서 "우리들이 일상생
활에서 다만 현재양지見在良知에 근거하여 밝게 응답하며, 머뭇거리
지도 않고 망설이지도 않아야 비로소 강건한 동動함이니, 이를 일컬어
서 쉽다고 한다"44)라고 말한다.

---

42) 王畿, 앞의 책, 卷2, 「松原晤語」, "至謂世間無有現成良知, 良知非萬死工夫斷
不能生, 以此校勘世間虛見附和之輩, 未必非對症之藥. 若必以現成良知與堯
舜不同, 必待工夫修整以後可得, 則未免於矯枉之過."
43) 王艮, 『王心齋全集』 卷2, 「答失思齋明府」, "良知天性, 往古來今, 人人具足,
人倫日用之間舉而措之耳."
44) 王棟, 『一庵集』, 卷1, "吾人日用間, 只据見在良知, 爽然應答, 不作滯泥, 不生
遲疑, 方是健動而謂之易."

이렇게 되면 '마음의 본체인 양지'와 '드러난 생각·정감인 양지' 사이에는 간격이 존재하지 않으며, 따라서 이 둘을 구분할 수도 없다. 따로 본체가 존재하고 그것이 어떻게 현재의식으로 드러나는가 하는 등의 복잡한 이론과정 없이, 그대로 현재의식을 양지의 발현으로 인정하는 것이다.

이러한 입장은 다음과 같은 두 가지의 중요한 이론적 입장으로 발전할 수밖에 없다. 첫째는 '성인'이 되기 위한 공부론의 불필요성이다. 지금 발현되고 있는 개인의 정감과 현재 의식이 바로 양지의 자기 전개과정이므로, 그것을 깨닫기만 하면 더 이상의 공부는 필요치 않게 되기 때문이다. 이러한 모습은 이후 양명좌파 전체를 통해 문자공부를 비롯한 일체의 공부를 거부하면서, 개인의 '깨달음'만을 중시하는 모습으로 이행된다.

둘째는 개인의 정감과 욕구에 대한 긍정으로 이행될 가능성을 가진다.[45] 현재의식을 모두 양지의 자기 전개과정으로 이해하게 되면서 개인의 정감과 욕구 역시 양지의 자기 전개과정으로 이해할 수 있기 때문이다. 이렇게 되면서 양지가 가진 '도덕적 의미'보다는 개인의 정감과 욕구에 대한 강한 긍정이 더 우위를 점하게 된다. 양명좌파가 보여주는 '수양론에 대한 비판'과 '개인정감과 욕구의 긍정'은 바로 이러한 입장에서 출발한다.

---

45) 특히 이러한 모습은 양명좌파를 '개인욕망의 인정'과 '집단윤리체제에 대한 반발' 등의 모습을 띠고 드러난다. 이 때문에 이들을 통해 '근대적 파토스의 발견'이 가능하다고 보는 학자들이 많다. 특히 이러한 모습이 강하게 부각되었던 사람은 李贄이다. 그는 도가의 변화·운동의 원리를 진리의 모습으로 채택함으로써 정체되어 있는 성리학을 假道學으로 비판하고, 개인의 人欲이 곧 天理라는 입장을 내세움으로써 성리학의 대명제인 '存天理 去人欲'의 명제를 무너뜨리고 있다. 여기에 대해 자세한 것은 유동환, 앞의 논문, 250쪽 이하를 참조할 것.

2) 사무설四無說

양지현성론과 더불어 양명좌파 철학의 중요한 특징 가운데 하나는 왕수인의 사구교를 사무설로 해석하고 있는 입장이다. 사구교란 왕수인이 사은思恩과 전주田州에서 일어난 폭동을 진압하기 위해 출발하기 전날 그의 제자였던 전덕홍과 왕기의 요청에 의해서 천천교天泉橋 위에서 했던 강의를 일컫는 말로, '천천증도天泉證道'라고도 한다. 왕수인은 이 강의에서 다음과 같이 말한다.

> 선도 없고 악도 없는 것은 심心의 체體이고, 선도 있고 악도 있는 것은 의意의 동動함이며, 선을 알고 악을 아는 것은 양지良知이고, 선을 행하면서 악을 없애는 것은 격물格物이다.46)

네 가지 구절의 가르침을 의미하는 '사구교'는 바로 이것이다. 왕수인은 여기에서 선도 없고 악도 없는 것을 심의 본체로 설정하고, 그것이 발한 의의 동함에서는 선악이 나누어질 수 있다고 말한다. 이처럼 의에서 선악이 나누어지면, 그것을 판단할 수 있는 것이 양지이고, 그에 따라 구체적으로 선을 행하고 악을 없애는 수행이 바로 격물格物이라는 말이다. 도덕본체로부터 악함을 없애고 선함을 구현하는 길을 보여준 것이라고 할 수 있다. 순수하게 이 말만 따르면 왕수인의 입장은 심의 체가 그대로 의의 동함으로 발현될 수 없다는 것으로 이해할 수 있다. 선악을 구별하고, 다시 선을 행하고 악을 없애는 수양론이 필요해지는 것은 이러한 이유라고 할 수 있다.

그런데 왕수인의 이 말은 양지에 대해 각기 다른 입장을 취하고 있었던 두 수제자에게서 논란의 대상이 된다. 전덕홍과 왕기는 이 말을

---

46) 王守仁, 앞의 책, 卷3, 「傳習錄下」, "無善無惡是心之體, 有善有惡是意之動, 知善知惡是良知, 爲善去惡是格物."

가지고 논쟁을 하다가 결국 왕수인에게 가서 그 진정한 의미를 묻기까지 했던 것이다. 여기에서 우선 전덕홍의 입장부터 살펴보기로 하자. 그는 왕수인의 말을 구절 그대로 받아 들여 다음과 같이 말한다.

전덕홍은 "심心의 체는 천명의 성으로, 원래 선도 없고 악도 없는 것이다. 그러나 사람에게는 습심習心이 있어서 의념意念 상에서는 선도 있고 악도 있는 모습이 드러난다. 그러므로 격물치지格物致知와 성의정심誠意正心(의 공부)을 통해 이것을 닦아 가는 것이 저 성性의 체體를 회복하는 공부이다"라고 말했다.[47]

사람의 도덕본체에 선도 없고 악도 없다는 것은 왕수인으로부터 전덕홍과 왕기가 함께 받아들이는 전제이다. 순선하기 때문에 선과 악으로 말할 수도 없다는 의미이다. 도덕본체의 순선함에 대한 강조가 선도 없고 악도 없다는 말로 표현된 것이다. 그러나 그 다음 구절에서 전덕홍은 왕수인의 말을 글자 그대로 해석하여, 사람에게는 습심이 있기 때문에 의념으로 발출하게 되면 선과 악으로 나누어진다고 생각했다. 선한 의념만을 만들어 내야 하는 도덕학자들 입장에서 결국 습심을 제거하고 선한 의념을 만들어 내는 수양론이 필요해지는 것은 이 때문이다.

이렇게 되면서 전덕홍은 격물치지와 성의정심의 공부를 통해 성性의 본체를 회복해야 한다는 입장을 개진한다. 이것은 왕수인이 "사람은 습심習心을 가지고 있으므로, 그들에게 양지 상에서 선을 행하고 악을 없애는 실용의 공부를 하게 하지 않으면 다만 텅 비어 있는 허공에서 한낱 본체만을 생각하고 일체의 사물들은 실질적인 것들을 갖추지

---

47) 위의 책, 같은 곳, "德洪曰, '心體是天命之性, 原是無善無惡的. 但人有習心, 意念上見有善惡在, 格致誠正, 修此正是復那性體功夫.'"

못하여 허와 적을 기르는 데 불과하다"[48]라는 말을 받아들인 것이다. 의념意念을 순선한 본체 모습 그대로 드러내기 위한 격물格物 공부가 필요하며, 그 기준은 선도 알고 악도 아는 양지를 통해 확보된다. 심心에 대한 단순 깨달음을 강조하는 것이 아니라, 본체가 그대로 의념意念으로 드러날 수 있는 수양론의 강조로 이행되는 것이다. 이처럼 전덕홍은 사구교설에 대한 해석에 있어서 체와 용의 차별성을 확보함으로써, 체에서 용으로 이행되기 위한 객관적 공부를 강조한다.

이에 비해서 왕기는 '선도 없고 악도 없는 것이 마음의 본체'라면, 체용일원에 근거해서 의意·지知·물物 역시 선도 없고 악도 없어야 한다는 입장을 개진한다. 우선『전습록傳習錄』에 기록된 그의 입장을 살펴보자.

여중은 "이것은 아마 궁극적으로 말하고자 하는 것은 아닌 것 같다. 만약 심心의 체體에 선도 없고 악도 없다면 의意 역시 선도 없고 악도 없는 의이고, 지知 또한 선도 없고 악도 없는 지이며 물物도 선도 없고 악도 없는 물이다. 만약 의意에 선과 악이 있다고 말한다면 필경 심心의 체體도 도리어 선善과 악惡이 있게 될 것이다"라고 말했다.[49]

이처럼 왕기는 천천증도가 왕수인의 양지에 대한 궁극적 입장이라고 보지 않았다. 그는 체용일원에 근거해서 마음의 체에 선도 없고 악도 없다면, 의·지·물 역시 선도 없고 악도 없어야 한다고 생각했다. 이러한 입장에 대해 왕수인은 '두 사람의 입장은 모두 좋은 것으로, 서

---

48) 위의 책, 같은 곳, "人有習心, 不教他在良知上實用爲善去惡的工夫, 只去懸空想一個本體, 一體事物俱不著實, 不過養成虛寂."
49) 위의 책, 같은 곳, "汝中曰, '此恐未是究竟話頭. 若說心體是無善無惡, 意亦是無善無惡的意, 知亦是無善無惡的知, 物是無善無惡的物矣. 若說意有善惡, 畢竟心體還有善惡在.'"

로에게 도움이 되므로 어느 한쪽만을 고집해서는 안 된다'[50]면서 양쪽 모두의 손을 들어준다.

그러나 이 말이 문제를 해결한 것은 아니다. 왕기의 문집에는 왕기의 문인이 그의 구술을 중심으로 기록한 내용이 있는데, 거기에는 사구교에 대한 입장이 다음과 같이 기록되어 있다.

> 선생은 "양명陽明 선생은 때에 맞추어서 가르쳤으니, 이를 일컬어서 권법權法이라고 하므로, (어느 한 가지를) 집어서 (양명의 학설이라고) 정할 수는 없다. 체體와 용用, 현顯과 미微는 다만 하나의 기틀이고, 심心·의意·지知·물物은 다만 한 가지 일일 뿐이다. 만약 심이 선도 없고 악도 없는 심이라는 것을 깨닫는다면, 의意도 곧 선도 없고 악도 없는 의가 되고, 지知도 곧 선도 없는 지가 되며, 물物도 곧 선도 없고 악도 없는 물이 된다.……"라고 말했다.[51]

왕기는 왕수인의 말에 대해서 '권법權法'으로 규정하고, 여기에서 왕수인과 다른 해석의 가능성을 확보한다. 『전습록傳習錄』과 『용계전집龍溪全集』에서 일관되게 주장되고 있는 것은 바로 체용일원에 근거한 사무설四無說이다. 마음의 본체가 무선무악無善無惡하다는 것을 전제로 받아들이고 있는 왕기는 여기에 근거해서 체體가 무선무악하다면 용用 역시 무선무악할 수밖에 없다는 입장을 취한다. 의·지·물 역시 무선무악하다는 말이다.

이렇게 해석해 놓고 보면 사람의 정감인 의념意念 역시 무선무악하며, 지와 물 역시 그러하다. 따라서 지금 현재 드러나고 있는 사람의

---

50) 위의 책, 같은 곳, "二君之見正好相資爲用, 不可各執一邊." 참조.

51) 王畿, 앞의 책, 卷1, 「天泉證道記」, "先生謂, 夫子立敎隨時, 謂之權法, 未可執定. 體用顯微, 只是一機, 心意知物, 只是一事. 若悟得心是無善無惡之心, 意卽是無善無惡之意, 知卽是無善無惡之知, 物卽是無善無惡之物.……"

생각이나 정감 역시 무선무악하다고 말할 수 있다. 양지현성론을 주장
할 수 있는 중요한 근거이다. 왕기는 자신의 양지현성론에 근거해서
의·지·물 역시 양지의 자기전개 과정으로 이해하고 있는 것이다. 따
라서 의·지·물 역시 마음의 본체와 질적으로 동일하며, 선악의 문제
에 있어서도 그러하다. 본체와 현재의식간의 차별성은 존재하지 않게
되며, 이로 인해 본체의 모습을 그대로 현재의식으로 드러내려는 수양
론은 필요치 않게 된다. 본체의 무선무악함만을 깨달으면 된다는 '돈오
頓悟'식 공부의 강조로 이행될 수 있는 근거가 되며, 수양공부론을 부
정하는 근거이기도 하다.[52]

　이처럼 왕기의 사무설은 현재의식을 그대로 본체로 보는 양지현성
론과 입장을 같이 하며, 동시에 수양론에 있어서 기타의 수양론을 일
체 거부하면서 본체에 대한 깨달음만을 강조하는 쪽으로 이행된다. 이
러한 입장은 이후 주여등周汝登(호는 海門, 1547~1629)이나 이지李贄
(호는 卓吾, 1527~1602) 같은 인물들을 통해서 더욱 확대 해석되기에
이른다. 주여등은 돈오식 공부를 강조하는 동시에 본체의 현현을 현재
의식을 이해하는 모습을 보여주고 있으며, 이지 같은 경우는 이것을
진공眞空이라고 표현하면서 학문의 형식과 수양 및 계층적 질서에 대
해서 강한 거부감을 보이게 된다.[53] 이처럼 사구교에 대한 사무설로의
해석은 양명좌파의 전형적인 모습으로 드러난다.

3) 유儒·불佛·도道 합일론合一論

　양지현성론과 사무설은 도덕정감을 도덕본체의 직접적인 현현으로
이해하고 있기 때문에 나온 결과이다. 이러한 입장은 수양론의 불필요

---

52) 陳來, 『송명성리학』, 안재호 옮김(서울 : 예문서원, 2000), 479쪽 참조.
53) 여기에 대해서 자세한 것은 裵永東, 앞의 논문, 251~254쪽 참조.

성을 드러내는 중요한 이론적 근거로 자리매김한다. 따라서 양지현성
론과 사무설을 통해 양명좌파 철학은 '도덕정감을 도덕본체의 직접적
인 현현'으로 인정하고, 이를 통해서 '깨달음을 중시'하면서 기타의 수
양론을 거부하는 입장으로 드러난다. 드러난 개인의 정감을 중시하면
서, 객관적인 수양론에 대해서는 비판적인 입장을 취하는 것이다.

   이러한 모습은 한 단계만 더 나아가게 되면 개인의 일상적 정감 역
시 본체의 현현으로 인정하는 결과를 낳게 된다. 그리고 이 과정에서
성리학적 테두리를 설정해 주는 도통 역시 개인적 기준에 의해 미약해
지는 결과를 낳게 되고, 이것은 이단의 구별 역시 중요하게 생각하지
않는 모습으로 이행된다. 성리학의 전통적 이단인 불교와 도교에 대해
서 비판하지 않는 것에서 한 걸음 더 나아가 유교와 불교·도교를 하
나로 합쳐보려는 모습까지 보이게 된다. 성리학의 중요 특징이었던 도
통론道統論과 벽이단관闢異端觀의 해체가 이루어지고 있는 것이다. 이
러한 모습은 왕수인의 직전제자였던 왕기에게서부터 바로 드러나고
있다.

   사람은 천지의 올바름을 받아서 태어났으므로 모두 변치 않는 성性
을 가지고 있다. 애초부터 일찍이 누구는 유학자가 되고 누구는 도사
가 되며 누구는 승려가 되도록 구분되게 (성을)부여받은 것은 아니다.
양지라는 것은 성性의 영묘함이고, 천지만물을 일체一體로 삼는 것으
로, 삼교의 핵심을 아우르고, 경전의 내용을 따르지 않으며, 인위적인
생각과 행동을 하지 않으니, 허와 실이 서로 서로 생겨나게 하면서 없
어지지 않고 적연寂然함과 감응感應함이 어그러져도 사라지지 않는다.
불교와 도교를 공부한 사람이라도 진실로 성을 회복하는 것을 종지宗
늘로 삼고 허망한 것에 빠지지 않을 수 있다면, 이것은 바로 도교와 불
교의 유학(道釋之儒)이다.[54]

당시로서 이 말은 파격적이다. 주자학과 양명학이 불교의 영향을 받았다는 것은 이미 알려진 사실이다.55) 그러나 오히려 주자학은 강하게 불교를 배척함으로써 그 영향관계를 부정하고 있으며, 왕수인 역시 불교에 대해 호의적인 입장을 보이지 않는다. 그러나 그의 직전제자인 왕기는 불교와 도교를 이단으로 설정하지 않고 있다. 불교와 도교가 유교와 갈라진 이유는 양지를 회복하려고 하지 않았기 때문이지, 그 자체가 이단 사설은 아니라는 의미이다. 불교와 도교에서도 성을 회복시키는 것을 종지宗旨로 삼는다면 '도석지유道釋之儒'가 가능하다는 것은 여기에 기인한다. 왕기는 유교와 불교·도교 사이에 근원적 불일치성이 존재하거나 혹은 그들을 철저히 배격되어야 할 이단은 아니라고 생각했던 것이다.

이러한 모습이 태주학파에 이르게 되면 아예 유교와 불교의 조화를 넘어서 일치까지 주장하는 경향들도 등장한다. 선학을 인정하는 '용선파容禪派'의 등장은 양명학을 더 이상 성리학의 범주에 넣어서 논하기 곤란할 만큼 불교와 도교를 인정하는 입장을 보여준다.

태주학파의 조정길趙貞吉(호는 大洲, 1508~1576) 같은 경우는 불교의 상징인 만卍이나 도교의 상징인 태극 문양, 그리고 하도낙서와 같은 모든 그림을 합쳐서 진공眞空이라고 표현하면서 하나의 근원이라고 주

---

54) 王畿, 앞의 책, 卷17, 「重修白鹿書院記」, "人受天地之中以生, 均有恒性, 初未嘗以某爲儒, 某爲老, 某爲佛, 而分受之也. 良知者性之靈, 以天地萬物爲一體, 范圍三敎之樞, 不徇典要, 不涉思爲, 虛實相生而非無也, 寂感相乘而非滅也. 學佛老者, 苟能以復性爲宗, 不淪於虛妄, 是卽道釋之儒也."
55) 아라키 겐코는 유학자들의 강한 불교 비판이 실제로는 불교의 영향을 받은 자신들의 순결성을 위한 것이었다고 말한다. 신유학의 성립에 불교가 미친 영향이 적지 않았다는 것은 일반적인 사실이라고 말할 수 있다. 자세한 것은 아라키 겐코, 『佛敎와 儒敎』, 심경호 옮김(서울 : 예문서원, 2000), 13쪽 이하 참조.

장한다.56) 진공의 영역에서 볼 때 유교와 불교·도교는 실제로 다른
것이 아니라는 말이다. 그래서 황종희는 그에 대해서 "선생은 애초부
터 스스로 선학이 아니라고 회피하지 않았다"57)라고 말한다.

유儒·불佛·도道 합일에 대한 입장은 특히 태주학파의 초횡焦竑(호
는 澹園, 1540~1620)에게서 강하게 드러난다. 그는 기본적으로 유학과
불교가 다른 것이 아니며, 도교는 도를 가지고 유교를 보충하는 것이
라는 입장을 제기한다.58)

나는 이 경전을 읽은 이후에 육경과 『논어論語』·『맹자孟子』가 선학
禪學 아님이 없고 요임금·순임금·주공·공자도 모두 불교도라고 말
할 수 있게 되었다.59)

이 말은 정통 성리학자들에게는 매우 충격적인 말이다. 그러나 초횡
은 다음과 같이 말하면서, 자신의 입장을 분명하게 제기한다.

세상에서 석가와 더불어 논변한 사람은 많다. (그들은) 대개 그 적멸
寂滅함과 허무虛無함, 형形을 없앰과 윤리를 버림을 병통으로 여겨 천
하와 국가를 위할 수 없다고 생각했다. (그러나) 무릇 도道는 하나일 따
름이니, 생각함도 없고 인위적인 것도 없는 것을 일컬어서 적寂이라
하고, 볼 수도 없고 들을 수도 없는 것을 일컬어서 허虛라고 하며, 그
무욕無欲을 일컬어서 정靜이라고 하고, 만물에 대해 두루 알면서도 지
나침이 없는 것을 일컬어서 각覺이라고 하니, 이것은 모두 유학의 오
묘한 리理이다.60)

56) 黃宗羲, 『明儒學案』 卷33, 「泰州學案二·文齋趙先生大州」, 하단부 참조.
57) 위의 책, 같은 곳, "先生初不自諱其非禪學."
58) 張學智, 『明代哲學史』(北京 : 北京大學出版社, 2000), 283쪽 이하를 참조.
59) 焦竑, 『焦氏澹園集』 卷16, "余謂能讀此經然後知六經語孟無非禪, 堯舜周孔
即爲佛."

이처럼 초횡은 불교와 유교의 이치가 다른 것이 아니라고 생각했다. 이러한 모습은 이지가 공부의 목적을 달성함에 있어서 '유가에서 찾던 도가나 불가에서 찾던 그것은 개인의 선택과 결정의 문제이지 유가라는 하나의 가치만을 강요할 수 없다'[61]는 결론을 내리고 있는 것과 맥을 같이 한다. 당시 태주학파와 그 영향을 받아서 용선容禪적 입장을 가진 사람들은 절에 가는 한이 있어도, 결국 성인됨의 목적에 도달할 수만 있으면 된다는 입장을 제기한다. 이지가 "그러므로 승당僧堂(절)에 한 번 가는 것이 또한 무슨 거리낌이 있겠는가? 중요한 것은 모두 벗어서 깨끗하게 하지 못한 것일 따름이다"[62]라고 말한 것은 바로 이러한 입장을 대변하고 있는 것이다.

이것은 개인의 정감에 대해서 극단적인 신뢰를 보냄으로써 이루어진 결과라고 말할 수 있다. 이단과 정통에 대한 구분을 희미하게 만들고 있는 것이다. 여기에서 우리는 기존의 성리학과 다른 면모를 확인할 수 있다.

이상의 논의들을 중심으로 양명좌파의 철학적 특징을 살펴보면, 첫째 양지현성론을 적극적으로 옹호하고, 둘째 왕수인의 사구교설을 사무설로 해석하며, 셋째 불교나 도교를 유교와 조화시킬 수 있다고 보는 견해로 정리할 수 있다. 이러한 입장은 동시에 다음과 같은 특징으로 드러난다.

첫째, 도덕본체와 도덕정감의 간격을 인정하지 않는다.[63] 이것은 양

---

60) 위의 책, 卷16, 「釋家」, "世之與釋氏辯者多矣. 大抵病其寂滅虛無毀形弃倫而不可爲天下國家也. 夫道一而已, 以其無思無爲謂之寂, 以其不可睹聞謂之虛, 以其無欲謂之靜, 以其知周萬物而不過謂之覺. 皆儒之妙理也."
61) 전병술, 「泰州學派의 理論展開 - 自得에서 狂禪까지」, 『양명학』 제3호(한국양명학회, 1999), 179쪽 참조.
62) 李贄, 『焚書』 卷2, 「與莊純夫」, "然僧堂一到亦有何妨. 要之皆未脫灑耳."

지현성론이나 사무설 등을 통해서 드러난 특징으로, 현재 드러난 정감
이 곧 본체라는 입장이다. '근원적으로 같다'라는 원론적 입장을 한 단
계 더 발전시켜, 드러난 정감이나 현재의식이 그대로 본체라는 입장을
견지함으로써 본체와 정감 사이의 차별성을 없애고 있다.

둘째, 공부론의 부정이다. 이것 역시 양지현성론과 사무설을 통해서
드러나고 있는 것으로, 본체와 정감의 차별성이 없기 때문에 본체를
정감으로 드러내는 과정에서 별다른 공부론이 필요치 않다. 본체에 대
한 '깨달음'만 있으면 된다. 이러한 모습은 '도문학道問學' 공부의 계열
인 문자공부에 대한 부정과 더불어 마음 공부의 영역으로 이해되는
'존덕성尊德性' 영역도 부정하는 것이다. '깨달음' 이외의 어떠한 공부론
도 거부하고 있는 것이다.

셋째, 벽이단관闢異端觀과 도통론道統論의 붕괴이다. 이것은 개인의
정감에 극단적 신뢰를 보내면서 생겨난 결과로, 지금 현재의식이 양지
라면 나는 그 자체로 성인이라고 말할 수 있다. 이지가 '요堯·순舜임
금이나 길가는 사람이나 다 마찬가지이고 성인聖人이나 보통사람이나
똑같다'라고 말한 것은 이 때문이다.[64] 이것은 역대의 성인에 대해서는
인정하지 않는 모습으로 드러나며, 동시에 그들이 남긴 경전에 대한
부정으로 이행된다. 나아가 내가 이미 성인이므로 내 속에서의 깨달음
에 관계되어 있는 모든 논의 역시 나쁠 게 없다. 불교와 도교의 논의가
자연스럽게 유교의 논의 속으로 흘러 들어올 수 있는 길을 열고 있는
것이다.

---

63) 이러한 모습은 양명좌파의 '天理와 人欲의 통일'이라는 특징으로 설명되기도
한다. 객관적 본체로서의 천리가 곧 개인적 정감으로서의 人欲으로 드러나
며, 이 둘은 조금의 차이가 없다는 말이다. 이러한 입장은 이후 양명좌파 철
학의 중요한 특징인 '개인정감의 용인과 인욕에 대한 긍정'으로 이어지게 된
다. 여기에 대해 자세한 것은 유동환, 앞의 논문, 117쪽 이하를 참조.
64) 위의 논문, 144쪽 참조.

이러한 양명좌파의 입장은 전체적으로, '주자학과 양명학이 가진 차별성에 무게를 두고 그것을 적극적으로 해석하는 입장'으로 정리할 수 있다. 이것은 주자학과 양명학이 가지고 있는 공통분모인 '성리학의 틀'마저도 해체하는 방식을 띰으로써, 궁극적으로 개인의식의 발현이나 개인주의 사조의 등장을 초래하는 결과를 낳게 된다.[65]

3. 초기 양명우파의 철학적 특징

앞장의 논의에서 필자는 양명좌파의 철학적 특징을 세 가지로 정리했다. 이러한 양명좌파의 철학적 특징을 기반으로 우리는 양명우파의 철학적 특징을 확인할 수 있는 가능성을 찾게 되었다. 그러나 이러한 특징은 기존의 연구에서 전혀 이루어지지 않았으므로, 방법적으로 가설을 세우고 이것을 확인해 보려 한다. 필자는 양명우파 철학의 특징을 양명좌파 철학의 특징에 반하는 것으로 가설을 설정하고, 그러한 경향들이 양명우파로 이해되는 인물들을 통해 드러나는지를 확인하려고 한다. 그리고 실제 이러한 경향들이 양명우파 인물들 속에서 하나의 흐름을 형성한다면, 우리는 이것을 양명우파 철학의 특징으로 규정할 수 있을 것이다. 그리고 이러한 철학적 특징의 변이와 발전 양상이 있는지를 확인함으로써 양명우파 철학의 흐름을 정리할 수 있다. 이를 위해 우선 양명좌파의 철학적 특징에 반하는 입장들을 정리해 보기로

---

65) 이러한 입장들을 들어서 많은 학자들이 양명좌파를 '반봉건성' 혹은 '근대성'
과 같은 특징을 가지고 있다고 말한다. 예컨대, 島田虔次 같은 경우는 양명학
의 전개에서 근대적 자아의식, 합리주의, 근대적 파토스 등이 발견된다는 입
장을 제기한다. 여기에 대해서는 金守中, 앞의 논문, 3~5쪽을 참조. 홍원식
역시 태주학파의 이러한 측면을 '근대적 개인'의 발견으로 평가하고 있다. 자
세한 것은 홍원식, 「'근대적 개인'의 발견」, 361쪽 이하를 참조.

하자.

첫째, 도덕본체와 도덕정감의 불일치를 전제하는 입장이다.[66] 이것
은 양지현성론과 사무설四無設의 입장과 반할 때 드러나는 모습으로,
드러난 정감을 직접적인 양지의 본체로 인정하지 않는 모습이다. 물론,
체와 용의 구조와 같은 설명방식 등을 통해서 '근원적 일치성'은 인정
하지만, 그것이 개인의 사욕이나 욕망 등에 의해서 잘못될 수 있기 때
문에 현실적으로는 도덕본체와 도덕정감의 완전한 일치가 일어나지
않는다고 생각하는 것이다.

둘째, 불일치가 전제되면, 그 다음은 이것을 다시 '일치시키려는 노
력'의 일환으로 객관적 공부론을 설정한다. 양지현성설과 사무설을 통
해서 드러난 것은 '공부의 불필요성'이다. 이미 드러난 정감이 양지이
기 때문이다. 그러나 본체와 드러난 정감 사이에 차별이 있어서 드러
난 정감이 완전한 본체가 아니라면, 그것을 이루어내기 위한 '공부'가

---

66) 도덕본체와 도덕정감의 문제는 이후 이 책에서 가장 중요한 키워드로 작용한
다. 이를 위해 우선 필자가 사용하는 도덕정감의 개념이 무엇인지부터 분명
히 하기로 한다. 일반적으로 성리학은 인간 선함의 가능성을 '도덕적 본성'에
서 찾고 있으며, 그것이 인간의 선한 '정감'으로 발현될 때 도덕은 실현된 것
으로 이해된다. 따라서 도덕본체는 도덕정감을 의지해서 발현될 수밖에 없으
며, 도덕정감 역시 도덕본체로 인해 드러나는 마음이라고 말할 수 있다. 성리
학적인 범주에서 보면 모든 정감은 기본적으로 인간이 물려받은 본성에 따라
발현된 것이다. 이 말을 다시 해석하면, 인간이 본성을 도덕으로 부여받았다
면 인간의 정감 역시 모두 도덕정감의 범주에 속한다. 따라서 성리학적 개념
으로 보면 모든 정감은 도덕을 실현하기 위한 정감이며, 이러한 의미에서 도
덕정감이라고 말할 수 있다. 필자가 말하는 도덕본체와 도덕정감의 개념은
여기에 근거한다. 즉 도덕본체는 하늘로부터 인간의 본성으로 부여받은 도덕
성을 의미하며, 도덕정감은 그러한 본성에 근거해서 드러나는 '정감'을 통칭
하는 말이다. 인간의 모든 것을 도덕적 관점에서 해석하는 성리학의 인간이
해에 바탕하여, 본성을 실현할 수 있는 '정감'을 표현하는 말로 '도덕정감'이
라는 용어를 사용한다.

반드시 필요하다. 성리학의 궁극적 목적이 순선한 도덕본체가 그대로 인간 삶에서 드러나게 하려는 것이기 때문이다.

셋째, 벽이단관과 도통론의 확보이다. 이미 본체와 정감의 불일치를 일치시키기 위해 객관적인 공부론을 요청하게 되면, 이것을 기준으로 진리와 비진리의 구분이 가능해진다. 객관화된 기준이 만들어지면, 그것을 지키는 쪽과 그렇지 않은 쪽이 구분되기 때문이다. 이것을 기준으로 비진리의 선상에 선 인물들에 대해서 '이단'으로 규정하고, 내부적으로 진리를 지켜온 사람들에 대해서는 도의 전승으로 묶을 수 있다. 이 지점에서 도통론이 확보되며, 그것에 근거해서 이단론이 설정될 수 있다.

이번 장에서는 이러한 특징들이 양지현성파를 제외한 귀적파와 수증파의 대표적 인물들에게서 드러나고 있는지를 확인하려고 한다. 이것이 확인되면, 우리는 그것을 초기 양명우파 철학으로 규정하고 그들을 통해 양명우파 철학의 초기 형태를 설정할 수 있다. 이것을 바탕으로 이후 유종주나 황종회 같은 인물들의 철학을 분석해 보면, 여기에서 양명우파 철학의 특징과 흐름을 확인할 수 있게 될 것이다.

1) 도덕본체道德本體와 도덕정감道德情感의 불일치

왕수인의 제자들은 양지현성을 주장했던 양지현성파 외에도, 양지를 기준으로 할 경우 양지수증파와 양지귀적파로 나누어진다. 이미 위에서 밝혔듯이 오카다 다케히코(岡田武彦)는 전자를 중도파로 후자를 우파로 분류하고 있다. 양명후학들을 양지에 따라서 삼파로 나누고, 동시에 그들을 다시 좌파와 우파, 그리고 중도파로 나누고 있는 것이다. 그러나 논자가 보기에 양지현성파는 양명좌파로 보는 것이 옳지만, 수증파와 귀적파를 중도파와 우파로 보는 것은 타당하지 않다.[67] 이러한

구분은 좌파와 우파에 대한 명확한 구분점 없이 나눈 것으로, 특히 중
도파라는 말은 이들의 철학적 입장을 잘 설명하는 말이라고 볼 수 없
기 때문이다.

필자가 위에서 설정한 기준에 따른다면, 수증파修證派와 귀적파歸寂
派 모두를 우파로 보는 것이 옳을 것 같다. 이들의 차별성은 수양론을
설정하는 방법에서 나온 것으로, 양지현성파와 같이 양지 자체에 대한
이해 차이는 아니라고 할 수 있기 때문이다. 이러한 점은 도덕본체와
도덕정감의 관계에 대한 그들의 이해에서 확인할 수 있다.

수증파의 대표적 인물인 나홍선羅洪先(호는 念菴, 1504~1564)은 당
시 유행하고 있던 양지현성설에 대해 강한 불만을 표시하면서 다음과
같이 말한다.

> 세상 어디에 현성양지見成良知라는 것이 있는가? 양지는 만 번 죽을
> 정도의 공부가 아니면 결코 생겨날 수 없는 것이니, 현성될 수 있는 것
> 이 아니다.[68]

당시 양명후학들 속에서 이미 양지현성론에 대한 비판이 일고 있었
음을 알게 해주는 대목이다. 나홍선은 죽도록 공부하는 과정이 없으면
양지가 생겨날 수 없다고 생각했던 것이다.

이러한 입장은 귀적파의 인물인 섭표聶豹(호는 雙江, 1487~1563)에

---

67) 최재목은 三派로 나누는 입장을 소개하면서, 동시에 좌파와 우파로 나누는
    입장 역시 최근 학계에서 많이 이용된다고 말한다. 이렇게 볼 경우에는 '좌파
    는 현성파로, 우파는 귀적파에 해당된다'고 말하면서, 동시에 '수증파에 속한
    양명학자들은 대체로 우파에 속한다'라고 말한다. 최재목,『내 마음이 등불이
    다』, 405쪽 참조.
68) 羅洪先,『念庵文集』卷8,「松原志晤」, "世間那有見成良知? 良知非萬死工夫,
    斷不能生也, 不是見成可得."

게서도 잘 드러난다. 그는 왕수인에게 직접 배우지는 않았지만 독실하
게 왕수인을 사숙했던 인물로, 특히 왕기와 논변을 주고받으면서 양지
현성설을 강도 높게 비판했던 인물이다.[69] 섭표는 양지현성설을 주장
하는 사람들이 범하는 가장 큰 착오는 '지知'를 '양지良知'로 여기는 것
이라고 생각했다. 적연寂然한 양지본체와 그것이 드러난 도덕정감으로
서의 지知는 분명한 질적 차이가 있는데, 사람들은 그것을 잘 모른다는
말이다. 그래서 그는 다음과 같이 말한다.

　　양지는 본래 적연寂然한 것이며, 물物에 감응感應한 이후 지知가 있
　　다. 지는 그것(양지)이 발發한 것으로, 지가 발한 것을 양지라고 생각하
　　면서 그것이 어디에서 발했는지를 잊어서는 안 된다.[70]

　양지는 원래 적연한 본체이며, 그것이 '사물에 감응'하면 지知가 된
다. 지知가 비록 양지에서 발했다고 하더라도, 지가 양지 그 자체는 아
니라는 말이다. 지와 양지의 구분이 강조되고 있다. 이러한 구분은 사
단과 도덕본체에도 그대로 적용된다.

　　측은惻隱과 수오羞惡는 인과 의의 단서일 뿐이니, 측은과 수오를 가
　　지고 인과 의라고 생각할 수 있겠는가? 지금 무릇 애愛와 경敬을 가지
　　고 양지라고 생각한다면 이것은 지각知覺을 본체本體로 생각하는 것이
　　다.[71]

---

69) 양국영, 앞의 책, 155쪽 참조.
70) 聶豹, 『雙江文集』卷10, 「答歐陽南野」, "良知本寂, 感於物而後有知. 知其發,
　　不可遂以知發爲良知, 而忘其發之所自也."
71) 위의 책, 卷4, 「送王惟中歸泉州序」, "惻隱羞惡, 仁義之端, 而遂以惻隱羞惡爲
　　仁義可乎哉? 今夫以愛敬爲良知, 則將以知覺爲本體."

측은해 하는 마음과 부끄러움을 아는 마음은 인과 의의 단서에 불과하지, 인과 의 그 자체는 아니다. '도덕정감으로 드러난 것'을 도덕본체로 여기는 것은 옳지 않다는 말이다. 섭표는 양지를 적연한 도덕본체로 보고 있으며, 지는 그것의 발용으로 보고 있다. 체와 용의 관계로 이해하고 있지만,[72] 그것이 질적으로 동일하지는 않다.[73] '발용'에는 반드시 '외물外物의 감응'이 개입하며, 따라서 도덕정감인 지知가 그대로 도덕본체인 양지는 아니다. 그러므로 양지는 순수한 도덕본체로서의 의미만을 가질 뿐, 현실에서 선과 악을 판단하는 활동으로서의 의미는 갖지 않는다. 섭표에게 있어서 현실에서의 활동은 발發한 '지知'일 뿐이다.

이렇게 되면서 섭표는 외물에 감응해서 반응하게 되는 '지知'에 대해서는 중요하지 않다는 입장을 제기한다. 중요한 것은 적연한 본체인 마음 속이지, 마음 밖이 아니라는 것이다.

> 심心은 안을 주로 한다. (그것이)밖에 감응한 이후에 밖이 있게 되니, 밖은 (안의)그림자이다. 그러므로 밖에 감응한 것을 가지고 심이라고 하면서 밖에서 심을 구해서는 안 된다.[74]

마음 밖이라는 것은 외적인 것에 감응해서 생겨난 것이므로, 마음의 그림자에 불과하다. '마음' 그 자체는 아니라는 말이다. 따라서 실질적인 마음은 적연한 본체인 '마음 속'이며, 외부로 드러난 도덕정감이나 생각들은 이러한 마음에 따라서 비추어지는 그림자이다. 도덕본체와

---

72) 侯外廬, 邱漢生, 張豈之, 앞의 책, 309쪽 참조.

73) 裵永東, 앞의 책, 73쪽.

74) 聶豹, 앞의 책, 卷10, 「答歐陽南野」, "心主乎內. 應於外而後有外, 外其影也. 不可以其外應者爲心, 而遂求心於外也."

도덕정감의 질적 차별성을 분명하게 인정하면서 이 가운데 특히 도덕 본체의 중요성을 강조하고 있다.

다음은 양지수증파의 대표적 인물인 추수익鄒守益(호는 東廓, 1491~1562)을 통해 양지수증파의 입장을 확인해 보기로 하자. 추수익은 왕수인의 직전제자로, 공부하는 과정에서『대학大學』에 나타난 주희의 주석과『중용中庸』수장首章의 입장에 차이가 있음을 보고 고민하다가 그것을 깨닫는 과정에서 제자가 되었다.[75] 이렇게 되면서 그는 특히 '계신공구'의 공부를 중시하는 입장을 보이는데, 황종희는 이 부분을 가지고 추수익이야말로 양명후학 가운데 양명의 본지를 잇는 종자宗子로 평가한다.[76]

추수익 역시 '양지'를 자신의 중심 철학으로 받아들인다. 양지를 마음의 본체로 설정하면서, 그 완전성을 신뢰하고 있는 것이다.

> 양지良知의 가르침은 곧 천명天命의 성性을 따르는 것이니, 정신精神과 영묘한 깨달음을 가리켜 말하는 것이다. 측은惻隱·수오羞惡·사양辭讓·시비是非는 양지의 운행 아닌 것이 없으므로, 계구戒懼함으로써 중화中和를 이루게 되면 천지가 세워지고 만물을 화육할 수 있으며, 사단四端을 확충하게 되면 사해四海를 보존할 수 있다.[77]

양지는 천명의 성性을 따르는 것이므로, 사단지심四端之心은 모두 양

---

75) 黃宗羲,『明儒學案』卷16,「江右王門學案一·文莊鄒東廓先生守益」, "文成顧日夕談學, 先生忽有省, 曰, '往吾疑程朱補『大學』, 先格物窮理, 而『中庸』首愼獨, 兩不相蒙, 今釋然格致之卽愼獨也.' 遂稱弟子." 참조.

76) 위의 책, 같은 곳, "夫子之後, 源遠而流分, 陽明之沒, 不失其傳者, 不得不以先生爲宗子也." 및 노사광, 앞의 책, 541쪽 참조.

77) 위의 책, 卷16,「江右學案一·東廓論學書」, "良知之敎, 乃從天命之性, 指其精神靈覺而言, 惻隱羞惡辭讓是非, 無往而非良知之運用, 故戒懼以致中和, 則可以位育, 擴充四端, 則可以保四海."

지의 운행이다. 하지만 이것이 만물을 화육할 수 있고 사해를 보존할
수 있기 위해서는 반드시 계구를 통한 치중화致中和의 단계로 이행되
어야 한다. 양지의 온전한 운행은 반드시 계신공구의 공부를 통해서
이루어질 수밖에 없음을 말하는 것이다. 왜 그럴까?

추수익은 양지 자체는 원래부터 밝은 것으로 본다. 그래서 그는 "그
밝음에 이르게 되는 것은 다만 그것(양지)이 애초부터 밝았기 때문이
지, 천하고금의 밝음에 합치되면서 그것이 보태지거나 늘어난 것은 아
니다"[78]라고 말한다. 그러나 이처럼 완전한 양지라 하더라도, 그것의
발현까지 완전성을 가지지는 않는다고 생각했다. 양지가 발현할 때, 사
람의 욕망이 뒤섞여서 마음이 분열될 수 있기 때문이다.[79] 양지가 순
선하다고 해서 그것이 발한 상태까지 양지의 순수한 확충으로 보기에
는 힘들다는 말이다.

군자의 배움은 마음을 넓혀서 대공大公이 되게 하는 것보다 나은 것
이 없으니, (이렇게 되면) 사물이 와서 순응順應한다. 대공大公이라는
것은 허虛함과 정靜함에 대해서 말하는 것이며, 순응順應이라는 것은
동動함과 직直함에 대해서 말하는 것이다. 자신의 사사로움과 일상적
인 지혜는 모두 욕欲의 다른 이름이다. 군자가 배워서 무엇을 하려는
것이겠는가? 배워서 욕欲을 없애고, 그 본체를 온전하게 하는 것일 따
름이다.[80]

<hr>

78) 위의 책, 같은 곳, "及其明也, 只是原初明也, 非合天下古今之明而增益之也."
79) 김세정, 「鄒守益의 心學思想」, 『양명학』 제3호(한국양명학회, 1999), 240쪽 참
조.
80) 鄒守益, 『東廓集』 卷3, 「錄靑原再會語」, "君子之學, 莫若廓然而大公, 物來
而順應. 大公者, 以言乎虛靜也, 順應者, 以言乎動直也. 自私用智, 皆欲之別
名也. 君子之學, 將以何爲也? 學以去其欲而全其本體而已矣."

사물이 들어 왔을 때, 양지는 그 본래의 모습으로 순응해야 한다. 그런데 사람에게는 욕欲이 있고, 이러한 사사로움으로 인해 그 본체가 완전한 모습으로 드러나지 못할 수 있다는 것이다. 따라서 드러난 정감에는 욕망의 개입 없이 양지가 그대로 확충된 것도 있는 반면, 욕망의 개입으로 인해 그 본체가 완전하게 드러나지 못한 것도 있다. 체體와 용用이 합일되어야 함에도 불구하고, 그렇지 않을 수 있음을 전제하고 있는 말이다. 그렇다면 추수익이 말하는 욕망이란 무엇을 말하는 것일까? 이것은 다음의 인용문에 잘 드러나 있다.

> 성학聖學의 요지는 욕欲을 없애는데 있다.……성문聖門의 가르침과 배움은 진실로 무의無意·무필無必·무고無固·무아無我를 말하는 것이니, 의意·필必·고固·아我라는 것은 하나의 욕欲을 네 개로 이름 붙인 것이다. 그 의·필·고·아의 욕을 끊어버리게 되면 양지良知의 본체를 이룰 수 있다.[81]

이것은 공자의 사무설四無說에 근거한 것으로, '억지로 하는 것'을 없애야 한다는 말이다. 무욕은 마음의 욕망을 완전하게 제거함으로써 양지 본체가 온전하게 발현할 수 있도록 하는 것으로, 섭표와 마찬가지로 치양지의 목적이 무욕에 있음을 밝히고 있는 것이다.[82] 욕망이 없이 일어나는 도덕정감이 양지본체의 현현이며, 이것이 바로 체와 용의 합일이라고 말할 수 있다. 이러한 점에서 추수익이 말하는 치양지는 양지가 그대로 발현될 수 있도록 개인의 사사로운 욕망을 없애 나가는 데 있다고 말할 수 있다. 그래서 그는 "막혀 있고 부딪치는 것을 쓸어

---

81) 위의 책, 卷1, 「敍秋江別意」, "聖學之要, 在於無欲.……聖門之敎學者, 諄諄 以無意無必無固無我爲言, 意必固我者, 一欲而四名也. 絶其意必固我之欲, 而良知之本體致矣."
82) 김세정, 앞의 논문, 240쪽 참조.

내고 풀어내면, 그 본체가 다시 드러난다"[83]라고 말한다.

이러한 입장에서 보면, 추수익 역시 도덕본체로서의 양지는 순선하다는 점을 인정한다. 하지만 그것의 발현인 도덕정감은 개인의 욕망이나 사사로움으로 인해 도덕본체를 완전하게 드러내지 못할 수 있음을 인정하고 있다. 도덕본체와 도덕정감 사이에는 간격이 존재한다는 말이다. 이 때문에 욕망이 없는 무욕無欲의 단계로 이행되기 위한 공부나 사사로움을 없애기 위한 개인의 공부가 반드시 필요하다고 말할 수 있다.

2) 객관적 공부론의 설정

드러난 도덕정감을 완전한 도덕본체의 현현으로 볼 수 없는 섭표와 추수익에게 있어서 이 둘의 합일은 중요한 의미를 가진다. 즉 현실적으로 인간의 정감이 도덕본체의 현현이 아니라면, 결국 이 둘을 하나로 합일시켜 내려는 성리학 본래 목적의 출발선에 다시 서는 것이기 때문이다. 이러한 입장에서 이들은 이른바 개인의 욕망을 없애고 이 둘을 하나로 합일시켜 내기 위한 공부론을 설정할 수밖에 없다. 이른바 '객관적 공부론의 설정'이다.

섭표는 '마음 속'을 강조하는 공부론을 제기한다. 섭표는 도덕본체의 완전함을 전제하면서, 이것이 빛을 발하게 되면 정감까지도 도덕본체의 현현이 될 수 있다고 생각했다. 하지만 사욕에 의해서 도덕본체가 가려지게 되면 그 그림자는 옅어질 수밖에 없다고 보았다. 따라서 치양지를 이루기 위한 공부의 대상은 감응과 변화 이전에 존재하는 적연한 본체여야 한다. 이러한 입장에서 그는 다음과 같이 말한다.

---

83) 黃宗羲, 앞의 책, 卷16, 「江右學案一·東廓論學書」, "有所滯礙, 掃而決之, 復見本體."

　무릇 본원이라는 곳은 보이지도 않고 들리지도 않는 적연한 본체에서 벗어나지 않는다. 보이지도 않고 들리지도 않는 적연한 본체가 만약 감응하고 변화한 이후에 있다면 감응과 변화에서 그것을 이루는 것이 옳다. 그러나 실제로 감응과 변화를 주재하는 원인은 적연寂然한 체體이고, 감응과 변화는 곧 내 적연寂然한 본체의 말末이다.84)

　마음 속의 본원은 '고요한 본체'로, 이것은 감응과 변화를 주재하는 실질적 담당자이다. 발發하기 전의 적연寂然한 본체를 먼저 파악해야 한다는 말이다.85) 이렇게 되면서 섭표는 고요함으로 돌아가는 것을 유일한 공부로 생각하여서, "치지致知란 오로지 고요함으로 돌아감(歸寂)으로써 감感하는 것에 통通하고 체體를 잡음으로써 용用에 응한다"86)라고 말하고, 또 "제 생각을 말씀드리면, 감感하든지 감하지 않든지에 상관없이 오로지 고요함으로 돌아가는 것을 공부의 주재主宰로 삼아야 합니다"87)라고 말한다.

　섭표는 '고요한 본체'가 감응과 변화를 주재하는 것으로 이해한다. 따라서 감응변화하는 지知의 영역이 양지의 본 모습을 그대로 드러내게 하기 위해서는 감응과 변화를 주재하는 고요한 본체가 제대로 양지의 본 모습을 드러낼 수 있도록 해야 한다. 이렇게 되면서 섭표가 주장하는 공부의 영역은 드러난 개인의 정감이나 행동을 대상으로 하는 것이 아니라, '고요한 본체'로 이행된다. '고요함으로 돌아간'다는 귀적歸寂의 의미는 여기에서 나온다. 그래서 그는 양지현성良知現成을 주장하

---

84) 위의 책, 卷8, 「答歐陽南野」, "夫本源之地, 要不外乎不睹不聞之寂體也. 不睹不聞之寂體若因感應變化而後有, 卽感應變化而致之是也. 實則所以主宰乎感應變化者, 寂之體也, 而感應變化乃吾寂體之末耳."
85) 양국영, 앞의 책, 157쪽 참조.
86) 聶豹, 앞의 책, 卷4, 「贈王學政之宿遷序」, "致知者, 惟歸寂以通感, 執體以應用."
87) 위의 책, 卷9, 「寄羅念庵」, "愚意竊謂無間感與不感, 而一以歸寂爲工夫主宰."

는 사람들에 대해 다음과 같이 비판한다.

감感하는 것에서 적연寂然함을 구하고, 화和인 상태에서 중中을 구하
며, 일(事)하는 과정에서 멈추어 있음(止)을 구하고, 만 가지 속에서 하
나를 구하는 것은 다만 격물格物의 오류로 인함이니, 여기에 이른 경우
가 만연하다.[88]

이미 드러난 도덕정감을 가지고 양지 그 자체로 파악하는 양지현성
론에 대한 비판이다. 양지현성론은 격물格物을 어디서 해야 할지 모른
탓에 나온 결과라는 말이다. 그래서 그는 "배움의 도는 다른 데 있는
것이 아니니, 그 방심放心을 구하는 것일 따름이다. 동動하면서도 그
본연의 정靜함을 잃지 않으면 그것이 바로 심의 올바름이다"[89]라고 말
한다. 결국 요체는 본연의 정靜함을 잃어버리지 않는 주정主靜 공부에
있다고 하겠다.

그렇다면 정함을 잃어버리지 않는 주정 공부의 방법은 무엇인가? 이
것이 주자학에서 말하는 '독서' 공부는 아니다. 섭표는 미발未發한 중中
의 상태에서 공부하는 방법으로『중용中庸』에 나오는 '계구戒懼' 공부
를 강조한다.

보이지도 않고 들리지도 않는 것이 바로 미발未發한 중中이고, 항상
이 체體를 보존하는 것이 바로 계구戒懼이다. 그러므로 이목耳目의 지
리한 용용用을 없애고 허령虛靈하며 원묘불측圓妙不測한 신神을 완전하
게 하면, 보이고 들리는 것이 어디에 있겠는가?[90]

88) 黃宗羲, 앞의 책, 卷17,「江右學案二·雙江論學書」, "感上求寂, 和上求中, 事
上求止, 萬上求一, 只因格物之誤, 蔓延至此."
89) 위의 책, 같은 곳, "學問之道無他, 求其放心而已矣. 動而不失其本然之靜, 心
之正也."

이 말에는 양명좌파와 주자학에 대한 두 가지 비판이 동시에 들어 있다. 즉 보이고 들리는 것을 통해 공부하는 주자학의 공부론에 대해서는 '지리支離'하다고 비판하는 동시에, 드러난 지知를 양지로 이해함으로써 계구戒懼 공부를 하지 않는 양명좌파도 함께 비판하는 것이다. 그렇다면 구체적으로 계구戒懼 공부는 무엇인가? 이것은 욕欲을 없앰으로써 무욕無欲의 경지로 나아가는 데 목표를 두는 것으로, 섭표는 주돈이周敦頤와 이정二程 형제의 말을 빌려 와서 다음과 같이 말한다.

> "주자周子는 정정靜함을 말하고 정자程子는 경敬을 많이 말했는데, 다름이 있습니까?"라고 어떤 사람이 물었다. 그러자 선생은 "모두 욕欲을 적게 하는 것이다. 주자周子가 무욕無欲을 말했으므로 정정靜함이라고 하고, 정자程子가 주일主一을 말한 것을 일컬어 경敬이라고 했는데 여기에서 일一은 무욕無欲이다"라고 대답했다.[91]

계구 공부의 관건은 개인의 정감을 통해서 드러나는 욕欲을 어떻게 하면 없앨 수 있는가에 달려 있는 것이다. 이른바 귀적파의 무욕론이다. 그리고 이것을 실현하는 방법으로 좌선과 명상 등을 제기하는데, 그 궁극적 목적은 '적연한 본체로 돌아감으로써 욕망을 없애는 데' 있다. 이들은 세상에 일어나는 일상적인 일들을 공부의 대상으로 하는 것이 아니라, 마음의 본체를 대상으로 하여 그것을 그대로 드러나게 하는 데 공부의 초점을 맞추고 있는 것이다.

섭표와 마찬가지로 추수익 역시 '무욕론'을 제기한다. 그리고 그 방법 역시 『중용』의 입장을 채택하여 '경敬'과 '계신공구戒愼恐懼'의 공부

---

90) 위의 책, 권17, 「江右學案二·困辨錄」, "不睹不聞, 便是未發之中, 常存此體便是戒懼, 去耳目支離之用, 全虛圓不測之神, 覩聞何有哉?"

91) 위의 책, 같은 곳, "或問'周子言靜, 而程子多言敬, 有以異乎?' 曰, '均之爲寡欲也. 周曰無欲故靜, 程曰主一之謂敬, 一者無欲也.'"

론을 제기한다.

　성문聖門의 요지는 경敬으로써 몸을 닦는 데 있다. 경이라는 것은 양
지가 순수하고 밝아서 잘못됨과 세속적인 것이 섞이지 않은 것이다.
계신공구戒愼恐懼는 항상 순수하고 밝은 것으로, 문을 나설 때에는 손
님을 모신 것 같고 일을 할 때에는 마치 제사를 지내는 것처럼 하는 것
이다. 그러므로 천승지국千乘之國을 다스리는 것은 경으로 일을 바르
게 하는 것을 강령으로 삼는 것이다. 신信이라는 것은 경이 쉬지 않는
것이므로, 경 이외에 다시 신信이라는 것은 있지 않다. 절용節用과 타
인을 사랑함(愛人), 그리고 때에 맞추어서 백성을 부리는 것은 경敬이
정치에서 유행流行하는 것이다. 선유들이 말하는 바가 정치하는 데까
지 이르지 못한 것은 '수기修己'와 '백성을 편안하게 함(安百姓)'을 둘로
본 것이 아니겠는가!92)

　항상 경하는 자세와 계신공구의 공부론을 통해 '무욕'의 경지에 도달
해야 한다는 것이다. 여기에서 추수익이 말하는 경은 순수한 양지로,
잘못된 것이나 세속적인 것과 전혀 섞이지 않은 상태를 말한다. 말 그
대로 '욕'이 개입되지 않은 상태이다. 추수익은 이렇게 되는 방법으로
'계신공구'하는 삶의 자세를 말한다. 그래서 그는 "개과천선하는 것은
치양지致良知의 조목條目이다. 만약 계신공구 할 수 있다면 이것은 항
상 정밀하고 밝을 것이며, 물욕에 의해 가리워지지 않는다면 이것이
바로 선善이다"93)라고 말한다. 섭표가 말하는 계구戒懼 공부가 추수익

---

92) 위의 책, 卷16,「江友王門學案·文莊鄒東廓先生守益」, "聖門要旨, 只在修己
　　以敬, 敬也者, 良知之精明而不雜以塵俗也, 戒愼恐懼, 常精常明, 則出門如
　　賓, 承事如察, 故道千乘之國, 直以敬事爲綱領, 信也者, 敬之不息者也, 非敬
　　之外復有信也, 節用愛人, 使民以時, 卽敬之流行於政者也. 先儒謂未及爲政,
　　得無以修己安百姓爲二乎."
93) 위의 책, 같은 곳, "遷善改過, 卽致良知之條目也. 果能戒愼恐懼, 常精常明,

에게 있어서도 여전히 중요한 방법론으로 받아들여지고 있는 부분이
다.

　그렇다면 추수익의 계신공구 공부가 섭표의 공부론과 어떠한 차이
가 있는가? 그것은 바로 공부 대상에 있다. 추수익의 공부 대상은 '본
체인 양지'가 아니라, '일용윤물지간日用倫物之間'이다. "천하고금의 밝
음에 합치되면서 양지가 더 보태지거나 늘어나는 것은 아니다"라는 그
의 말은 양지 자체의 완전성에 대한 신뢰에서 비롯된다. 양지는 그 자
체로 완전하므로, 양지에 대한 공부가 필요한 것이 아니라 그것을 가
리고 있는 욕망을 걷어내야 한다고 생각했던 것이다. 이러한 그의 입
장에 대해 황종희는 『명유학안明儒學案』에서 다음과 같이 평가한다.

　　선생의 학은 경敬에 힘을 쓴 것이니, 경이라는 것은 양지의 정밀하고
　밝은 것이며, 잘못과 세속에 섞이지 않은 것이다. 내 성性의 체體는 일
　용윤물日用倫物 가운데에서 행해지므로 동動함과 정靜함을 구분하지
　않고 낮과 밤을 나누지 않으며 정해진 틀이 없다. 유행流行이 옳음에
　합치되는 것을 일컬어서 선善이라 하고, 그것이 가려지고 막히는 곳을
　일컬어 불선不善이라고 한다. 대개 계구戒懼를 잊어버리자마자 가려지
　면서 막히게 될 따름이다. 다만 계구의 유행함이 아닌 쪽으로 결코 가
　지 않는다면 그것이 바로 성체性體의 유행이다. 계신공구로부터 떨어
　져 있으면 찾아서 따를 성이 없어지며, 성으로부터 떨어져 있으면 또
　한 찾아서 따를 일용윤물日用倫物이 없어진다. 그러므로 도道와 기器는
　둘이 아니라고 말하고 성은 기질氣質 가운데 있다고 말하는 것은 모두
　이러한 의미이다. 그 때 섭쌍강은 적연한 곳과 체體에 따라서 공부를
　함으로써 감응해서 용用인 곳은 효험을 드러내는 곳이라고 생각했는
　데, 선생은 이것이 안을 의지하면서 심의 체體를 찢어서 둘로 하는 것
　이라고 말했다.[94]

　不爲物欲所障蔽, 則卽此是善."

섭표와 추수익의 철학차이를 잘 드러내고 있는 부분이다. 이처럼 추수익은 본체를 공부 대상으로 하는 것이 아니라 '일용윤물지간日用倫物之間'을 공부 대상으로 삼아서, 그곳에서 계신공구 할 수 있도록 하려는 것이다. 따라서 추수익의 공부 대상은 '도덕본체의 발현을 막는 욕망을 제거하는 데' 있다. '무욕'의 방법으로 섭표는 '본체를 밝히는 것'을 채택했다면, 추수익은 '욕망의 제거'를 선택했던 것이다.

이러한 내용을 바탕으로 귀적파의 철학적 특징을 분석하면 다음과 같다. 먼저, 이들은 체와 용이 질적으로 같지 않다는 입장을 취한다. 비록 체는 완전하다고 하더라도 그것이 외물과 감응하는 순간 그 용은 본체의 완전성을 유지하지 못한다. 그래서 이를 바탕으로 체와 용을 하나로 '합일'시키려고 시도하면서, 객관적인 공부론을 요청한다. 여기에서 귀적파는 드러난 감정이나 의식이 악할 수 있다는 점을 인정하면서 그것을 없애는 '공부'에 중점을 두고 있다. 이렇게 되면서 개인의 정감이나 욕망은 없애 버려야 할 것으로 보게 되고, 이것은 계구 공부를 통한 '무욕'의 완성이라는 목표를 설정하게 한다. 이러한 귀적파의 입장이 수증파와 다른 점은 공부의 대상이 '드러나는 욕망을 제거하는 데' 있는 것이 아니라 도덕본체를 밝히는 데 있다는 것이다.

이에 비해 추수익의 철학을 바탕으로 수증파의 철학적 특징을 살펴보면 다음과 같다. 추수익 역시 양지를 온전한 체로 설정하면서도 그것의 발현에는 '욕망'이 끼어들 수 있음을 인정한다. 용用이 체體를 그대로 드러내지 못한다는 말이다. 이렇게 되면서 섭표와 마찬가지로 '체

---

94) 위의 책, 같은 곳, "先生之學, 得力於敬, 敬也者, 良知之精明, 而不雜以塵俗者也. 吾性體行於日用倫物之中, 不分動靜, 不舍晝夜, 無有停機, 流行之合宜處謂之善, 其障蔽而壅塞處謂之不善. 蓋一忘戒懼, 則障蔽而壅塞矣. 但令無往非戒懼之流行, 卽是性體之流行矣. 離卻戒愼恐懼, 無從覓性, 離卻性, 亦無從覓日用倫物也. 故其言道器無二, 性在氣質, 皆是此意. 其時雙江從寂處體處用工夫, 以感應用處爲効驗, 先生言其倚於內, 是裂心體而二之也."

와 용을 합일시키기 위한' 공부론을 요청하게 되며, 이것은 경敬과 계
신공구의 공부로 드러난다. 공부의 목적 역시 섭표와 마찬가지로 '무
욕'의 경지에 이르는 데 있다. 다만 추수익은 공부의 대상을 섭표와 같
이 '본체'로 설정하는 것이 아니라, '욕망 자체를 제거하는 데' 두고 있
다.

따라서 추수익과 섭표의 철학은 형이상학적 근거와 공부의 요청, 그
리고 목적까지 유사하다. 양명우파 철학의 특징이 만들어지고 있는 부
분이다. 다만 이들은 공부의 대상을 달리 함으로써 발생하는 수행방법
의 차이로 인해 학파가 나누어졌을 뿐이다. 이러한 모습은 양지에 대
한 이해차이에 기인하고 있는 것은 아니다. 필자가 이 둘을 모두 양명
우파로 묶어야 한다고 주장하는 근거는 바로 여기에 있다.

다만 이들의 철학은 아직 양명학의 전통에서 보면 '초기'에 속하므
로, 양명우파의 중요한 경향 가운데 하나인 '도통론'과 '이단관'은 크게
눈에 띄지 않고 있다. 그럼에도 불구하고 이들에게서 특징적으로 드러
나는 것은 양지현성설에 대한 강도 높은 비판이다. 이것은 이후 유종
주나 황종희를 통해 드러나는 양명좌파에 대한 강한 비판적 입장과 궤
를 같이 하는 것으로, 이후 양명우파의 이단관이나 도통론을 형성하는
단초로 보인다.

제2장 양명우파의 이론 확립과 그 전개

이번 장에서는 명말 청초로 이행될 때 양명좌파 철학을 강하게 비판하면서 양명학을 새롭게 변혁시키려고 시도한 유종주와 황종희의 철학을 양명우파라는 관점에서 분석해 봄으로써, 후기 양명우파 이론의 확립과 그 전개 양상을 살펴보려고 한다.

유종주와 황종희는 명말과 청초를 살았던 사람들로 서로 사제간이다. 특히 황종희는 청대淸代 사학을 열었던 인물로 많은 학자들의 연구 대상이 되었다. 그러나 양명학 전승관계에서 이들을 정리하는 경우에는 '양명학을 새롭게 변혁시킨 인물'이나 새로운 부류의 등장으로 정리하는 경우가 일반적이다. 간혹 양명우파 철학자로 분류하는 경우도 있지만, 여기에도 정확한 계승점에 관한 논의 없이 양명좌파가 아니라는 이유에서 양명우파로 분류된 경우일 뿐이다.

이러한 입장에서 여기에서는 유종주와 황종희의 양명학을 위에서 제시한 양명우파 철학의 특징을 기준으로 검토해 봄으로써, 이들을 양명우파 철학자로 정리하려고 한다. 이것은 단순히 양명좌파를 비판하면서 그들과 다른 길을 걸었다는 이유에서가 아니라, 철학적 특징이라는 연계성 속에서 이들을 양명우파 철학자로 설정하려는 것이다.

1. 유종주劉宗周 철학에 나타난 양명우파 철학

1) 도덕본체인 '의意'와 도덕정감인 '념念'의 구분과 신독愼獨 공부

양명좌파의 양지현성설은 미발未發과 이발已發을 하나로 이해하며, 체體와 용用 역시 다르지 않은 것으로 본다. 이러한 모습은 양지에 대해 스스로 수렴하고 발산할 수 있는 능동성을 가진 생기生氣로 이해하는 모습에서 잘 드러난다. 이러한 그들의 생각은 사람의 생각이나 감정, 욕구 등에 대해서도 양지의 발용으로 이해하게 했다. 그러나 유종주는 양지현성론이 가져올 수 있는 이러한 결과들을 거부한다. 그는 체와 용을 구분하면서 심에 대해 "미발未發은 중中이고 그 체體이며, 이발已發은 화和이고 그 용用이다. 이것을 합쳐서 말하면 심이다"[1]라고 말한다. 심은 미발한 중과 이발한 화, 즉 체와 용이 합해서 이루어져 있다는 말이다. 이러한 그의 입장은 체와 용의 근원적 일치를 실질적 일치로 설명했던 왕수인과도 차별을 보인다. 체용일원을 통해 모든 정감까지 양지의 발용으로 이해하려 했던 양지현성론에 대한 비판적 의미가 포함되어 있는 것이다.

그렇다면 유종주에게 있어서 미발은 무엇이고, 이발은 무엇인가? 여기에서 유종주는 기존의 성리학적 심성론과는 다른 개념을 제시한다. 기존 성리학에서는 성性과 정情으로 미발未發과 이발已發을 설명했다면, 유종주는 '의意'와 '념念'으로 구분한다. 왕수인은 의意를 '마음이 발현된 것'으로 보는 반면, 유종주는 의意를 '마음에 존재(여기에서 存은 發과 반대되는 개념)하는 것'[2]이라고 생각하여, 마음의 체로 설명한다.

---

1) 劉宗周, 『劉宗周全集』 第2冊, 「學言下」, "未發爲中, 其體也, 已發爲和, 其用也, 合而言之, 心也."

2) 황종희는 유종주의 意에 대해서 "선유들은 의를 마음이 발한 것이라고 했지만, 선생께서는 마음이 존재하는 것이라고 생각했다"라고 말한다. 위의 책,

내 생각에 의意는 심의 체이고 유행은 그 용이다. 다만 의意를 체라
고 생각하고 심을 용이라고 생각하는 것을 옳지 않다.[3]

이것은 그가 "의라는 것은 심 속에 존재하고 있는 것으로, 발한 것이
아니다. 주자는 발한 것을 가지고 의라고 설명하면서 옳지 않게 되었
다"[4]라고 말한 것과 같은 의미로, 의를 마음의 체로 보고 그 유행을 용
으로 보는 것이다. 마음을 용이라고 말하는 것은 문제가 있다는 입장
이다.

그러면 유종주는 의意의 용用을 무엇으로 보고 있는가? 유종주는
"요즘 사람들 가운데에는 념念을 의意라고 생각하지 않는 사람이 드무
니, 도道가 항상 밝혀지지 않은 이유이다"[5]라고 말하면서, 의意의 용用
으로 념念이라는 개념을 제기한다. 그는 일상적으로 의와 념을 하나의
단어로 쓰는 것을 반대하면서, 의意를 체體로 념念을 용用으로 구분하
고 있다. 그에게 있어서 념은 '좋은 색을 보면서 그것을 좋아하고 나쁜
냄새를 맡으면 그것을 싫어하는 것과 같이 의가 이미 발한 상태'[6]로,
이것은 의와 구분된다.

그렇다면 유종주는 왜 양명학의 중심 개념인 양지를 제외하고 굳이
의를 마음의 체로 설명할까? 우선 그의 '의'에 대한 입장부터 살펴보기
로 하자.

第五冊, 「著述資料・劉子全書序」, "先儒曰, 意者心之所發, 師以爲心之所
存."

3) 위의 책, 第2冊, 「問答・答董生心意十問」, "愚則以爲意是心之體, 而流行其
用也. 但不可以意爲體, 心爲用耳."

4) 위의 책, 第2冊, 「學言上」, "意者, 心之所存, 非所發也. 朱子以所發訓意, 非
是."

5) 위의 책, 第2冊, 「問答・答董生心意十問」, "今人鮮不以念爲意者, 道之所以
常不明也."

6) 張學智, 앞의 책, 443쪽 참조.

의는 심이 심인 이유이다. 그런데 심이라고 말하는 데 그치면, 심은 단지 한 마디 정도의 비어 있는 체(經寸虛體)에 불과하지만, 의라는 글자를 씀으로 인해 비로소 나침반 위에 바늘이 정해진 것과 같음을 볼 수 있게 된다.……심 속에서의 의는 허령한 본체 가운데 있는 하나의 정신으로, 여전히 심일 따름이다.[7]

마음은 단지 의를 포함하고 있는 공간에 불과하지만, 의를 통해서 마음의 방향이 나침반의 바늘처럼 분명하게 정해진다는 말이다. 이것은 마음이 본래부터 가지고 있는 내재적 의향성을 가리키는 말로,[8] 마치 나침반의 바늘이 남북을 가리키도록 정해진 것과 같이 도덕을 향해 서 있다는 말이다. 따라서 의意는 념念과 상관없이 줄곧 존재한다고 말할 수 있으며, 이러한 측면에서 유종주는 "의는 중中 가운데 깊게 자리하고 있는 것으로, 동動하면서도 일찍이 동動한 적이 없는 것은 정靜하면서도 일찍이 정靜한 적이 없는 이유이다. 그러므로 본래 그것이 온 곳도 없으며, 또한 돌아갈 곳도 없다"[9]라고 말한다. 의意의 근원성을 강조하고 있는 말이다. 순수하게 도덕 한 방향을 향해 서서 선을 좋아하고 악을 싫어하는 의향意向을 의로 이해하는 것이다.[10] 이 때문에 유종주는 의를 마음의 체이면서 미발이라고 생각한다.

이러한 유종주의 '의意' 개념을 통해 우리는 그의 두 가지 중요한 의도를 읽을 수 있다. 첫째, 이미 양지현성론을 통해 부각되었던 '양지'의

---

7) 劉宗周, 앞의 책, 第2冊, 「問答・答董生心意十問」, "意者心之所以爲心也. 止言心, 則心只是經寸虛體耳, 著個意字, 方見下了定盤針.……意之於心, 只是虛體中一点精神, 仍只是一個心."

8) 陳來, 『송명성리학』, 555쪽 참조.

9) 劉宗周, 앞의 책, 第2冊, 「問答・答董生心意十問」, "意淵然在中, 動而未嘗動, 所以靜以未嘗靜也. 本無來處, 亦無歸處."

10) 위의 책, 第2冊, 「學言上」, "意無所謂善惡, 但好善惡惡而已. 好惡者, 此心最初之機, 惟微之體也." 참조.

의미로 인해 양지는 더 이상 본체로서의 의미를 지니지 못한다고 생각
하면서, 그것보다 더 본질적인 개념을 설정하려는 것으로 보인다. 유종
주의 생각에 '양지'는 '일어나는 념念이 선하면 그것을 좋아하고 악하
면 그것을 싫어할 줄 아는 마음'이므로 념念이 양지에 선행한다. 이렇
게 되면서 양지는 그 자체로 이미 본질적인 것이 아니며, 따라서 근원
인 미발지시未發之時에 존재하는 본체가 필요하다. 유종주는 양명후학
들의 병폐가 이러한 본체를 상정하지 않고 이발한 마음(옳고 그름에
따라서 그것을 아는 마음)만을 양지로 여기는 것이라고 생각했다.[11]

  둘째, 의意라는 경험적 개념을 통해서 본체를 설명함으로써 '의意'에
대한 공부를 가능케 하려는 것으로 보인다. '양지'라는 개념은 그 자체
로 이미 '공부하지 않아도 스스로 알 수 있는 능력'이다. 따라서 모든
사람이 양지를 본체로 가지고 있는 한 굳이 공부를 하지 않아도 된다
는 양명좌파의 입장은 논리적으로 타당하다. 이렇게 되자 유종주는 경
험적 개념인 '의'를 마음의 본체로 설정하고, 이러한 의향意向이 가진
방향성이 늘 '도덕'을 향하고 있을 수 있도록 '수양'해야 한다는 입장을
제기한다. 이른바 '의근意根'에 대한 공부로, 유종주의 철학에서 이것은
매우 중요한 의미를 갖는다.

  이 같은 의근에 대한 공부는 유종주 철학의 핵심 과제인 성의誠意
공부와 신독愼獨 공부로 이행된다. 성의誠意 공부란 '마음의 본체인 의
意를 정성스럽게 하는 공부'로, 이것은 본래의 선함인 의를 그대로 보
호함으로써 '선을 좋아하고 악을 싫어하는 의근'이 흔들리지 않도록 하
는 것이다. 유종주의 철학에서 의는 양지보다 더 본질적인 개념이므로,
유종주에게 있어서 성의誠意 공부는 치양지致良知보다 우선한다고 말
할 수 있다.

---

11) 陳來, 『송명성리학』, 556쪽 참조.

그러면 신독愼獨 공부란 무엇인가? 결론부터 말한다면 이것 역시 성의誠意 공부로, 성의의 다른 이름이다. 신독愼獨에서 독獨은 '독체獨體'의 의미를 가지는 것으로, 이것은 곧 의를 말하는 것이기 때문이다.12) 신독愼獨이라는 말에서 특히 중요하게 해석되어야 할 글자는 '독獨'이다. 유종주는 이 같은 독獨의 의미를 중시하여, 천지와 세계의 근원이라고 말한다.

'독獨'이라는 것은 천지를 세우고 만물을 기르는 키뭉치이다.……주인은 단지 하나일 뿐이니, 체인體認하는 것이 바로 그것이며, 시작하는 것 역시 그것이다. 이것이 하나인 것은 다만 이 마음 속에 있으면서 원래 피차가 없기 때문이다.13)

이처럼 유종주는 '독獨'의 의미를 '마음'의 범위에만 한정시키지 않고 있다. '독'은 '본체'로, 이 '본체'는 단순하게 마음의 본체만을 말하는 것이 아니라 세계와 마음 및 모든 사물의 본체를 지칭한다. "'독獨'이라고 이름 부르는 것은 어떠한 것인가? 원래 하나의 사물 속에 있는 것은 아니면서 각각의 사물 속에서 갖추어져 있는 것으로, 이것은 지극한 선함이 모든 것을 회통시켜 나가는 것이다"14)라는 그의 말은 '독'의 의미를 세계와 사물의 범주까지 확대시키고 있는 것이다. 우주의 변화와 유행을 주재하는 것은 우주의 독체獨體이며, 사람의 마음을 주재하는 독체는 바로 의意인 것이다.15) 따라서 독獨은 우주에 있어서는 우주만

---

12) 장학지, 앞의 책, 446쪽 참조.
13) 유종주, 앞의 책, 第2冊, 「證人社語錄」, "獨者, 位天地育萬物之柁牙柁牙也. ……主人翁只是一個, 認識是他, 下手亦是他. 這一個只是在這腔子內, 原無彼此."
14) 위의 책, 第2冊, 「會錄」, "名曰獨, 其爲何物乎? 本無一物之中而物物具焉, 此至善之所統會也."

물을 주재하는 본체이고, 사람의 마음에 있어서는 선한 의향인 의意이
다. 이 때문에 유종주는 신독愼獨 공부야말로 모든 학문의 근본이 된다
고 생각했다.

신독 공부를 심의 범주로 환원시키면 이것은 미발未發 공부이다. 유
종주는 주희가 신독을 이발 공부로 이해한 것에 대해서 비판하면서,
미발未發한 때에 대한 신독 공부를 강조한다.

> 단서端緒는 좋고 싫어함과 같은 영역에 있다. 성性의 빛이 드러나서
> 보여지면, 선한 것을 반드시 좋아하고 악한 것을 반드시 싫어한다. 피
> 차의 두 관계가 곧 지극한 선함을 드러내기 때문에 마치 좋은 색을 좋
> 아하고 악취를 싫어하는 것과 같은 것이다. 이때에는 혼연한 하늘의
> 본체만이 일에서 작용하므로, 사람의 노력이 조금도 붙어있지 않다. 여
> 기에서 시작하는 공부를 찾아보면, 오직 삼가는(愼) 하나의 방법만이
> 있을 뿐이다. 이것이 그것을 본래의 위치로 돌려놓을 수 있으니, '독獨'
> 이라고 말한다.16)

독체獨體에 대한 '삼가함(愼)'이 바로 신독愼獨 공부로, 이것은 '사람
의 노력, 즉 인위'에 의해서 이루어지는 것이 아니다. 혼연渾然한 천리
가 작용하는 의意에 대해서 단지 삼가기(愼)만 하면 된다. 이것은 마
치 좋은 색을 좋아하고 악취를 싫어하는 것과 같이 선을 좋아하고 악
을 싫어하는 의향을 그대로 발현시킬 수 있도록 유지시켜 주는 것이
다.

---

15) 장학지, 앞의 책, 446쪽 참조.
16) 黃宗羲, 앞의 책, 卷62, 「蕺山學案·語錄」, "而端倪在好惡之地, 性光呈露, 善
必好, 惡必惡. 彼此兩關, 乃呈至善, 故爲之如好好色, 如惡惡臭. 此時渾然天
體用事, 不着人力絲毫. 於此尋個下手工夫, 惟有愼之一法, 乃得還他本位, 曰
獨."

이렇게 되어야 비로소 신독 공부는 미발지시未發之時 공부에만 머물지 않게 된다. 미발未發한 의意를 선한 념念으로 드러내는 방식의 공부가 바로 신독 공부이기 때문에, 신독愼獨은 미발과 이발을 이어주면서, 미발한 의意를 그대로 념念으로 드러나게 하는 공부가 된다. 그래서 유종주는 "'독獨' 가운데에는 희喜·노怒·애哀·락樂이 모두 갖추어져 있으니, 이 네 가지는 인仁·의義·예禮·지智의 다른 이름이다"[17]라고 말했던 것이다. 희노애락과 같은 정情은 념念이지만, 그것 역시 독獨 개념 속에 들어 있다는 말이다. 또한 독獨 개념 속에 들어 있으므로, 그것은 인의예지仁義禮智의 다른 이름에 불과하다고 말할 수 있다.

신독의 수양방법이 비록 '삼가는 것'이라고는 하지만, 신독愼獨의 수양방법은 양지의 현성現成에서 오는 '각覺'과는 분명한 차이가 있다. 미발한 의향意向을 보존하려고 노력하면서, 그것이 그대로 념念으로 드러나게 하는 끝없는 긴장관계가 포함되어 있기 때문이다. 따라서 '신독' 공부에는 '인위적인 행위'가 용납되지 않는다고 하더라도, 그것이 개인의 욕망과 감정을 긍정하지는 않는다. 의意를 념念으로 그대로 드러내기 위한 깊은 내재적 성찰과 수양이라는 공부가 필요하기 때문이다.

2) 사구교四句敎 해석을 통한 도덕본체와 도덕정감의 분리

양명좌파의 사구교설四句敎說에 대한 해석은 '양지현성론'에 기반하고 있기 때문에, 그 논리적 결론 역시 분명하다. 즉 체용일원의 관점에서 볼 때 마음 속에 있는 본체로서의 양지나 드러난 양지에 차별성이 전혀 존재하지 않으며, 여기에서 양지의 현성설이 가능하다. 이러한 입

---

17) 劉宗周, 앞의 책, 第2冊, 「聖學宗要」, "'獨'中具有喜·怒·哀·樂. 四者, 卽仁·義·禮·智之別名."

장은 사구교설에 대한 해석에 있어서도 동일한 관점을 드러내게 된다. 마음의 본체가 무선무악無善無惡한 것이라면, 그것을 드러내는 용用의 측면인 의意·지知·물物 역시 무선무악해야 한다. 왕수인이 사구교설을 말하면서 의意·지知·물物에 대해서는 유선유악有善有惡이라고 말했음에도 불구하고 왕기가 사무설로 해석한 것은 바로 이 때문이다.

그러나 유종주는 이러한 사구교설에 대해 매우 비판적인 입장을 취한다. 양명학에 대한 입장을 가지고 유종주의 인생을 구분할 때, 흔히 말년은 양명학에 대한 비판의 시기로 구분된다.[18] 이 시기 양명학에 대한 그의 비판은 주로 양지설과 사구교四句敎에 집중되고 있다. 그는 특히 사구교에 대해서 "사구교에 대한 가르침을『양명집陽明集』가운데에서는 결코 찾아 볼 수 없으니, 내 생각에 그에 대한 학설이 용계龍溪에게서 나온 것 같다"[19]라고 말하면서, 왕수인의 가르침이 아니라고 주장한다. 물론 이것이 완전하게 사실과 부합하는 것은 아니다.[20] 그러

---

18) 양명학에 대한 유종주의 입장에 따라서 그의 일생을 정리하면 세 가지 정도로 구분된다고 한다. 첫째는 양명학에 대한 회의의 시기이고, 이것이 양명학에 대한 신뢰의 시기로 넘어가는 것이 둘째 시기이다. 그리고 셋째 시기는 양명학에 대한 비판의 시기이다. 여기에 대해서 자세한 것은 임홍태, 「왕양명 '四句敎'에 대한 유종주의 재해석」,『陽明學』제6호(한국양명학회, 2001), 236~242쪽 참조.

19) 黃宗羲, 앞의 책, 「師說·王龍溪畿」, "愚案四句敎法, 考之陽明集中, 竝不經見, 其說乃出於龍溪. 卽陽明未定之見, 平日間嘗有是言, 而未敢筆之於書, 以滋學者之惑."

20) 四句敎에 대한 왕수인의 입장은 「傳習錄」이나 「年譜」 등에 많이 기록되어 있다. 또한 四句敎에 대한 가르침이 실제로 왕수인의 궁극적 관심이나 기본 종지와도 연결되어 있으므로, 왕수인의 입장이 아니라는 비판은 '비판으로서의 의미'는 있겠지만, 사실과 부합된다고 말할 수는 없다. 사구교에 대한 자세한 내용은 王守仁, 앞의 책, 卷3, 「傳習錄下」 부분과 같은 책, 卷34, 「年譜二」 부분을 참조할 것. 천천증도와 사구교에 대한 자세한 해설은 陳來,『양명철학』, 333쪽 이하를 참조. 천천증도가 이루어졌던 당시 상황과 분위기, 그리고 그 의미에 대해서는 왕수인 평전인 최재목,『내 마음이 등불이다』, 345~351

나 유종주는 사구교설에 대해서 근본적인 비판을 가하면서, 그 자체에 상당한 문제가 있다고 말을 한다.

> 만약 심心의 체體가 과연 선도 없고 악도 없는 것이라면, 선도 있고 악도 있다고 말하는 의意는 또 어디에서 오는 것인가? 또한 선도 알고 악도 아는 지知는 어디에서 오는 것이며, 선을 행하고 악을 없애는 공功 또한 어디에서 오는 것인가?[21]

유종주는 마음의 체가 무선무악無善無惡하다면, 체용일원의 관점에서 의意·지知·물物 역시 무선무악無善無惡해야 한다는 점을 긍정한다. 이렇게 되면 왕기의 주장과 같게 되므로, 유종주는 마음의 체가 무선무악하다는 주장에 대해서 문제를 삼는다. 왕수인으로부터 전덕홍과 왕기에 이르기까지 받아들여지고 있는 무선무악한 마음의 체를 부정하고 있는 것이다. 이러한 관점에서 유종주는 다음과 같이 수정된 자신의 사구교설四句敎說을 제기한다.

> 선도 있고 악도 있는 것은 심의 동動함이고, 선을 좋아하고 악을 싫어하는 것은 의意의 정靜함이며, 선을 알고 악을 아는 것은 양지良知이고, 선을 행하면서 악을 없애는 것은 물칙物則이다.[22]

이 말에서 우리가 눈여겨봐야 할 대목은 바로 사구교설 가운데 첫

쪽을 참조할 것.

21) 劉宗周, 앞의 책, 四冊, 「陽明傳信錄三·王畿記」, "若心體果是無善無惡, 則有善有惡之意又從何處來? 知善知惡之知又從何處來? 爲善去惡之功又從何處來?"

22) 위의 책, 第二冊, 「學言上」, "有善有惡者心之動, 好善惡惡者意之靜, 知善知惡者是良知, 爲善去惡者是物則."

번째와 두 번째 부분이다. 유종주는 체용일원의 논리에 따라서 의意·
지知·물物이 무선무악하지 않다면, 심 역시 무선무악하지 않다고 생
각했다. 그래서 그는 심의 동함에는 선도 있고 악도 있다는 입장을 제
기하면서, 기존의 입장을 뒤집고 있다. 그런데 유종주가 여기에서 심의
정靜함이 아니라, '심의 동함'에 선도 있고 악도 있다고 말하는 것은 왜
일까?

　이것은 사구교四句敎의 두 번째 구절을 해석하는 과정에서 드러난
다. 유종주는 사구교의 두 번째 구절을 자신의 철학체계 내에서 새롭
게 고친다. 왕수인은 사구교의 두 번째 구에서 "선도 있고 악도 있는
것은 의意의 동동動함"이라고 했는데, 유종주는 이것을 고쳐 "선을 좋아
하고 악을 싫어하는 것은 의意의 정靜함"이라고 말한다. 이것은 의를
'드러난 의념意念'으로 보았던 왕수인과 '본체本體'로 이해했던 유종주
의 철학 차이에 기인한 것으로, 마음의 본체를 의로 바라보는 유종주
의 입장이 사구교설에도 그대로 드러나고 있는 부분이다. 유종주는 심
체心體로서의 의는 선천적으로 구비하고 있는 호선오악好善惡惡하는
잠재적 의향意向으로, 이것은 지선무악至善無惡한 성질을 갖는다고 보
았다.[23] 따라서 유종주가 보기에 선을 좋아하고 악을 싫어하는 미발未
發 상태의 의意가 바로 '의의 정靜함 상태'로, 이것을 가지고 유종주는
"지극히 선한 것이 바로 심의 본체이다"[24]라고 말한다. 이렇게 되면 심
의 본체 역시 무선무악한 것이 아니라, 선천적인 선을 향한 의향성意向
性으로 이해된다. "심은 본체가 없으니, 의意로써 본체로 삼고……"[25]
라는 그의 말은 의가 심에 내재하는 본질이면서 심의 체임을 드러내는
것이다. 이러한 이유로 그는 선도 있고 악도 있는 것은 심의 동함으로

---

23) 임홍태, 앞의 논문, 248쪽 참조.
24) 유종주, 앞의 책, 第四冊, 「陽明傳信錄三·王畿記」, "至善是心之本體."
25) 위의 책, 第二冊, 「學言下」, "心無體, 以意爲體……."

설명하였고, 그 뒤를 이어서 심의 체인 의를 설명하고 있는 것이다.

사구교설四句敎說에 대한 그의 이러한 입장은 사유설四有說과 사무설四無說 두 입장 모두에 대한 비판이다. 왕수인과 전덕홍처럼 마음의 체體만 선악이 없고 나머지 의意·지知·물物에는 선과 악이 있다고 말한다면, '심心·의意·지知·물物은 체와 용의 관계이다'라는 명제에 위배된다. 동시에 이미 드러난 념念으로서의 심과 지知·물物이 무선무악無善無惡하다고 볼 수는 없다. 그래서 유종주는 심의 체인 의에 선한 의향성이 있는 것으로 설정함으로써 나머지 심心·지知·물物 역시 선악이 있는 것으로 이해했다.

이러한 유종주의 입장은 체용일원의 관점을 유지시키면서도, 심心 본체로부터 의意·지知·물物에 이르기까지 공부의 필요성을 강조하기 위한 것이다. 만약 본체가 말 그대로 무선무악無善無惡하기만 한 것이라면, 굳이 선을 행하기 위해서 공부를 할 필요가 없다. 하지만 선악이 동시에 존재하는 가운데 선을 행하려고 하면, 그곳에는 공부가 필요하다. 따라서 유종주는 단순히 양명좌파의 사무설만을 비판하는 것이 아니라, 전덕홍에 의해 제기되었던 사유설이 가지고 있는 논리적 부정합성도 함께 비판하고 있다. 이를 통해서 유종주는 마음의 본체와 그것이 발한 상태를 구분하고, 마음의 본체로부터 발한 상태에 이르는 공부의 필요성을 강조하고 있다.

3) 「사설師說」과 벽불론闢佛論을 통해 드러난 도통론과 이단관

유종주가 살았던 시대는 이미 왕기의 재전제자再傳弟子인 주여등 같은 인물들에 의해 '삼교합일론三敎合一論'이 공개적으로 제기되던 때였다. 유종주의 아들인 유작劉汋은 당시의 시대를 바라보면서 "왕문성공 이후 배우는 이들 사이에는 공허한 이야기들이 성행하고, 천하에 두루

퍼진 것은 모두 선학禪學 뿐이다"26)라고 말했을 정도였다. 이처럼 유종
주는 당시의 양명좌파에 대해서 '선학'에 빠졌다고 비판하면서, 양명좌
파와 '선학'을 동시에 비판한다. 이러한 이유로 유종주는 우선 유교와
불교의 차이를 구분하려고 시도한다. 이를 위해 그는 먼저 "불교와 유
교의 같은 점이 무엇인가?"라는 질문으로부터 시작한다.

> (그것은) 심心 하나이다. 불교의 심 또한 우리 유학의 심이다. 심은
> 하나이지만 그 가르침에서 차이가 있으니, 불교의 가르침은 서방의 가
> 르침으로 오랑캐의 도와 같다.27)

유교와 불교가 같이 말하고 있는 것은 심이다. 하지만 이 말이 동일
한 심 개념을 사용한다는 의미는 아니다. '그 가르침에서 차이가 발생'
한다는 유종주의 말은 심을 바라보는 것에 입장 차이가 있음을 시사하
는 것이다. 그래서 유종주는 다음과 같이 말한다.

> 불교도 본심이 있고 우리 유학에도 또한 본심이 있다. 하지만 우리
> 유학은 심心으로부터 의意와 지知까지 미루어가면서도 그 공부의 실질
> 적인 것은 오히려 격물格物에 있다.…… 불교에서 심을 말하는 것은 바
> 로 깨달음을 말하는 것이다.……이른바 깨달음이라는 것 또한 허공의
> 허적虛寂한 깨달음일 따름이니, 우리 유학에서 물物을 체득하는 지知
> 와는 다르다.28)

---

26) 侯外廬, 邱漢生, 張豈之, 앞의 책, 631쪽에서 재인용.
27) 유종주, 앞의 책, 第三冊下,「論·論釋氏」, "心一也. 釋氏之心, 亦吾儒之心
　　也. 心一也, 而教或異, 釋氏之教, 西方之教也, 猶之貊道然."
28) 위의 책, 第2冊,「學言上」, "釋氏之本心, 吾儒之學亦本心, 但吾儒自心而推之
　　意與知, 其工夫實地却在格物.……釋氏言心便言覺,……其所謂覺, 亦只是虛
　　空圓寂之覺, 與吾儒體物之知不同."

유종주는 불교가 가진 가장 큰 문제점으로 '실질적이지 않다는 점'을 든다. '본심'에 대한 강조로 인해 유학과 불교가 같은 것처럼 보이지만, 실제로는 그 방향이 다르다는 것이다. 유학은 '격물格物' 공부를 가르치는데, 이것은 심心으로부터 의意와 지知까지 미루어 가는 공부이다. 하지만 불교의 본심은 '깨달음'을 가르치는데, 이것은 그야말로 '공허한 깨달음'에 불과하다. 이러한 입장에서 유종주는 불교에 대해 "불교에서는 일심一心만을 말하면서 심외에 다른 법이 없다고 말한다. 그래서 수만 가지의 법은 공허함으로 귀결되고, 공허함에 의지해서 세계를 세우니 무엇이 높고 오묘하다고 말하는가?"[29]라고 비판한다. '깨달음'을 가르치지만, 그것은 모두 공허한 논리에 불과하다는 것이다.

그가 이처럼 불교의 논리가 '공허'하다고 비판하는 이유는 무엇인가? 유종주는 불교의 학설이 '무선무악無善無惡'의 입장을 대변한다고 보았다. 그는 왕수인이 마음의 본체는 '선도 없고 악도 없다'고 말한 것이 불교에서 말한 '오로지 영명함을 주로 한다'거나 '오직 일심一心뿐이다'라는 말과 서로 상통한다고 생각했던 것이다.[30] 그래서 유종주는 "불교의 학은 오로지 영명함만을 주로 하면서 선과 악의 두 의미에 대해서는 지워버렸다"[31]라고 말한다. 그래서 불교에 대해 "선을 생각하지 않고 악을 생각하지 않을 때 본래의 진면목을 본다"[32]라고 비판한다. 이러한 점은 양명좌파에서 말하는 '무선무악'과 유사하며, 불교가 바로 이러한 점을 조장해 왔다는 것이다.

요약하면, 그의 불교이론에 대한 비판은 '선과 악을 생각하지 않고

---

29) 위의 책, 第2冊, 「學言中」, "佛氏之言一心, 心外無法, 萬法歸空, 依空立世界, 何等說得高妙."
30) 侯外廬, 邱漢生, 張豈之, 앞의 책, 633쪽 참조.
31) 劉宗周, 앞의 책, 第2冊, 「會錄」, "佛氏之學只主靈明, 而抹去善惡二義."
32) 위의 책, 같은 곳, "不思善不思惡時見本來面目."

깨달음만을 중시함으로써 공허하게 되었다'라는 점에 집중되어 있다. 이 때문에 비록 같이 마음을 말하지만, 그 내용을 살펴보면 불교의 이론은 '공허할 뿐'이라고 말한다. 이렇게 유종주가 '깨달음'과 '무선무악'의 입장을 가지고 불교를 비판하는 데에는 중요한 이유가 있다. 먼저 그는 불교와 유학이 모두 마음을 말하는 점은 동일하지만, 그 귀착점이 다르다고 말하는 것은 '양명학'과 '선학'을 분리시켜 내려는 것으로 볼 수 있다. 이것은 '본심'이나 '심'을 강조한다는 점에서 선학으로 비판을 받아온 양명학에 대한 옹호나 변론으로 볼 수 있다.

그러면서도 유종주는 '깨달음'과 '무선무악설無善無惡說'에 대해서 강하게 비판하는데, 이를 통해서 우리는 그의 비판이 불교자체보다 양명좌파에 집중되고 있음을 알 수 있다. 양명좌파 이론에서 중시되는 것은 '깨달음'으로, 이것은 양지현성론과 사무설을 통해서 보증되고 있다. 유종주는 이러한 연관성을 염두해 두면서 양명좌파에서 말하는 '양지현성론'과 '무선무악설'은 모두 선학이라고 비판한다.

지知와 행行은 원래부터 순서와 차례가 있다. 다만 지가 먼저 있으면 행은 곧 바로 그 뒤를 따르므로, 그 사이를 자를 수 없다. 이 때문에 하나라고 말하는 것이다. 후대 유학자들은 깨달음을 성이라고 말하기를 즐기니, 한 번 깨달으면 남는 일이 없고, 알자마자 행하게 되므로 그 요체는 무지無知함으로 돌아가는 것이라고 말한다.……이것이 천하를 이끌어서 선학禪學이 되게 하는 것이다!³³⁾

후대의 유학자들이 '깨달음'을 강조하면서 유학이 '선학'으로 이끌려

33) 黃宗羲,『明儒學案』卷62,「蕺山學案·語錄」, "知行自有次第, 但知先而行卽從之, 無間可截, 故云一. 後儒喜以覺言性, 謂一覺無餘事, 卽知卽行, 其要歸於無知.……是率天下而爲禪也!"

가게 되었다는 말이다. 이것은 양명좌파에 대한 직접적 비판으로, 지와
행의 순서를 정해두고 그것을 하나하나 이루어가는 점수漸修적 방법을
중시하는 유종주의 입장을 엿볼 수 있다. 깨닫는 것을 성이라 하고, 그
것을 바로 행동으로 옮겨내는 돈오頓悟적 방법에 대해서 '선학'으로 비
판하는 것이다. 이처럼 유종주의 불교에 대한 강한 벽불론은 그대로
양명좌파에 대한 비판과 맥을 같이한다.

이와 같은 불교에 대한 이단의식은 '도통의식'으로 이행된다. 황종희
의『명유학안明儒學案』이 가진 성격을 규명할 때, 일반적으로 그 연원
을 유종주의「사설師說」에 둔다.34) 황종희는『명유학안』을 기술하면서
그의 스승인 유종주의 평가를 그대로 수용하고 있기 때문이다. 그렇다
면 유종주는「사설」을 왜 기록하고 있을까? 우리는 여기에서 그의 도
통의식을 확인할 수 있다.

유종주는 왕수인에 대해 "공자와 맹자이래 이와 같이 심절深切하고
저명著明한 사람은 없었다"35)라고 말하면서 왕수인이 공자와 맹자의
학맥을 그대로 잇는다고 평가한다. 이에 비해 왕기와 같은 인물에 대
해서는 사구교설을 만들어서 양명의 본지를 어지럽힌 인물로 평가하
면서, 유학과 불교의 학설을 동일한 것으로 만들었다고 비판한다.36) 이
것은 성학聖學의 종지를 잘 받들고 있는 사람과 그렇지 않은 사람을
구분하면서 도통이 어지러워진 명대明代의 인물들을 위주로 도통을 확
보하려는 시도로 볼 수 있다. 이러한 점에 비추어 보면 유종주는 이단
관과 도통의식을 가지고 있었으며, 이것은 왕수인에 비해 철저했던 것
으로 보인다.

---

34) 侯外廬, 邱漢生, 張豈之, 앞의 책, 781~782쪽 참조.
35) 黃宗羲,『明儒學案』卷1,「師說」, "自孔孟以來, 未有若此之深切著明者也."
36) 위의 책,「師說 · 王龍溪畿」, 전문을 참조할 것.

2. 황종희黃宗羲 철학에 나타난 '양명우파' 철학

1) 기학氣學에 근거한 도덕본체와 도덕정감의 분리 및 공부론

송대 학문을 리학理學으로 규정한다면 명대의 학문은 기학氣學으로 규정할 수 있다. 주자학은 송대의 학문을 이렇게 규정할 수 있는 직접적인 이유가 되었으며, 명대의 양명학 역시 이러한 규정으로부터 자유롭지 않다.[37] '성인됨'을 추구하는 성리학의 면모가 송대에서는 리학인 주자학으로, 명대에는 기학으로부터 자유롭지 못한 양명학의 모습으로 드러났다는 의미이다. 그러나 주자학의 분명한 리학적理學的 면모에 비해, 양명학의 기학적氣學的 면모는 선명하지 않다. 이것은 양명학의 목적이 '성인됨'에 있기 때문에, 기학氣學을 중심으로 한 형이상학적 근거가 그렇게 중요하지 않았기 때문이다.

하지만 명말明末·청초淸初로 이행되면서 이러한 기학氣學적 면모가 양명학자들을 통해서 부각되기 시작한다. 이 가운데 가장 대표적인 인물이 바로 유종주와 황종희이다. 유종주는 마음을 기로 규정하면서, 그 이유를 "천지를 가득 채우고 있는 것은 모두 기일 따름이다"[38]라고 말한다. 그가 의를 본체로 보고 념순을 정감으로 이해하는 이유 역시 여기에 기반하고 있다.[39] 하지만 그의 철학적 관심이나 집중도가 기氣철학에 맞추어져 있지 않았기 때문에 기철학적 면모가 그의 철학 전반에

---

37) 山下龍二 같은 경우는 명 중기의 사회변화 속에서 생겨난 새로운 학파-왕수인·나흠순·왕정상-를 통칭해서 '明學'이라는 용어를 사용하고 있으며, 그 중요한 특징으로 유물론적 氣論을 들고 있다. 자세한 것은 山下龍二, 『陽明學の硏究-成立編』(東京 : 現代情報社, 昭和46), 3~4쪽 참조.

38) 유종주, 앞의 책, 卷12, 「學言中」, "盈天地一氣而已矣."

39) 특히 본체를 意로 보는 것은 경험적 범주인 氣의 체계 내에서 본체를 설명하기 위한 것으로 보이며, 이렇게 되어야 비로소 공부의 가능성을 열 수 있다고 생각했던 것이다.

영향을 미치고 있지는 않다.[40]

그러나 황종희에게 오면서 유종주와는 달리 기氣철학은 그의 철학 전반을 관통한다. 그는 자신의 스승인 유종주의 입장을 수용하여 "천지 사이에 가득 차 있는 것은 모두 기이다. 사람의 심에는 하나의 기가 유행한다"[41]라고 말한다. 이러한 그의 입장은 '드러난 모든 것을 기로, 그렇게 되게 하는 것을 리'로 설명하는 주자학과는 차별성을 갖고 있다.

> 천지간에는 단 하나의 기氣가 가득 차 있어서 사람을 낳고 사물을 낳는다. 사람은 이 기氣를 품부稟賦받음으로써 태어나니 심은 기의 영묘한 곳이다.[42]

> 천지에 가득 차 있는 것은 모두 심이다. 그 변화를 측량할 수 없으니, 수만 가지 일로 갈라지지 않을 수 없다.[43]

여기에서 황종희는 사람의 심心을 "기氣의 영묘한 곳"으로 정리한다. 심을 기로 이해하고 있는 것이다. 그리고 황종희는 이러한 입장을 한 단계 더 발전시켜서 천지를 가득 채우고 있는 것이 기이므로, 천지를 가득 채우고 있는 것은 심이라는 입장을 제기하고 있는 것이다.[44]

---

40) 楊國榮, 앞의 책, 265쪽 참조.
41) 黃宗羲, 앞의 책, 卷62, 「蕺山學案」, "盈天地間皆氣也, 其在人心一氣之流行."
42) 黃宗羲, 『孟子師說』 卷3, "天地間只有一氣充周, 生人生物, 人稟是氣以生, 心卽氣之靈處."
43) 위의 책, 같은 곳, "天以氣化流行而生人物, 純是一團和氣."
44) 이러한 황종희의 철학적 특징에 대해서 유물론과 관념론 사이에서 흔들리고 있는 것으로 평가하는 쪽이 있다. 이것은 황종희의 철학체계를 부정합적인 것으로 이해하는 입장으로, 기학과 심학이 하나의 철학체계 속에 녹아 있는

심과 기, 이 두 가지가 황종희의 철학체계를 이루는 중요한 형이상학
적 개념임을 알게 하는 대목이다. 그렇다면 이 둘이 그의 철학체계에
서 어떻게 하나로 융화되고 있으며, 이것이 어떻게 양명우파 철학으로
드러나는가?

양명학 심성론의 가장 대표적인 명제는 '심즉리心卽理'이다. 그런데
"심은 기의 영묘한 곳"이라는 황종희의 말은 주희가 "심은 기의 정상
精爽이다"45)라고 말한 것과 유사하다. 그렇다면 황종희의 심心 개념은
양명학적 언명으로부터 벗어난 것인가? 그것은 결코 아니다. 그가 말
하고 있는 심心과 기氣, 그리고 리理의 개념은 양명학의 심성론 체계를
받아들여서 만든 것이기 때문에 주자학과는 다르다. 황종희가 말하는
기는 주자학에서처럼 리에 의해서 조종되거나 리에 종속되어 있는 기
가 아니다. 그가 말하는 기는 '자발적 생성과 흐름'이며, 세계와 만물의
생산하는 힘으로서의 운동성과 그것의 재료적 기반이 되는 기체基體로
서의 성격을 가진다.46)

이러한 입장은 특히 황종희가 리를 어떻게 파악하고 있는가를 확인
함으로써 잘 알 수 있다. 그는 리 역시 기의 일부라고 생각한다. 이규
성은 이러한 리에 대해서 "리는 기 스스로 나타내 보이는 규칙적인 반

것을 그 이유로 든다. 북경대 철학과연구실, 『중국철학사 3 - 송 · 명 · 청 편』,
홍원식 옮김(서울 : 자작아카데미, 1997), 360쪽 이하 참조. 이에 비해 이규성
은 황종희의 이러한 입장을 생성계의 통일적 원칙인 '생성의 힘'과 그것이 理
法性에 의해서 구조화되어 있는 것으로 이해한다. 즉 흐름의 자발적 산출을
氣로 이해하고 그것은 곧 마음과 상통한다고 생각했던 것이다. 이러한 면에
서 기와 심은 하나의 정합적 구조를 가진다고 본다. 이러한 의미에서 이규성
은 황종희의 철학을 '다양한 세계의 생성과 내적인 순일한 구심력과의 통일'
로 규정하면서 그의 철학을 '내재의 철학'으로 이해하고 있다. 자세한 것은 이
규성, 『내재의 철학 : 황종희』(서울 : 이화여자대학교 출판부, 1994) 참조.
45) 朱熹, 『朱子語類』 卷5, 「性理二 · 性情心意等名義」, "心者, 氣之精爽."
46) 이규성, 앞의 책, 64쪽 참조.

복적 운동성이다. 그것은 원환적 항상성이다"[47]라고 규정한다. 리는 기가 유행하면서 잃지 않은 법칙성이며, 합법칙적인 '주재'를 의미하는 것이다.[48]

이른바 리라고 말하는 것은 기가 유행하면서 그 법칙을 잃지 않는 것이다. 태허太虛 가운데 기 아닌 곳이 없으므로 또한 리 아닌 곳이 없다. 맹자가 "만물은 모두 나에게 갖추어져 있다"라고 말한 것은 나와 천지만물에 하나의 기가 흘러 통하면서 조금의 장애도 없는 것을 말한다. 그러므로 인심의 리는 천지만물의 리와 둘이 아니다.[49]

천지만물은 하나의 기가 흘러서 통하는 것이며, 그 사이에는 조금의 간격도 없다. 리는 그러한 기가 유행하면서 법칙성을 잃지 않는 것으로, 개념상 기의 범주 속에 포함된다. 이것은 만물과 세계의 근원을 리로 설정하고 있는 주자학적 리와는 차별성을 보인다. 세상만물은 기 아닌 것이 없으며, 이 가운데 조리條理에 맞는 것만이 리理이다. 이처럼 리는 기 자체에 내재하는 법칙성이므로, 기를 떠나서 존재할 수 없다. 따라서 기를 움직이게 할 수도 없고 기 밖에 존재하면서 기를 지배할 수도 없다.[50] 그래서 황종희는 리와 기, 그리고 심에 대해 다음과 같이 말한다.

---

47) 위의 책, 72쪽.
48) 강중기, 「黃宗羲의 朱子學 批判과 氣一元論」, 『철학논구』 19(서울대학교 철학과, 1991), 173쪽 참조.
49) 黃宗羲, 『明儒學案』 卷22, 「江右王門學案七 · 臬長胡廬山先生直」, "夫所謂理者, 氣之流行而不失其則者也. 太虛中無處非氣, 則亦無處非理. 孟子言萬物皆備於我, 言我與天地萬物一氣流通, 無有礙隔, 故人心之理, 卽天地萬物之理, 非二也."
50) 강중기, 앞의 논문, 173쪽 참조.

'리이다, 기이다, 심이다'라고 하면서 나누어서 세 개로 보는 것은 천
지 사이에 오직 하나의 기가 있을 뿐이라는 사실을 모르는 것이다.[51]

세계의 근원을 기로 바라보면서, 그것의 변화 양태에 따라서 리와
심으로 이름 붙였음을 의미하는 것이다. "천지만물은 무엇을 체로 삼
는가? 진실로 기가 아니면 천지만물은 다른 체가 되었을 것이 분명하
다"[52]라는 그의 말은 이러한 입장을 단적으로 드러낸 것이다. 주자학
에서 '활동하게 하는 리'와 '활동하는 기'가 모두 기의 개념으로 치환되
고 있다 해도 과언이 아니다. 바로 이러한 기의 내재성이 심이며, 동시
에 이러한 심은 모든 세계를 향해 열려 있다.

이렇게 보면 기의 운동변화 가운데 지속적인 통일성을 유지시켜 주
는 합법칙성인 리가 있듯이, 그것이 내재화된 심 속에는 마음의 활동
을 조율하는 법칙성인 '성性'이 존재한다. 심의 도덕실천이 가능한 이
유이다. 이 때문에 황종희는 "기는 저절로 유행하고 변화한다. 그런데
이러한 변화 가운데 정일貞─하면서 변하지 않는 것이 있으니, 이것이
이른바 리이고 성이다"[53]라고 말한다. 변하는 가운데에도 변하지 않는
것, 그것이 바로 리이며 성이다.

물론, 이것도 궁극적으로 심이며 기이지만, 심의 발현에는 이러한
성을 갖춘 심과 그렇지 않은 심이 나누어질 수밖에 없다. 악은 심의 유
행이 조리에 맞지 않는 것으로, 성이 없는 심의 유행이라고 말할 수 있
다. "리는 볼 수 없으니, 기에서만 드러난다. 성도 볼 수 없고 심에서만
드러난다. 그러므로 심은 곧 기이다"[54]라는 황종희의 말에서 알 수 있

---

51) 위의 책, 卷3, "理也, 氣也, 心也, 岐而爲三, 不知天地間只有一氣."
52) 黃宗羲, 『南雷文案』 卷3, 「答友人間學書」, "天地萬物以何者爲體乎? 苟非是
    氣, 則天地萬物爲異體也, 決然矣."
53) 黃宗羲, 『孟子師說』 卷6, "氣自流行變化, 而變化之中, 有貞一而不變者, 是
    卽所謂理也性也."

듯이 리는 기의 활동성에 의존하고 있다. 하지만 기의 활동성 역시 리가 있는 것과 그렇지 않은 것으로 나누어질 수밖에 없다. 기의 측면에서 하나라 하더라도, 그 속에 내재되어 있는 조리에 의해서 현실적으로 심은 선과 악으로 나누어지기 때문이다. 기의 유행인 도덕정감이 그 자체로 도덕본체가 아닐 수 있음을 분명히 하고 있는 것이다.

이 때문에 황종희는 '심즉리心卽理'에 대해 "리를 궁구하는 것은 그 심을 다하는 것이니, 심이 곧 리이다"55)라고 말한다. 리를 궁구한다는 것은 곧 진심盡心하는 것으로, 이 과정을 통해서 비로소 심이 곧 리인 '상태'를 유지할 수 있다는 말이다. 황종희의 심즉리 해석이다. 즉 심즉기心卽氣의 상태가 마음의 유행을 드러내는 것이라면, 심즉리는 이러한 유행과 변화 속에 본체가 들어 있는 상태라고 말할 수 있다. 따라서 심즉리는 그대로 심즉기心卽氣이지만, 심즉기가 그대로 심즉리라고 말할 수는 없다. 도덕본체와 도덕정감이 완전하게 일치되었다고 볼 수 없는 이유는 바로 여기에 있다.

그러나 순수한 선험적 본질로서의 리를 받아들이지 않은 황종희의 철학체계56) 내에서 이 리는 개인의 구체적 실천행위인 '공부'를 통해서만 확보된다. 리 역시 기 속의 리로 파악되므로, 기의 유행을 조리에 맞게 행하려는 실천수양이 공부의 모습으로 드러나는 것이다. 이러한 이유에서 황종희는 "공부 없이 본체를 말하는 것은 단지 상상 속에서 점친 것일 뿐이며 진정한 본체는 아니다"57)라고 말한다. '본체'란 개인의 구체적 실천행위이며, 이를 통해서 기 속에 리가 내재할 수 있게 된

---

54) 위의 책, 卷2, "理不可見, 見之於氣, 性不可見, 見之於心, 心卽氣也."
55) 위의 책, 卷7, "窮理者, 盡其心者, 心卽理也."
56) 강중기, 앞의 논문, 179쪽 참조.
57) 黃宗羲, 『明儒學案』卷60, 「東林學案三」, "無工夫而言本體, 只是想像卜度而已, 非眞本體也."

다는 의미이다. 이것은 본체가 공부를 통해서 표현된다는 의미가 아니라, 공부가 곧 본체라는 의미이다. 유행하는 정감을 조리에 맞게 하는 것, 즉 본체와 정감의 합일은 구체적인 실천 공부를 통해서만 확보되는 것이다.

본체의 공부의존성은 여기에서 확보된다. 사람의 리는 공부를 통해서만 확보되며, 여기에서 황종희는 개인의 정감이나 욕망이 차지할 수 있는 가능성을 차단시켜 버린다. "희노애락이 미발未發한 체體는 일찍이 성인과 같지 않은 적이 없었지만, 오히려 그것을 믿지 않고서,……그러므로 공부를 따라서 비로소 본체로 돌아갈 수 있다"[58]라는 황종희의 말은 바로 이러한 입장을 적극적으로 해석하고 있는 것이다. 공부를 통하지 않는 본체란 없다는 말이다.

> 심은 본체가 없으니, 공부를 통해서 이르는 곳이 바로 그 본체이다. 그러므로 리를 궁구하는 것은 이 심이 수만 가지로 갈라지는 것을 궁구하는 것이지, 만물이 수만 가지로 갈라지는 것을 궁구하는 것은 아니다.[59]

궁리는 마음이 수만 가지로 갈라지는 것을 궁리하는 것으로, 그것이 이르는 곳을 본체로 설정하고 있다. 이러한 황종희의 입장은 본체의 지나친 확장성으로 인해, 개인의 정감과 욕망까지 인정하는 양명좌파를 염두에 둔 상태에서 나온 것으로 보인다. 그는 철저하게 본체의 공부 의존성을 강조하고 있으며, 이것은 공부를 통한 기와 그렇지 않은 기의 차별성을 인정함으로써 궁극적으로 조리條理있는 기의 유행을 확

---

58) 위의 책, 卷6,「白沙學案下」, "喜怒哀樂未發之體, 未嘗不如聖人同, 却是靠他 不得,……故須工夫, 才還本體."
59) 위의 책,「自序」, "心無本體, 工夫所至, 卽其本體. 故窮理者, 窮此心之萬殊, 非窮萬物之萬殊也."

보하려는 것이다.[60]

2) 사구교 해석을 통한 도덕본체와 도덕정감의 분리

이미 위에서 밝혔듯이, 사구교에 대한 입장 차이는 양명좌파와 양명우파를 나누는 중요한 기준이다. 유종주는 "선도 없고 악도 없는 것은 마음의 체이고, 선도 있고 악도 있는 것은 의意의 동함이며, 선을 알고 악을 아는 것은 양지이고, 선을 행하고 악을 없애는 것은 격물格物이다"라는 사구교설을 "선도 있고 악도 있는 것은 심의 동함이고, 선을 좋아하고 악을 싫어하는 것은 의의 정靜함이며, 선을 알고 악을 아는 것은 양지이고, 선을 행하면서 악을 없애는 것은 물칙物則이다"로 바꾸어 버린다. 이것은 의意와 념念을 구분하는 유종주의 철학체계에 따른 것으로, 양명우파의 철학적 특징이 반영되어 있다. 그렇다면 그의 제자인 황종희는 사구교설을 어떻게 받아들이고 있으며, 그것을 어떻게 해석하고 있는가?

그 역시 사구교설의 잘못이 왕기로부터 시작되었다는 유종주의 입장에 동의한다. 그래서 황종희는 "이러한 말은 양명선생께서 평상시 말했던 것에 대해 깊이 생각하고 살펴봄 없는 것으로, 오직 (왕기)선생만이 그렇게 말했을 따름이다"[61]라고 했으며, 또 "천천증도에 대해서 용계가 양명선생에게 누를 끼친 것이 많다"[62]라고 말했다.

하지만 황종희는 천천증도가 그 자체로 문제 있다고는 생각하지 않았다. 문제는 그것을 해석한 사람에게 있다는 것이다. 그래서 그는 다음과 같이 자신의 입장을 제시한다.

---

60) 양국영, 앞의 책, 290쪽 참조.
61) 黃宗羲, 『明儒學案』 卷12, 「浙中王門學案・王畿傳」, "斯言也, 於陽明平日之言, 無所考見, 獨先生言之耳."
62) 위의 책, 卷58, 「東林學案・顧憲成傳」, "天泉証道, 龍溪之累陽明多矣."

천천문답天泉問答에서 "선도 없고 악도 없는 것은 심의 체이고, 선도 있고 악도 있는 것은 의意의 동動함이며, 선을 알고 악을 아는 것은 양지良知이고, 선을 행하고 악을 없애는 것은 격물格物이다"고 했다. 그런데 지금의 해석자들은 "심의 체가 선도 없고 악도 없는 것이 성이고, 이 때문에 그것이 발하면 선도 있고 악도 있는 의가 되며, 이 때문에 그 선과 악을 분별하는 지가 있게 된다. 이 때문에 선과 악을 구분하는 지가 있게 되고, 이로 말미암아 선을 행하고 악을 제거하는 격물이 있게 된다"라고 말한다. 층층히 안으로부터 밖으로 나가게 되면서 일체의 모든 것이 조잡한 기미가 된다. 그래서 양지는 이미 떨어져 버린 이후라야 드러나게 되므로 생각하지 않아도 되는 본연本然은 아니다.[63]

황종희는 현재 사구교를 해석하는 해석자들의 가장 큰 문제점으로 "층층히 안으로부터 밖으로 나가는 해석"에서 찾는다. 이렇게 되면 양지는 "생각하지 않아도 되는 본연"의 의미를 상실하게 되기 때문이다. 양지의 의미가 후대 해석자들로 인해 마음 밖의 것이 되며, 의意에 따라서 선과 악을 구분하는 존재로 전락하게 되었음을 의미한다. 이렇게 되면서 황종희는 자신만의 사구교설을 제시하고, 이것이 양명의 본뜻과 다르지 않다는 주장을 내놓게 된다.

황종희는 우선 사구교의 첫 구절인 "선도 없고 악도 없는 마음의 체"라는 양명의 말에 대해 다음과 같이 자신의 입장을 밝힌다.

실제로 선도 없고 악도 없는 것은 선념善念과 악념惡念이 없다는 것일 따름이지, 성이 선도 없고 악도 없다고 말하는 것은 아니다.[64]

---

63) 위의 책, 卷10, 「姚江學案」, "天泉問答, '無善無惡者心之體, 有善有惡者意之動, 知善知惡是良知, 爲善去惡是格物.' 今之解者曰, 心體無善無惡是性, 由是而發之爲有善有惡之意. 由是而有分別其善惡之知, 由是而有爲善去惡之格物. 層層自內而之外, 一切皆是粗機. 則良知已落後著, 非不慮之本然."
64) 위의 책, 같은 곳, "其實無善無惡者, 無善念惡念耳, 非謂性無善無惡也."

그는 "마음의 체이면서 선도 없고 악도 없는 것이 성이다"라는 해석에 대해 반대하면서, 선도 없고 악도 없다는 것을 "선념과 악념이 없는 것"으로 바꾼다. 사구교의 마지막 구절을 통해 性의 의미를 말하고 있는데, 여기에서 황종희는 성을 '선한 것'으로 규정한다. 즉 선도 없고 악도 없는 것이 性이라는 말은 틀렸다는 것이다. 성은 아직 발하지 않은 것으로, 생각(念)으로 변환되지 않은 상태이다. 이 때문에 그는 성을 '선념과 악념이 없는 것'으로 규정한다.

무릇 선도 없고 악도 없는 것이 심의 본체라는 말은 원래 성이 선도 없고 불선함도 없다는 의미와는 다르지 않다. 성은 리로써 말한 것으로, 리는 불선함이 없으니 어찌 (선과 악이) 없다고 말할 수 있겠는가?[65]

성을 리의 측면에서 말하게 되면 선할 수밖에 없으므로, 이것은 무선무악한 것이 아니라는 말이다. 따라서 무선무악은 선한 생각과 악한 생각이 없다는 것이지, 성이 무선무악하다는 말은 아니다. 이러한 그의 입장은 사구교의 두 번째 구절에 대해 유종주가 "선을 좋아하고 악을 싫어하는 것은 意의 靜함"으로 바꾸면서 마음의 본체에 대해 설명한 것과 같다. 황종희는 심 본체에 이미 선함이 있으며, 따라서 무선무악하다는 것은 심이 활동하면서 생긴 생각(念)이 존재하지 않음을 의미할 뿐이라고 말한다. 심의 본래적 양태는 어떠한 意와 念도 없는 상태로 그것이 바로 선도 없고 악도 없는 상태이다.[66] 따라서 이것을 리로 해석할 경우에는 '선하지 않음이 없는 상태'인 것이다.

---

65) 위의 책, 卷60, 「東林學案三·太常史玉池先生孟麟」, "夫無善無惡心之體, 原與性無善無不善之意不同. 性以理言, 理無不善, 安得云無."
66) 張學智, 앞의 책, 470쪽 참조.

다음은 사구교의 두 번째 구절에 대한 해석이다. 황종희는 "선도 있고 악도 있는 것은 의意의 동함"이라는 사구교설의 두 번째 구절에 대해 다음과 같이 말한다.

그 아래 구절에 있는 의意가 선도 있고 악도 있다는 것 역시 선념과 악념이 있다는 것일 따름이다. 이 두 구절은 다만 동動함과 정靜함이라는 두 글자를 완득完得한 것이다.[67]

심이 동動함으로써 의가 생겨나면서 여기에서 선념과 악념이 생긴다. 성은 정靜한 상태이므로 선념과 악념이 없지만, 이것이 동動해서 의意가 되면 여기에는 념念이 발생한다. 따라서 의意가 유선유악有善有惡하다는 의미는 이렇게 발생되는 념에 선념과 악념이 있다는 의미이다. 즉 성은 비록 순선하다고 해도, 그것이 발해서 의념意念이 되면 그 순선함이 그대로 드러나지는 않을 수 있다. 정靜한 상태와 동動한 상태가 합일되어 있지 않음을 전제하고 있는 것이다.

나아가 황종희는 성과 의를 정함과 동함의 차이로 이해함으로써 "동함과 정함이라는 두 글자를 완득"했다고 말한다. 본체론적으로는 차별성이 없지만, 그럼에도 불구하고 하나는 선념과 악념이 있는 상태이고 또 다른 하나는 선념과 악념이 없는 상태로 설정된다. 가치론적으로 보면 '순선한 것'과 '선념과 악념을 모두 가진 것'으로 치환되는 것이다. 따라서 순선한 선념으로 성을 드러내기 위해서는 반드시 수양과 공부의 단계를 필요로 하게 되며, 여기에서 우리는 앞장에서 보았던 "공부를 통해서 비로소 본체가 드러난다"는 황종희의 입장을 이해할 수 있다.

---

67) 黃宗羲, 『明儒學案』 卷10, 「姚江學案」, "下句意之有善有惡, 亦是有善念惡念耳. 兩句只完得動靜二字."

사구교에 대한 황종희의 이러한 입장은 세 번째 구절인 양지를 설명하는 쪽으로 이행되면서, 그만의 특색 있는 사구교설四句敎說로 바뀐다. 그는 '선을 알고 악을 아는 것은 양지'라는 왕수인의 말에 대해서 다음과 같이 말한다.

　　이른바 선을 알고 악을 안다는 것은 의가 선악善惡에서 동동動하고 그것에 따라 분별해서 지知가 되는 것이 아니다. 지知 역시 다만 성의誠意 가운데 있는 좋아함과 싫어함일 뿐이니, 선함에 대해서 반드시 좋아하고 악함에 대해서 반드시 싫어하므로, 옳은 것도 없고 그른 것도 없다면서 용인하지 않는 것은 허령불매虛靈不昧한 성의 체體이다.[68]

　여기에서 황종희는 지知를 "의가 선과 악에서 동하는 것에 따라서 그것을 분별하는 것"으로 이해하지 않는데, 이것은 중요한 의미가 있다. 왕수인에게 있어서 의는 발해서 드러난 것이며, 이러한 의가 선과 악으로 동하는 것을 보고 그것이 선인지 악인지를 판단하는 것이 양지이다. 하지만 황종희는 지를 성의誠意 가운데 있는 호오好惡의 감정으로 설정한다. 이것은 선과 악의 동동함을 바라보면서 그 선악을 판단하는 특별한 선천적 지知를 상정하지 않고 있는 것이다. 그는 이미 발한 상태인 의의意를 정성스럽게 함으로써, 이를 통해서 자연스럽게 등장하는 '선을 좋아하고 악을 싫어하는 마음'을 지로 보고 있는 것이다. 지知는 성의誠意라는 후천적 노력을 통해서 확보되는 것이다. 이것은 본체로서 선과 악을 판단하는 지가 아니라, 성의라는 공부를 통해서 비로소 선과 악을 판단할 수 있음을 의미한다. 공부를 통하지 않고는 본체

---

68) 위의 책, 같은 곳, "所謂知善知惡者, 非意動於善惡, 從而分別之爲知, 知亦只是誠意中之好惡. 好必於善必於惡, 無是無非而不容已者, 虛靈不昧之性體也."

가 본체로서의 의미를 갖지 못한다는 황종희의 철학체계가 투영되고
있는 것이다.

이러한 황종희의 입장은 의意를 본체로 바라보고 있는 유종주의 입
장을 받아들인 것이다. 의와 념念을 구분하는 유종주의 철학에서 의는
선을 좋아하고 악을 싫어하는 의향성으로, 이것이 바로 황종희의 철학
에서 양지로 드러난다. 양지를 성의誠意 공부에 의존하게 함으로써 개
인의 욕구와 정감까지 모두 인정하고 있는 양명좌파로의 이행 가능성
을 차단하고 있는 것이다. 이러한 면에서 보면 황종희가 말하는 양지
는 유종의 입장을 잇는 것이라고 말할 수 있다.[69]

마지막으로 사구교의 네 번째 구절에 대한 황종희의 입장이다. 왕수
인은 사구교의 마지막 구절에서 "선을 행하고 악을 없애는 것이 격물"
이라고 말하면서, 실질적인 행위의 측면에서 격물을 강조한다. 하지만
황종희는 이러한 격물이 "층층히 안에서 밖으로 나는 것"의 마지막이
라고 생각해서, 이 격물을 '성性'으로 바꾸어 버린다.

> 선을 행하고 악을 없애는 것은 다만 성을 따라서 행하는 것으로, 이
> 렇게 되면 저절로 선과 악의 협잡함이 없어진다. 선생께서 이른바 "내
> 마음의 양지는 사사물물事事物物에서 이룬다"라고 한 것을 보면, 사구
> 교는 원래 잘못됨이 없었다. 하지만 학자들이 그것을 잘못 이해해서
> 도리어 해도 없고 악함도 없는 것을 성이라고 말한 것이니, 선도 없고
> 악도 없음을 말하면서 이것을 지극한 선이라고 했다. 선함은 하나일
> 뿐이다. 그런데 선함이 있는 선이 있고 선함이 없는 선이 있다는 것은
> 곧 성의 씨앗을 잘라내거나 없애버리는 것이 아닌가![70]

---

69) 張學智, 앞의 책, 471쪽 참조.
70) 黃宗羲, 『明儒學案』 卷10, 「姚江學案」, "爲善去惡, 只是率性而行, 自然無善
惡之夾雜. 先生所謂'致吾心之良知於事事物物'也, 四句本是無病, 學者錯會,
反致彼以無害無惡言性者, 謂無善無惡, 斯爲至善. 善, 一也, 而有有善之善,

황종희는 격물의 의미를 심 내부에서 해석해야 한다는 입장을 고수하면서, 그것을 성性으로 해석한다. 즉 격물은 마음 밖의 인위적 행동양식을 동반함으로써 선을 행하고 악을 없앨 수 있는 것이 아니라, 성性을 따라 자연스럽게 행하면 저절로 선을 행하고 악은 없어진다고 생각했던 것이다. 성에 따른 성의誠意의 수양을 통해 생겨난 호오好惡감정이 있으면 악함은 저절로 없어지는데, 이것을 다시 격물格物이라는 이름으로 다룰 필요가 없다는 말이다. 성은 마음의 본체로, 순선하다. 여기에 선함도 없고 악함도 없다고 말하는 것은 "성을 잘라서 없애버리는 것"이다. 다만 이러한 성이 발하지 않음으로 인해 아직까지 선념과 악념이 발생하지 않았으므로 선도 없고 악도 없는 것이지, 성이 선악의 가치로부터 자유롭다는 것은 결코 아니다. 따라서 순선한 성에 기준한다면, 위선거악爲善去惡의 문제는 저절로 해결될 수 있다.

이러한 입장들을 가지고 황종희의 사구교설을 정리하면 다음과 같다. 첫째, 이것은 기론氣論에 입각한 사구교설이다. 황종희는 본체인 성性으로부터 의意, 그리고 양지良知, 격물格物로 이어지는 전통적인 사구교설에 담겨 있는 성과 의의 구분을 차단하고, 이것을 기학氣學의 입장에서 하나로 정렬시켜 놓고 있다. 특히 양지는 성의誠意 가운데 있는 호오好惡감정이라는 말을 통해서 리를 기의 일부로 이해하는 그의 기학적 측면을 발견할 수 있다.

둘째, 그러면서도 황종희는 양명우파의 기본 입장인 본체와 정감의 차별성을 인정하고 있다. 그는 본체인 성性을 순선한 것으로 이해하지만, 그것이 동動(發)한 의意는 선념과 악념을 동시에 가지고 있는 것으로 이해한다. 선념과 악념이 없는 상태의 순선한 본체와 그것이 동動한 정감은 존재론적으로는 같다고 해도, 가치론적인 차별성은 분명하게

有無善之善, 無乃斷滅性種乎."

드러난다는 말이다.

셋째, 공부론의 강조가 황종희의 사구교설에서 드러나고 있다. 그는 선함을 좋아하고 악함을 싫어하는 호오관념은 성의誠意 공부를 통해서 확보되는 것으로 이해한다. 본체의 영역으로 이해할 수 있는 양지良知라 하더라도 성의誠意 공부를 통하지 않고는 조리條理에서 벗어난 기에 불과하다는 말이다. 따라서 성의 공부를 통해서 확보된 호오好惡의 정감, 이것이 바로 양지이다.

3) 『명유학안明儒學案』을 통한 도통의 확립과 벽불론闢佛論

이미 위에서 살펴보았듯이, 황종희는 진정한 본체는 '공부'를 통해서 확보된다는 입장을 견지한다. 이러한 그의 입장은 공부를 통해서 본체를 드러낸다는 소극적 의미의 공부가 아니라, 본체는 공부를 통해서 확보된다는 적극적인 의미를 가진다. 이렇게 되면서 황종희는 치지致知 공부를 하나의 역사적 과정으로 보는 입장을 견지한다.[71] 그는 이러한 입장을 통해 본체를 밝히기 위한 공부와 치지의 역사적 과정을 이해하기 위해 학술사를 기술한다. 이것이 바로 유명한 『명유학안明儒學案』과 『송원학안宋元學案』이다.

학안學案을 짓는다는 것은 중요한 의미를 지닌다. 그것은 각 학파의 학문이 가지고 있는 종지宗旨를 인정하고, 그에 기반한 학문의 연계성을 인정하는 것이다. 또한 학문의 정통성과 줄기를 규명함으로써, 기타 학문과의 차별성을 드러낸다. 특히 동양에서는 여기에 가치 판단이 첨가됨으로써, 학안을 기록하는 사람이 바라보는 도통의 흐름을 드러내기도 한다. 황종희의 『명유학안』에는 이러한 모습들이 잘 나타나 있다.

황종희는 자신 이전에 쓰여진 손기봉孫奇峰(호는 夏峰, 1585~1673)

---

71) 양국영, 앞의 책, 291쪽 참조.

과 주여등의 학안學案을 비판하는데, 우리는 여기에서 황종희가 왜 『명유학안』을 저술하는지를 확인할 수 있다.

> 선유들의 어록을 편찬하는 사람들은 멋대로 몇 개의 조목만 뽑아 낼 뿐, 그것을 버리고 취하는 의미가 무엇을 말하는지를 모르는 경우를 매번 보았다. 그 사람의 일생의 정신을 꿰뚫어 보지 않는데, 어떻게 그 학술을 볼 수 있겠는가? 이번에 편찬한 것은 모두 (선유들의) 전집에서 뽑아서 핵심만 추려낸 것이지만, 일찍이 이전 사람들의 구본舊本을 답습한 적은 없다.72)

학안을 쓰고자 하는 사람이 일생동안 공을 들였던 정신을 꿰뚫어 볼 수 있도록 쓰지 않았다는 말이다. 대충 몇몇 조항만 끄집어내거나 취사선택의 기준도 없이 썼기 때문에 이러한 일이 일어날 수밖에 없다. 그래서 그는 주여등에 대해 "해문은 선학禪學을 주장하면서 금·은·동·철을 동일시하기만 한다. 이것은 해문 한 사람의 종지이지, 각 학파의 종지는 아니다"73)라고 말한다. 선학을 기준으로 앞의 학문들을 하나로 싸잡고 있다는 의미이다. 황종희는 이 말을 통해 주관적 기준을 가지고 여러 학문들을 평가하는 데 대한 문제를 지적한다. 동시에 선학에 대한 비판적 입장을 견지하면서, 주여등이 속한 양명좌파도 함께 비판한다.

황종희의 주여등에 대한 비판이 주관적 기준을 가지고 모든 학문을 하나로 싸잡는 것에 대한 비판이라면, 손기봉에 대한 비판은 아무 기

---

72) 黃宗羲, 『明儒學案』, 「凡例」, "每見鈔先儒語錄者, 薈撮數條, 不知去取之意謂何. 其人一生之精神未嘗透露, 如何見其學術? 是編皆從全集纂假要鉤玄, 未嘗襲前人之舊本也."

73) 위의 책, 같은 곳, "海門主張禪學, 攏金銀銅鐵爲一器, 是海門一人之宗旨, 非各家之宗旨."

준 없이 전대의 학문들을 나열하기만 하는 것에 있다. 그래서 황종희는 손기봉의 학안에 대해 "종원鍾元은 잡스럽게 모으기만 하고 다시금 제대로 정확히 구별하지 않음으로써, 그 비교와 주를 단 것의 수준이 그 요령을 얻지 못했다"[74]라고 말한다. 마구잡이로 선대의 학문들을 모으기만 하고, 정확한 기준을 통해서 내용을 분석하거나 구별하지 않음으로써 잡다한 모음집에 불과하게 되었다는 말이다. 객관적 기준의 필요성을 제기하고 있는 대목이다.

따라서 우리는 주여등과 손기봉에 대한 비판을 통해서 황종희가 『명유학안』에서 기록하고자 하는 것이 객관적 기준에 따른 연계성과 통일성을 지닌 학안이라는 사실을 알 수 있다. 특히 양명좌파가 가지고 있는 선학적 요소를 없애고, 객관적인 기준을 마련하는 것이다. 이것은 선학이나 기타 양명좌파적 요소를 이단으로 파악하려는 목적에서 이루어진 것이면서, 동시에 자기 나름의 기준에 따라서 도통의 흐름을 확정하려는 것이기도 하다. 이러한 입장에서 우선 황종희가 마련하려고 했던 '객관적 기준'을 확인해 보기로 하자.

황종희는 학문에 있어서 가장 중요한 것은 그 학문이 가지고 있는 종지宗旨라고 생각했다. 그래서 그는 "무릇 학문에는 종지라는 것이 있다. 이것은 그 사람이 애쓴 곳이며, 또한 배우는 사람이 입문하는 곳이다"[75]라고 말한다. 모든 학문은 종지를 기준으로 평가해야 하며, 따라서 황종희는 종지를 기준으로 근원과 분파를 분석하고 그것을 중심으로 학안을 기록한다.

여기에서 근원과 분파를 분별해서 그 종지를 분명하게 하였다. 이로 말미암아서 나아간 사람이 원래 성인의 이목(모습)이다. 그 사이에 하

---

74) 위의 책, 같은 곳, "鍾元雜收, 不復甄別, 其批注所及, 未必得其要領."
75) 위의 책, 같은 곳, "大凡學有宗旨, 是其人得力處, 亦是學者之入門處."

나의 근본이 있는 곳을 펴서 밝혔지만 감히 그 사이에서 **빼고** 더한 바
가 있는 것은 아니다.76)

황종희는 성인 역시 그 학문의 종지에서부터 한 단계 더 나간 사람
으로 규정하고 있다. 그래서 황종희는 각 학문의 종지를 설명하고, 그
것을 기준으로 학파를 분류해서 그에 따르는 근원과 분파를 구분해 내
는 방식으로 『명유학안』을 기록한다. 특히 그는 송대나 혹은 그 이전
대의 학안을 먼저 쓰는 것이 아니라, 가장 가까운 시기인 명대의 학안
을 먼저 쓰고 있다. 여기에는 명대 학문에 대한 황종희의 다음과 같은
평가가 들어 있기 때문이다.

　일찍이 명대明代의 문장과 사공事功은 모두 전대에 미치지 못한다고
말한다. 그러나 유독 리학理學의 측면에 있어서는 전대가 미치지 못한
다. (명대는) 소털과 명주실을 변별해 내지 못하는 것이 없었으니, (이
를 가지고) 진실로 선유들이 밝히지 못했던 것을 밝힐 수 있었다. 정주
가 불교를 배척하면서 그 학설이 비록 분분했지만, 결국은 그 흔적만
뒤쫓을 따름이었다. 그 가운데에는 리에 근접하는 듯하면서도 진실을
어지럽히는 것이 있으니, 마침내 그 가리키는 것이 드러나지 않았다.
그러나 명대의 유학자들은 매우 작은 차이에 대해서도 그림자가 없게
했다.77)

명대明代가 비록 문장이나 사공에 있어서는 송대宋代에 못 미친다는

---

76) 위의 책, 「自序」, "於是爲之分源別派, 使其宗旨歷然. 由是而之焉, 固聖人之
耳目也. 間有發明一本之所在, 非散有所增損於其間."
77) 위의 책, 「凡例」, "嘗謂有明文章事功, 皆不及前代, 獨於理學, 前代之所不及
也. 牛毛繭絲, 無不辨晰, 眞能發先儒之所未發. 程朱之闢釋氏, 其說雖繁, 總
是只在迹上, 其彌近理而亂眞者, 終是指他不出, 明儒於毫釐之際, 使無遁
影."

평가가 있지만, 황종희가 보기에 리학理學을 기준으로 하면 명대가 송
대보다 훨씬 낫다는 말이다. 명대를 중심으로 일어났던 양명학이 정주
의 학문에 비해 더 풍성한 성리학性理學적 면모를 가지고 있다는 말이
다. 나아가 불교와 기타 이단을 구분하는 기준 역시 명대가 송대에 비
해서 좋다는 것이다. 이 말에서 우리는 황종희가 『명유학안』을 기술하
면서 내세우고 있는 객관적 기준과 목적을 확인할 수 있다. 그것은 바
로 '리학理學'과 그것을 근거로 한 '이단배척'이라고 할 수 있다. 그렇다
면 그가 말하는 '리학'과 이단배척의 구체적 내용은 무엇일까? 그는 명
대 양명학의 창시자인 왕수인에 대해서 다음과 같은 평가를 내린다.

　　선생께서는 송대 유학 이후를 걱정하였다. 배우는 이들은 지식을 가
　지고 지知로 여기고, 사람의 심이 가지고 있는 것을 일컬어서 명각明覺
　에 불과하다고 하며, 리는 천지만물이 함께 공유하는 것으로 여겼다.
　따라서 반드시 천지만물의 리를 모두 궁구한 이후에 내 마음의 명각明
　覺과 섞이고 합일되므로 (비로소) 사이가 없어진다. 이렇게 안과 밖이
　없다고 말하는 것이 실제로는 밖에서 온 견문에 완전히 의지하는 것으
　로, 그 영묘하고 밝은 것은 채워서 보충한 것이다. 선생의 학문은 성인
　의 학문으로 심학心學이다. 심이 곧 리이므로 치지致知와 격물格物에
　대한 가르침은 내 마음의 천리天理가 사사물물事事物物에서 이룰 수밖
　에 없다고 말한 것이다. 지식을 지라고 여기는 것은 가볍고 경솔하여
　서 실질적인 것이 없는 것이니, 반드시 힘써 행行함을 공부로 여겨야
　한다. 양지가 감응하는 것은 신묘하고도 빨라서 하등 기다릴 것이 없
　으니, 본심本心의 밝음이 곧 지知이며 본심의 밝음을 속이지 않은 것이
　행행이다. 이것을 굳이 말한다면 지행합일知行合一이다.[78]

---

78) 위의 책, 卷10, 「姚江學案 一」, "先生憫宋儒之後, 學者以知識爲知. 謂人心之
　　所有者, 不過明覺, 而理爲天地萬物之所公共, 故必窮盡天地萬物之理, 然後
　　吾心之明覺, 與之渾合而無間. 說是無內外, 其實全靠外來聞見, 以塡補其靈
　　明者也, 先生以聖人之學, 心學也, 心卽理也, 故於致知格物之訓, 得不不言致

왕수인의 학문을 '성인의 학문'으로 규정한 황종희는 그 근거를 '심학心學'에서 찾는다. '리학'의 연원은 바로 여기에 있다. 이러한 입장에서 그는 선대 학문에 대해서 다음과 같이 비판한다. 첫째, '지식을 가지고 앎으로 여기는 것'에 대한 비판이다. 이것은 행위로 이행되지 않는 앎에 대한 비판이다. 둘째, 사람의 마음을 명각明覺에 불과한 것으로 이해하는 것이다. 심을 모든 리의 근거로 이해하지 못한다는 말이다. 셋째, 리를 천지만물과 함께 공유하는 것으로 이해하고 있는 점이다. 즉 리를 심 밖에 설정하고 있다는 비판이다. 이러한 입장에서 보면, 그가 찾고 있는 '리학'적 요소는 심학, 즉 심을 리로 바라보고 그것을 통해서 직접적인 도덕행위로 이행될 수 있는 철학이다. 양지를 중심으로 한 심 이해와 지행합일로 이어지는 양명학의 이론 과정을 인정하고 있는 것이다.

이러한 입장은 그가 『명유학안』을 기술하는 데 있어서 중요한 기준이 된다. 양명학의 도통 흐름과 그것에 반하는 이단에 대한 비판, 이것이 『명유학안』에서 각 학안을 기술하는 기준이 되고 있는 것이다. 황종희는 우선 양명학의 흐름을 가장 정확하게 이어받은 학파로 '강우학파'를 든다. "요강의 학문은 오로지 강우학파에서만 그 전함을 얻었다"79)라는 황종희의 평가는 직접적이다. 그는 추수익과 나홍선과 같은 제자들을 예로 들면서, 양명학이 다른 학파들에 의해 잘못 해석되고 있는 것을 이들이 바로 잡고 있다는 평가를 내린다. "대개 양명선생이 일생동안 추구했던 정신은 강우학파에 와서 모두 갖추어졌으며, 그에 감응하는 이치 역시 옳다"80)라는 황종희의 평가를 통해, 우리는 그가

吾心之天理於事事物物. 以知識爲知, 則輕浮而不實, 故必以力行爲工夫. 良知感應神速, 無有等待, 本心之明卽知, 不欺本心之明卽行也, 不得不言, 知行合一."

79) 위의 책, 卷16, 「江友王門學案」, "姚江之學, 惟江右爲得其傳."

양명학의 도통을 수증파로 설정하고 있음을 알 수 있다. 이러한 입장
에서 그는 수증파의 대표적 인물인 추수익에 대해 다음과 같이 평가한
다.

선생의 학은 경敬에 힘을 쓴 것이니, 경이라는 것은 양지의 정밀하고
밝은 것이며, 잘못과 세속에 섞이지 않은 것이다. 내 성의 체體는 일용
윤물日用倫物 가운데에서 행해지므로 동함과 정함을 구분하지 않고 낮
과 밤을 나누지 않으며 정해진 틀이 없다. 유행流行이 옳음에 합치되는
것을 일컬어서 선이라 하고, 그것이 가려지고 막히는 곳을 일컬어 불
선이라고 한다. 대개 계구戒懼를 잊어버리자마자 가려지면서 막히게
될 따름이다. 다만 계구의 유행流行함이 아닌 쪽으로 결코 가지 않는다
면 그것이 바로 성체性體의 유행流行이다. 계신공구로부터 떨어져 있
으면 찾아서 따를 성이 없어지며, 성으로부터 떨어져 있으면 또한 찾
아서 따를 일용윤물日用倫物이 없어진다. 그러므로 도道와 기器는 둘이
아니라고 말한다.[81]

추수익을 적통으로 바라보는 이유를 잘 드러내고 있는 부분이다. '양
지의 진정한 밝음에 근거하면서 세속의 때가 묻어 있지 않음'이 그 첫
번째 이유이며, '내 성의 체가 일용윤물 사이에 있음'이 두 번째 이유이
고, '계구와 신독 공부의 설정'이 세 번째 이유이다. 심학과 그것을 발
현시킬 수 있는 공부론을 도통의 중요 기준으로 삼고 있는 부분이다.
동시에 이것을 현실적 문제로 드러내려고 했던 노력을 높게 평가하고

---

80) 위의 책, 같은 곳, "蓋陽明一生精神, 俱在江右, 亦其感應之理宜也."

81) 위의 책, 卷16,「江友王門學案·文莊鄒東廓先生守益」, "先生之學, 得力於敬
敬也者, 良知之精明, 而不雜以塵俗者也. 吾性體行於日用倫物之中, 不分動
靜, 不舍晝夜, 無有停機, 流行之合宜處謂之善, 其障蔽而壅塞處謂之不善, 蓋
一忘戒懼, 則障蔽而壅塞矣. 但令無往非戒懼之流行, 即是性體之流行矣. 離
卻戒懼恐懼, 無從覓性, 離卻性, 亦無從覓日用倫物也, 故其言道器無二."

있다.

이에 비해, 황종희의 양명좌파에 대한 평가는 냉혹하다. 그는 양명 좌파의 초기 이론을 형성했던 왕기를 육구연에게 있어서 양간과 같이 평가하면서 "상산 이후 자호가 없을 수 없듯이, 문성 이후 용계가 없을 수 없으니, 학술의 성함과 쇠함이 이로 말미암는다"[82]라고 말한다. 상 산학을 철저한 주관적 심론으로 만들었던 양간에 왕기를 비유하고 있 는 것이다.[83] 그러면서 황종희는 왕기의 양지에 대한 이해가 궁극적으 로는 선학이나 도교철학과 유사해질 수밖에 없다는 입장을 제기하면 서 다음과 같이 말한다.

무릇 양지는 지각의 유행流行이 구체적인 방소方所에 낙착되지 않으 면 전요典要가 될 수 없다. 이렇게 공부를 하게 되면 허무한 체에 막힘 이 있음을 면치 못하니, 이것은 선학禪學에 가까울 수밖에 없다. 유행 이란 곧 주재인데, 그것을 공중에 달아 놓고 손을 쓰지 않고 중요한 자 루를 잡지 않으면서 심心과 식息이 서로 의지하는 것을 가지고 권법權 法으로 삼으니, 이것은 노장에 가까울 수밖에 없다.[84]

---

82) 위의 책, 卷12, 「浙中王門學案二・郎中王龍谿先生畿」, "象山之後, 不能無慈 湖, 文成之後, 不能無龍溪, 以爲學術之盛衰因之."
83) 양간은 심을 객관화시켜 리의 범주로 바라본 상산학을 철저한 주관적 심론으 로 만든 육구연의 제자이다. 이 때문에 상산학은 양간을 중심으로 심 주관철 학으로 가는 쪽과 원섭을 중심으로 심 객관철학으로 가는 길이 나누어진다. 이것은 마치 양명학이 양명좌파와 양명우파로 갈라지는 모습의 전형을 보는 것 같다. 자세한 것은 이상호, 「南宋象山學의 전개」, 『중국학논총』 14집(고려 대학교 중국학연구소, 2001), 46~62쪽 참조.
84) 黃宗義, 『明儒學案』 卷12, 「浙中王門學案二・郎中王龍谿先生畿」, "夫良知 旣爲知覺之流行, 不落方所, 不可典要, 一著功夫, 則未免有礙虛無之體, 是不 得不近於禪. 流行卽是主宰, 懸崖撤手, 茫無把柄, 以心息相依爲權法, 是不得 不近於老."

이것은 왕기의 양지에 대한 이해가 불교나 노장과 유사하다는 비판이다. 지각의 유행이 방소方所에 낙착됨이 없게 함으로써 불교와 유사하게 되었고, 유행을 공중에 달아 놓고 손을 쓰지 않아서 중요한 것을 없앰으로써 노장에 가깝게 되었다는 말이다. 양명좌파 이론이 불교나 노장과 차이가 없다는 비판이다.

이러한 비판은 태주학파로 이어지면서 더욱 거세진다. "양명선생의 학문은 태주학파와 용계가 있어서 천하에 널리 퍼지고 유행하게 되었으며, 또한 태주학파와 용계로 인해서 점점 그 전하는 바를 잃어 버렸다"[85]라는 황종희의 말은 양명학의 이단으로 왕기와 태주학파를 지칭하고 있는 것이다.

> 태주학파와 용계는 때때로 그 스승의 학설을 불만스럽게 생각하다가 결국은 부처의 신비함에 빠져 스승의 학설을 그곳으로 돌려놓음으로써 점차 양명학을 선학禪學이 되게 하였다.[86]

양명좌파에 대한 황종희의 평가가 그대로 드러나고 있는 부분이다. 그는 심학을 양명학 도통의 본류로 인정하되, 그것이 선학禪學으로 빠지는 것에 대해서는 철저하게 이단으로 규정하고 있는 것이다. 심학이기는 하지만 그것이 선학禪學이어서는 안 된다는 말이다.

이러한 점에서 보면 황종희의 불교비판 역시 유종주와 마찬가지로 양명좌파를 비판하기 위한 것이라고 할 수 있다. 『명유학안』에서 보여지는 황종희의 불교비판은 불교의 사회적 문제보다는 주로 이론에 관

---

85) 위의 책, 卷32, 「泰州學案」, "陽明先生之學, 有泰州龍溪, 而風行天下, 亦因泰州龍溪而漸失其傳."

86) 위의 책, 같은 곳, "泰州龍溪時時不滿其師說, 益啓瞿曇之祕而歸之師, 蓋躋陽明而爲禪矣."

런되어 있다. 가장 대표적인 입장은 다음과 같다.

> 무릇 유행이 성의 본체가 되는 것은 불교 역시 볼 수 있었지만, 다만
> 그 다음은 외물을 모두 막아 버려서 시비와 선악을 공空 하나로 돌려
> 놓음으로써 사욕(我)의 유행을 막을 길이 없어졌다.[87]

황종희는 유행을 성의 본체로 보는 것이 불교라는 말이다. 이것은
성리학에서 불교를 비판하면서 '작용'을 성으로 본다는 입장을 그대로
답습하는 것이다.

> 바로 그 학술의 조사祖師라고 일컬어지는 것은 선학禪學이니, 작용을
> 성으로 보는 것이다. 이것은 여러 사람들로 하여금 천지를 들어 거꾸
> 로 하게 함으로써 앞으로는 고인古人이 있음을 보지 못하게 하고, 뒤로
> 는 다가 올 사람이 있음을 보지 못하게 한다. 불교에서는 깨닫게 하기
> 위해 통봉痛棒을 하거나 대갈大喝을 하여 시기를 잡아 횡행橫行하다가
> 주장拄杖(행각승이 가지고 다니는 지팡이)을 내려놓으니, 이것이 어리
> 석은 사람과 같다.[88]

'작용'을 성으로 본다는 말은 성리학이 불교를 이단으로 비판하는 주
된 논거이다. 불교는 작용을 성으로 봄으로써 선대의 업적이나 후대가
이어나갈 학문적 업적을 전혀 인정하지 않고 있다는 의미이다. 이것은
현상적 작용과 본체가 동일할 수 없다는 자신의 이론적 측면에 기반한

---

87) 위의 책, 卷16, 「江友王門學案 · 文莊鄒東廓先生守益」, "夫流行之爲性體, 釋
   氏亦能見之, 第其捍禦外物, 是非善惡, 一歸之空, 以無礙我之流行."
88) 위의 책, 卷32, 「泰州學案」, "正其學術之所謂祖師, 禪者, 以作用見性, 諸公掀
   飜天地, 前不見有古人, 後不見有來者, 釋氏一棒一喝, 當機橫行, 放下拄杖,
   便如愚人一般."

것으로, 불교는 이러한 전제를 흔든다고 생각했던 것이다.[89] 이와 같은 그의 입장은 유종주가 「사설」에서 사구교설에 대한 양명좌파의 사무설을 비판하면서 그것이 불교와 다르지 않다는 입장을 그대로 따르는 것이다.

이러한 입장에서 보면 『명유학안』의 저술 목적과 불교에 대한 비판 관점에는 중요한 연결고리가 있음을 알 수 있다. 황종희는 『명유학안』을 통해 심학의 전통을 정립하려고 한다. 이것은 심학을 통해서 성리학이 확립되고 그것이 유지되어 가는 도통을 설정하려는 것이며, 그 마지막에 자신의 스승인 유종주를 위치시키고 있다. 동시에 이러한 도통의 확보를 통해 황종희는 이단을 철저하게 구별하기 시작한다.[90] 그는 작용을 성으로 보는 불교철학의 문제점을 강하게 비판하면서, 양명좌파가 결국은 이러한 불교와 다르지 않다는 입장을 개진하고 있는 것이다. 이러한 그의 불교비판은 결국 양명좌파를 비판하기 위한 이론적 구조 속에서 나온 것으로, 불교비판의 목적 역시 양명좌파의 비판에 가 있다고 할 수 있다. 그리고 이를 통해서 심학 전통의 도통을 확립함으로써, 양명우파 철학의 전통을 정통 양명학으로 세워나가려고 했던 것이다.

3. 유종주劉宗周·황종희黃宗羲의 양명우파 철학

지금까지 유종주와 황종희의 철학을 양명우파의 관점에서 분석했다. 이것은 주로 세 가지 측면으로 나누어 다루어졌다. 첫째는 심론 및 형이상학적 관점을 살펴보았고, 둘째는 그들이 각각 말하고 있는 사구교

---

89) 이규성, 앞의 책, 111쪽 참조.
90) 黃宗羲, 『明儒學案』 卷62, 「蕺山學案」을 참조할 것.

四句教에 대한 입장을 살펴보았다. 이 두 측면을 통해서 도덕본체와 도
덕정감의 관계문제를 살펴보고, 나아가 여기에서 형성되는 공부론을
살펴보았다. 그리고 셋째는 선대 학자들에 대한 평가가 담겨 있는 책
들을 중심으로, 이단과 도통의 문제를 확인했다. 이러한 유종주와 황종
희의 철학을 초기 양명우파 철학자들과 비교해 봄으로써, 우리는 양명
우파의 철학적 특징을 다음과 같이 정리할 수 있다.

첫째, 도덕본체와 도덕정감의 불일치를 전제하고 있다는 점이다.[91]

---

91) 이러한 도덕본체 및 도덕정감과 유사한 개념을 가지고 학통을 구분하고 있는
가장 대표적인 예로는 모종삼의 心體와 性體 개념이 있다. 모종삼에 따르면
성체는 객관적인 도덕법칙으로 '사람이 도덕적 존재일 수 있는 근거'이다. 심
체는 주관적인 도덕심으로 '성체에 대한 자각을 통해 구체적으로 뚜렷하게
드러난 것'이다. 이러한 면에서 심체와 성체는 하나이며, 모종삼은 이 둘을 구
분할 수 없다는 입장을 제기한다. 그는『論語』와『孟子』의 중심 함의가 이것
이며, 陸王계열은 이러한 심체와 성체의 합일을 이룬 학문으로 평가한다. 그
러나 정이로부터 주희로 이어지는 정주학 계열은 '단지 理'만을 강조하면서
성체를 활동성이 없는 것으로 만들어 버림으로써, 성체를 심체와 분리시켰다
고 본다. 따라서 정주학은 방계에 불과하며, 심체와 성체를 하나의 공부로 보
고 있는 육왕이 선진유가의 원래 뜻에 부응하는 유가의 大宗이라고 생각했
다. 육왕은 심체와 성체는 하나로 보고 있으며, '逆覺體證'의 공부론으로 그
것이 드러나고 있다는 것이 이러한 평가의 이유이다. 이 시각은 정주학 계열
과 육왕학 계열을 설명하는 중요한 입장 가운데 하나이다. 心學을 중심으로
주자학을 원시유학과 분리시켜 놓음으로써, 心學 중심의 새로운 도통을 확보
하고 있는 것이다.
하지만 필자가 이러한 내용을 받아들이지 않고 도덕본체와 도덕정감이라는
용어를 사용하는 것은 다음과 같은 두 가지 이유 때문이다. 첫째는 심체와 성
체라는 개념이 육왕과 정주의 큰 틀을 위한 개념으로는 성립이 되어도, 그 개
념을 가지고 양명후학을 분석하기에는 무리가 있다는 판단 때문이다. 물론
심체·성체라는 개념이나 도덕정감·도덕본체라는 개념은 기본적으로 도덕
법칙과 도덕실현의 문제이다. 하지만 심체와 성체의 합일(특히 여기에서 성
체는 주자학적인 理개념으로 볼 때)이라는 측면에서 보면 '양명후학'들 모두
이것을 부정하지는 않는다. 문제는 사람에게 드러나 있는 개인의 정감이나
욕망 등이 이미 성체이면서 심체로 내재되어 있는 도덕본체와 완전하게 일치

이것은 이미 추수익과 섭표에게서부터 드러났던 것으로, 유종주와 황
종희에게 오면서 좀 더 선명하게 드러난다. 유종주는 미발과 이발, 체
와 용을 구분하고 이것을 의意와 념念으로 개념화시킴으로써, 이 둘 사
이가 일치되어 있지 않음을 강조한다. 특히 유종주는 의를 선을 향한
내재적인 의향성으로 해석하면서 순선함을 인정하지만, 념念은 선과
악이 모두 있는 것으로 평가하면서 의와 념의 불일치성을 인정한다.
황종희는 이러한 구분의 가능성을 기학의 측면에서 해석하고 있다. 그
는 세상 모든 것이 기로 이루어져 있다는 전제 하에, 리가 들어 있는
기와 그렇지 않은 기를 구분한다. 심 역시 공부를 통해서 확보된 리가
있는 심과 그렇지 않은 심이 구분된다. 따라서 본체는 비록 공부를 통
해서 확보된다고 하더라도, 본체가 있어서 조리에 맞는 심의 발현과
조리에 맞지 않는 심의 발현이 나누어질 수밖에 없다. 따라서 모든 존
재의 근거를 기로 보는 황종희의 철학으로 인해 도덕본체와 도덕정감
이 '하나'라고 이야기 할 수 있지만, 리의 차별적 구조로 인해 드러나는
현상은 '불일치'가 전제되고 있다. 이러한 도덕본체와 도덕정감의 불일
치가 양명학의 이론체계에서 설명되고 있는 것이 바로 '사구교'에 대한

된 것인지 그렇지 않은지에 대한 논의이다. 따라서 심체와 성체가 주자학 계
열과 양명학 계열을 분석하는 틀이라면, 도덕본체와 도덕정감의 문제는 심체
와 성체의 합일을 인정하고 있는 양명후학 내의 분석 틀이라고 말할 수 있다.
둘째, 만약 심체와 성체를 그대로 도덕정감과 도덕본체 대신 사용한다면, 논
리적으로 양명좌파가 유학의 大宗으로 자리잡을 수 있는 가능성이 크기 때문
이다. 그러나 양명좌파의 도덕본체와 도덕정감의 합일개념은 그들로 하여금
개인의 정감이나 욕망을 인정하게 하는 쪽으로 이행하게 하면서, 결국은 '성
리학'의 범주에서 벗어나는 결과를 낳는다. 심체와 성체를 철저하게 도덕학의
범주에서 파악하는 모종삼의 입장에서 이것은 자신의 의도와 맞지 않는다고
할 수 있다. 이러한 의미에서 모종삼이 제기한 심체와 성체의 구분은 정주학
계열과 육왕학 계열을 나누는 논의로는 의미를 갖지만, 그것이 양명후학의
분류로 들어갈 경우 논리적 부정합성에 처할 수 있는 가능성이 있다. 자세한
것은 牟宗三, 『心體與性體』(臺北 : 正中書局, 1985), 19~60쪽 참조.

해석이다. 유종주와 황종희는 모두 사구교를 새롭게 해석하면서, 본체
는 순선한 것으로 설정하는 반면, 념念은 반드시 선과 악이 내재하고
있는 것으로 본다. 이러한 해석은 이 둘을 합일시키기 위한 공부론의
요청으로 이어질 수밖에 없다.

도덕본체와 도덕정감의 불일치라는 측면에 있어서 유종주는 주로
심성론의 측면에서 논의를 진행한다. 이 때문에 그의 철학이 기학에
근거하고 있음에도 불구하고, 심성론의 측면에는 이러한 면모가 뚜렷
하지 않다. 이에 비해 황종희는 자신의 기학적 체계 속에서 이 불일치
를 설명해 내고 있다. 이렇게 되면서 본체는 선천적 의미를 잃어버리
게 되고, 공부를 통해서 확보되는 정감의 조리條理로 이해된다. 황종희
의 공부 강조는 여기에서 시작된다.

둘째, 도덕본체와 도덕정감을 '합일'시키기 위한 객관적 공부론의 설
정이다. 유종주는 의와 념의 불일치를 전제하고, 이 둘을 합일시키기
위한 공부로 의근意根에 대한 공부를 강조한다. 이것이 바로 성의誠意
공부이며, 신독愼獨 공부이다. 선한 의향성을 선념善念으로 드러내기
위해서는 그 의향성에 대한 공부가 필수적이라는 말이다. 이 때문에
유종주는 홀로 있을 때 빛나는 독체獨體에 대한 공부를 강조한다. 황종
희의 공부론은 여기에서 한 단계 더 나아간다. 본체와 리를 기의 조리
로 설정하고 있는 황종희는 본체의 공부 의존성을 강조한다. 공부가
아니면 본체도 없다는 말이다. 그것이 비록 선한 성性이라고 해도, 공
부가 없으면 선념으로 발현될 수 없다. 이러한 측면에서 황종희 역시
성에 따라서 이루어지는 성의誠意 공부를 강조한다. 이를 통해서 비로
소 본체가 선한 생각으로 드러날 수 있다는 것이다.

공부를 강조하고, 그 방법론으로 성의誠意 공부를 채택한다는 측면
에서 유종주와 황종희는 매우 유사한 입장을 견지한다. 그러나 유종주
의 공부론은 의근意根에 대한 공부로 이행되면서, 미발未發상태에서의

공부를 강조하는 모습으로 드러난다. 이에 비해 황종희는 선천적 본체보다 후천적 노력을 강조하면서, 특히 일용윤물日用倫物에 대한 공부를 강조한다. 이것은 의근意根에 대한 공부라기보다, 그것이 발하는 것에 대한 공부라고 말할 수 있다. 각 상황에 맞는 심의 발현, 이것이 바로 조리條理이기 때문이다. 이러한 그의 입장은 본체의 선천성을 강조하지 않는 철학체계에 기반한 것으로, 의의 선재성을 인정한 유종주와는 차이가 있다.

셋째, 이러한 도덕본체의 강조 및 수양론의 강조는 올바른 도덕의 계통을 확보하기 위한 벽이단론과 도통론의 확립으로 이행된다. 유종주와 황종희는 각각 「사설」과 『명유학안』을 쓴다. 이 두 책에서 선대 유학자들의 학문을 평가하면서, 심학의 전통을 지켜낸 사람과 그렇지 않은 사람들을 구분하고 있다. 특히 여기에서는 불교와 양명좌파 이론을 같은 범주에서 비판하면서, 양명학의 도통흐름을 확보해 내고 있다. 초기 양명우파의 양지현성설 비판의 내용이 양명좌파를 '선학禪學'으로 비판하는 모습으로 발전된 것이다.

이 같은 모습은 황종희의 『명유학안』에서 더욱 잘 드러난다. 「사설」은 인물에 대한 간단한 평가로 그치지만, 『명유학안』은 그러한 인물들을 학파별로 분류하고 그에 따른 평가를 내린다. 동시에 그 평가들을 한 눈에 읽을 수 있도록 그들의 원전을 선별해서 싣고 있다. 『명유학안』이 단순한 '최초의 철학사'가 아니라, 양명우파의 도통을 확보하고 이단을 배척하기 위해서 그 학문의 내용을 학파별로 분류해서 쓴 것이라고 말할 수 있는 이유는 여기에 있다. 따라서 『명유학안』은 양명우파의 '도통'을 밝힌 책이라고 말할 수 있다.

이러한 양명우파의 철학적 특징을 왕수인의 양명학과 비교하면, 그 내용을 좀 더 정확하게 이해할 수 있다. 왕수인의 양명학은 '도덕의 실현을 위해서 도덕본체로부터 도덕정감으로의 이행을 주자학에 비해서

간략화 시켜 놓은 학문'이다. 양명좌파는 바로 이러한 부분을 적극적으로 받아들여서 도덕정감을 그대로 도덕본체로 인식한다. 양명학과 주자학의 차별성을 적극적으로 해석하고 있는 것이다. 이에 비혜 양명우파는 '도덕의 실현'에 더 무게 중심을 두고, 개인의 욕구와 정감을 인정할 수 있는 가능성을 차단하고 있다. 여전히 세계를 성리학적 틀에서 이해하고 있으며, 이러한 특징은 양명학이 본래 목적했던 '주자학보다 더 성리학적인 학문'을 만드는 것에 충실하게 했다. 이 때문에 도덕본체의 완전성은 인정하면서도 그것이 그대로 도덕정감으로 드러나지 않는다는 점을 강조한다. 이것은 결국 객관적인 공부론의 확보로 이행된다. 도덕본체가 도덕정감으로 드러날 수 있게 하기 위한 여러 안전장치를 '공부론'을 통해 확보하고 있는 것이다.

바로 여기에서 주자학적인 방법이 차용된다. 어떠한 경우에는 체용론이 차용되기도 하고, 또 어떠한 경우에는 공부론이 차용되기도 한다. 이러한 특징들을 통해서 양명우파는 '도덕의 실현'이라는 측면에서 주자학과 양명학의 절충까지도 시도하게 된다. 이것은 주자학과 양명학의 공통적 특징인 '성리학'에 초점을 맞추면서 나타난 결과이다.

이러한 입장들은 수증파와 귀적파로부터 유종주와 황종희에게 일관되게 드러난다. 각각 동원하는 이론이나 방법들에서는 약간의 차이가 있지만, 이러한 전제에는 동의하고 있는 것이다. 우리는 바로 이러한 입장들을 양명좌파에 반해서 일어난 양명우파의 철학적 특징으로 규정할 수 있다. 특히 유종주와 황종희는 양명좌파에 대한 강한 비판을 통해서 양명학을 새롭게 하려고 했던 사람들로, 양국영은 이러한 황종희의 철학을 가지고 "명대 양명학의 종결"이라고 평가한다.[92]

---

92) 양국영, 앞의 책, 264쪽.

제 2 부

양명우파 철학으로서 정제두의 양명학

제1장 정제두 철학에 나타난 도덕본체와
도덕정감의 불일치

우리는 앞장에서 양명우파의 철학적 특징 세 가지를 추출했다. 그 첫째는 도덕본체와 도덕정감의 불일치를 전제하는 입장이며, 둘째는 이렇게 불일치된 도덕본체와 도덕정감을 하나로 합일시키기 위한 객관적 공부론의 형성이다. 그리고 셋째는 도통론과 이단관이 드러나 있는 입장이다. 지금부터는 이러한 세 가지 양명우파의 철학적 특징을 기준으로 정제두의 철학을 분석하려고 한다. 이를 통해 그의 철학이 가진 양명우파적 이론의 특징이 어떻게 이루어지는지를 확인하려 한다.

이번 장은 양명우파의 철학적 특징을 기반으로 정제두의 양명학을 살펴보는 첫 번째 장이다. 여기에서는 양명우파의 철학적 특징 가운데 첫 번째로 거론되고 있는 '도덕본체와 도덕정감의 불일치'가 정제두의 철학에서 어떻게 드러나는지를 살펴보려 한다. 도덕본체와 도덕정감의 불일치는 왕수인의 양명학에서 이미 그 단초가 발견되고 있으며, 초기 양명우파 철학에서는 주로 심성론 수준에서 논의된다. 즉 심에서 성·정, 의·념과 같은 개념으로 나뉘어졌던 것이다. 하지만 이것이 황종회에게 오면서 형이상학적 개념인 리기론에서부터 그 근거가 설정되기 시작한다.

이러한 양명우파의 특징이 정제두에게서는 어떻게 나타나고 있는
가? 결론부터 말한다면, 정제두 역시 황종희와 같이 형이상학적인 측
면에서부터 그 근거를 확보하기 시작한다. 하지만 유종주나 황종희는
명·청대의 특징인 기학에 기반해서 이것을 설정하고 있다면, 정제두
는 조선의 리학적理學的 분위기에 기반해서 그 근거를 설정한다. 이것
은 앞으로 설명될 리삼분설理三分說에서부터 드러나기 시작한다. 동시
에 이러한 그의 리학적 면모는 그대로 심성론에 적용됨으로써 도덕정
감과 도덕본체의 근원적 불일치를 분명히 한다. 이번 장에서는 이 같
은 정제두 철학의 모습을 확인하려 한다.

1. 리삼분설理三分說과 리의 차별적 구조

정제두의 양명학에 대한 평가는 주자학에 비해 '간이하면서도 정밀
하다'는 데 있다. 이것은 앎이 행동으로 옮겨지지 못하는 주자학에 대
한 비판으로, 정제두는 그 원인을 주자학의 리理와 심心에 대한 이원적
구조에서 찾고 있다.[1] 이러한 그의 입장은 주자학이 심에서 리를 구하
는 것이 아니라 사물에서 리를 구한다는 비판으로 이어졌으며, 여기에
대한 대안으로 양명학을 수용한다.

그러나 정제두가 보기에 양명학은 이러한 장점 때문에 중요한 이론
적 병폐도 함께 가지고 있다. 그래서 그는 간이하면서도 정밀한 학문
의 장점을 살리면서, 동시에 병폐를 보완하려고 시도한다. 이것이 양명
학에 근간한 하곡학을 성립시키는 중요 배경으로 작용한다.[2] 따라서

---

1) 송석준, 「霞谷 鄭齊斗의 학문 세계와 生命思想」, 『누리와 말씀』 5호(인천카
   톨릭대, 1996), 151쪽 참조.
2) 한국사상사연구회, 『조선유학의 학파들』(서울 : 예문서원, 1996), 447쪽 참조.

우선 우리는 정제두가 이해하고 있는 양명학의 이론적 병폐를 확인함
으로써, 그의 철학이 만들어지는 과정을 이해할 수 있다. 그는 양명학
을 처음 대했을 때의 감회를 서술하면서, 다음과 같이 말한다.

　　내가 『양명집陽明集』을 보니, 그 도가 매우 간이하고도 정확하며, 매
　우 정밀한 것이었다. 그래서 마음으로 깊이 기뻐하고 그것을 좋아하였
　다. 그러다가 신해辛亥년 6월에 동호東湖에 가서 묵을 때, 꿈속에서 홀
　연히 생각이 들기를, 양명의 치양지설致良知說이 매우 정밀하지만, 정
　에 맡겨 두어 욕망이 제 멋대로 움직이는 폐단이 있을 수 있다는 걱정
　이 생겼다.(이 4자－任情縱欲－는 양명학의 병폐를 바로 깨달은 것이
　다)3)

　'정에 맡겨 두어 욕망이 제 멋대로 움직이는 폐단'이 양명학에 있다
는 말이다. 양명학이 개인의 정감과 욕망을 인정하는 쪽으로 이행될
수 있는 이론적 가능성을 발견한 것이다. 정제두는 이것을 '병폐'로 받
아들임으로써, 그의 철학적 입장이 개인의 정감과 욕망을 부정하는 쪽
에 서 있음을 드러낸다. 이러한 입장은 정제두의 양명학이 좌파로 흐
를 수 있는 가능성을 보완하는 철학으로 이행하는 결과를 낳게 된다.
　그의 이러한 입장이 단적으로 드러난 부분은 리삼분설理三分說이
다.4) 양명학의 특징을 한 마디로 말한다면, '심즉리'이다. 이것은 양명

　3) 鄭齊斗,『霞谷集』卷9,「存言下」, "余觀陽明集, 其道有簡要而甚精者, 心深欣
　　會而好之. 辛亥六月適往東湖宿焉, 夢中忽思得, 王氏致良知學甚精, 抑其弊
　　或有任情縱欲之患.(此四字直得王學之病)."
　4) 정제두의 리에 대해서 理三分說이 정론으로 자리잡은 것은 아니다. 일반적으
　　로 정제두의 理를 바라보는 입장은 크게 둘로 나누어진다. 대표적인 학자로
　　는 김교빈과 송석준이 있는데, 이들은 정제두의 리에 대한 각기 다른 입장을
　　견지한다. 송석준은 "生理설은 하곡 이기론의 중심사상이다"라고 말하면서
　　그 근거로 "생리는 두 가지 의미를 포함하고 있는데, 그 하나는 형이상학적

학을 심학心學으로 규정하게 하는 근거로, 여기에서 중요한 것은 '심'이 곧 리라는 사실이다. 양명학은 이 부분에 초점을 맞춘 상태에서 심이 왜 리가 되는지를 설명하고 있을 뿐, 리 개념이나 리의 차별성을 말하지는 않는다. 리는 그 자체로 완전한 것이라고 생각했기 때문이다.

그러나 정제두는 이와 달리 리 자체를 문제 삼기 시작한다. 그는 심즉리는 인정하되, 그것이 정감이나 욕망으로 흐를 수 있는 가능성을 차단하기 위해서 리의 층차를 설정하였던 것이다. 형이상학적인 영역에서부터 정감과 욕망을 차단할 수 있는 근거를 확보하기 위함이다. 이러한 입장에서 그는 리의 완전성에 근거해서 그것을 세 개로 구분하고,[5] 그 속에서 궁극적인 진리를 선택하라고 말한다.

존재원리로서의 의미이며, 다른 하나는 구체적으로 활동하는 생명력을 가졌다는 의미이다"라는 입장을 제기한다. 生理가 眞理를 포함하고 있으면서 동시에 그것이 정감으로 표출된다는 의미이다. 이것은 정제두의 理를 生理 중심으로 파악하고 있는 것으로, 그것이 가지고 있는 본체로 眞理가 설정된다. 자세한 것은 송석준, 「韓國 陽明學의 형성과 霞谷 鄭齊斗」, 『양명학』 제6호 (한국양명학회, 2001), 23쪽 ; 송석준, 앞의 논문, 154쪽 이하를 참조. 금장태 역시 이와 유사한 입장을 취한다. 자세한 것은 금장태, 앞의 논문, 17~18쪽을 참조할 것. 이에 비해, 김교빈은 정제두의 리를 세 개로 나누어 보고, 이를 중층적 구조로 이해한다. 즉 물리로부터 생리, 그리고 진리의 영역이 정제두의 철학에서 중층적으로 드러나고 있다는 말이다. 이러한 입장은 윤사순에게서부터 드러난 것으로, 윤사순 역시 정제두의 리를 설명하면서 세 가지로 구분해야 한다는 점을 강조한다. 이것은 정제두의 理氣論을 生理 위주로 이해해야 한다는 송석준의 입장과는 다른 것으로, 특히 생리와 진리에서 그 무게 중심은 眞理에 가 있다. 여기에 대해서 자세한 것은 김교빈, 앞의 논문, 15~31쪽 ; 윤사순, 앞의 논문, 150쪽 이하를 참조. 필자의 입장은 김교빈의 논의를 따르고 있다. 리에 대한 정제두의 논의는 '임정종욕'을 방지하기 위한 데 있으며, 이것은 리의 중층구조를 통해서 그 근거를 마련해야 하기 때문이다. 여기에 대한 것은 앞으로 논의하는 과정에서 밝혀질 것이다.

5) 박연수는 정제두의 리를 물리와 생리, 진리 외에도 虛理가 있다고 말한다. 하지만 이것은 비판적 목적으로 위해서 제시하고 있는 정제두의 말을 그대로 인용해 온 것으로, 理를 세 개로 이해하는 것에는 무리가 없을 듯 하다. 자세

그러므로 범리凡理 가운데에서 생리生理를 주主로 하고, 생리 가운데 에서 진리眞理를 선택해야 한다. 이렇게 되어야 비로소 리가 될 수 있 다.6)

범리 '가운데' 생리, 그리고 생리 '가운데' 진리라고 말함으로써 층차 의 차별성을 분명히 하고 있다. 물론, 이 모두가 별개의 리는 아니지만, 그렇다고 완전히 동일한 층차로 설정되고 있는 것도 아니다. 나아가 이러한 설정은 리의 영역에만 해당하는 것이 아니라, 리를 중심으로 '심'의 영역 역시 나누어질 수 있음을 의미하는 것이다. 따라서 이번 장 에서는 이러한 리의 구조를 먼저 이해하고, 이것이 각각 어떠한 작용 을 하는지를 살펴보기로 한다. 이를 통해서 심의 차별적 구조로 이행 될 수 있는 형이상학적 근거를 확인하려고 한다.

1) 물리物理

정제두는 리理에 대해 "범리凡理 가운데에서 생리生理를 주로 하고 ……"라고 말한다. '범리'는 '일반적인 리'로 번역할 수 있는데, 정제두 는 그 가운데에서 생리生理를 주로 하라고 한 것이다. 범리 가운데에는 생리와 구분되는 다른 리가 있음을 의미하는 말이다. 정제두는 이것을 '물리物理'라고 말하면서, 생리生理 · 진리眞理와 구분되는 일상적 영역 의 리를 설정한다.

물리는 말 그대로 '사물의 리' 혹은 '일상의 리'를 의미한다. "소는 밭 을 갈 수 있고 말은 타고 다닐 수 있으며, 닭은 새벽마다 울고 개는 밤

한 것은 朴連洙, 『陽明學의 理解 - 陽明學과 韓國陽明學』(서울 : 집문당, 1999), 266쪽 참조.
6) 위의 책, 卷8, 「存言上 · 生理虛勢說」, "故於凡理之中主生理, 生理之中擇其 眞理, 是乃可以爲理矣."

마다 짖는데, 이것이 이른바 물리입니다"[7]라는 정제두의 말에서 우리
는 물리가 무엇인지 짐작할 수 있다. 그것은 소가 밭을 갈 수 있거나
개가 밤마다 짖는 것과 같은 성질로, 하늘로부터 부여받은 사물이나
동물의 본성을 의미한다. 그러나 이러한 성질이나 특징이 있다 하더라
도, 그것이 상황에 맞지 않게 발현되는 것은 '리에 맞지 않는 것'으로
본다.

　그러나 또한 거기에도 리와 리 아닌 것이 있습니다. 이른바 소가 밭
을 갈 수 있다고 해서 갈지 않아야 할 것을 간다거나, 이른바 말이 달
릴 수 있다고 해서 달리지 말아야 할 곳을 달린다거나, 이웃 집 닭을
훔치거나 서려西旅의 개(주 나라때 서쪽의 旅나라에서 바친 개를 일컫
음)를 탐하는 것도 리라고 말할 수 있겠습니까? 소도 때로는 타기도 하
고 말도 때로는 짐을 싣기도 하며, 닭도 때로는 삶아 먹기도 하고 개도
때로는 가죽을 벗기기도 합니다. 말과 소를 돌려보내거나 놓아주어야
할 때도 있고, 닭과 돼지를 혹여 기르지 않을 수도 있으니, 이것만을
리라고 말할 수 없는 것입니까? 무릇 이러한 것들에 대해서는 반드시
참되고 지극한 의리와 극진한 천리의 정당함을 살핀 이후에 비로소 리
라고 말할 수 있습니다.[8]

　각 상황에 따라 그 때에 맞는 '조리條理'가 있음을 의미한다. 때로는
소가 밭을 가는 것이 아니라 탈 수도 있고, 때로는 말에 타는 것이 아

---

7) 위의 책, 卷1, 「與閔彦暉論辨言正術書」, "牛可耕馬可馳, 鷄司晨犬司哭, 固所
謂物理."
8) 위의 책, 같은 곳, "然亦有理與非理而已矣. 謂牛可耕而耕之於不當耕, 謂馬
可馳而馳之於不當馳, 攘隣人之鷄, 貪西旅之獒者, 尙可謂之理乎? 牛有時乎
有騎者, 馬有時乎有載者, 鷄有時而烹, 犬有時而皮, 馬牛之適有歸放, 鷄豚之
或有不察, 獨不可謂之理乎? 凡於此等必察眞至之義, 極夫天理之正而後, 方
可謂之理也."

니라 짐을 실을 수도 있다. 여기에서 중요한 것은 "지극한 의리를 살피고 천리의 정당함을 이해하는 것"이다. 물리라고 하더라도, 의리와 천리의 정당함에 근거하고 있다는 말이다. 이러한 의미에서 정제두는 물리에 대해 "조리 있는 궤적(條路)을 리라고 한다면 대개 물리가 이것일 따름이다"9)라고 말한다. 여기에서 조로條路란 기의 작용에 있게 되는 일정한 질서와 법도이다.10) 이것은 정제두가 "理라는 것은 기가 영명하게 통하는(靈通) 곳이다"11)라고 설정한 것에 기인하고 있는 것으로, '통함'에도 정도가 있으며 그것이 사물에만 적용되는 것이 있음을 말하는 것이다.

> 하지만 만약 그 기의 움직임이 조리 있게 통하는 것(條通)일 따름이어서, 그 영명하게 통하는 것(靈通)이 없으면 지극히 조악하고 완악한 것도 또한 있게 된다. 대개 물物이 있으면 이것(조악함과 완악함)도 가지게 된다. 다만 이것은 각 사물의 조리 있게 통하는 것일 따름이니, (만물)전체의 체體와 본령의 종주宗主는 아니다.12)

통通함은 모두 '리'의 영역에 속하는데, 이 가운데 조통條通의 단계를 정제두는 사물의 범주에 한정시키고 있다. 바로 이 부분이 물리物理이다. '조리 있는 궤적'이나 혹은 '조리 있는 통함'은 '각 사물에서만 조리 있는 통하는 것'으로, '물체 일반에서 객관적으로 드러나는 물리적 법칙이며 제한된 법칙'13)이다. 여기에는 영통靈通함이 없기 때문에 조악

---

9) 위의 책, 卷8, 「存言上·睿照明睿說」, "以其條路爲理者, 蓋物理是耳."
10) 윤사순, 앞의 논문, 151쪽 참조.
11) 정제두, 앞의 책, 卷8, 「存言上·睿照明睿說」, "理者氣之靈通處."
12) 위의 책, 같은 곳, "然若其氣道之條通已者, 則雖其無靈通, 而至粗頑者, 亦皆有之. 蓋有物則蓋有之矣. 但是爲其各物之條貫而已, 非所以爲統體本領之宗主也."
13) 김교빈, 앞의 논문, 16쪽 참조.

함과 완악함도 가지고 있게 되며, 이러한 이유에서 '사물에서 조리 있게 통하는 것'이다. 따라서 물리는 조통條通의 단계로, '사물'에만 한정적으로 적용된다. 그렇다면 이 '사물'에 적용되는 리의 범주는 어디까지인가? 그리고 그 속에 다른 차별성은 없는가? 이 두 부분을 확인하기 위해 다음의 인용문을 살펴보기로 하자.

> 무릇 성性 이외에 물物이 없다고 말하는 것은 죽어서 말라비틀어진 나무와 같은 물物에도 하늘로부터 부여받은 명命이 있다는 것이다. 사람의 성性이 가진 법칙과 이것 또한 함께 주재할 수도 있고 통섭되지 않음도 없다. 하지만 자신 속에 있는 리의 법칙은 이미 죽어 있어서, 생리生理와 단절되어 있다.[14]

일반 사물 가운데 '말라비틀어진 나무'에도 하늘로부터 부여받은 '명'이 있기 때문에 이 역시 리이다. 그러나 정제두가 보기에 이러한 리는 '죽은 리'로, '생리와는 단절되어 있는 리'이다. 무생물의 영역까지 '하늘의 명'이 있으면 리로 인정은 하되, 이것은 죽은 리에 불과하다는 말이다.

이에 비해 무생물은 아니면서도 물리의 영역에 속하는 리가 있다. 이것은 비록 영통靈通은 아니지만, 생생함의 도리가 어느 정도 포함되어 있다.

> 풀이나 나무, 짐승들 같은 경우도 또한 생기의 충만함이 있어서, 생생生生하는 측은함이나 생생生生하는 도리道理가 없는 것은 아니지만, 영명靈明한 체體도 없고 명덕明德도 없다. 그러므로 (우물물에 빠지려

---

14) 정제두, 앞의 책, 卷8, 「存言上・生理虛勢說」, "凡無性外之物云者, 如死枯之物, 其在天之命. 人之性則, 此亦雖可以同宰之, 而無不統焉, 其在己之理則, 已死而爲絶於生理矣."

는) 어린아이를 보면서도 놀라고 두려워하며 측은해 하는 마음이 피어 오르지는 않는다.[15]

정제두는 물리 가운데에서도 살아 있는 생명체에 대해서는 생생生生하는 측은함이나 도리가 있음을 인정하고 있다. 단순히 하늘의 명만 있을 뿐 말라비틀어져 '죽은 리'에 불과한 무생물과는 차이가 있다. 그러나 이것이 도덕정감인 측은지심惻隱之心이나 명덕明德은 아니다. '영체靈體와 명덕이 없다'는 정제두의 말은 바로 이러한 의미이다. 무생물에서부터 식물과 동물의 영역까지 모두 '물리物理'의 영역에 포함되어 있음을 알 수 있다. 동시에 무생물과 생물의 영역에서 리의 차이가 발생함을 나타내는 말이기도 하다. 정제두는 여기에서 한 단계 더 나아가 눈에 보이지 않는 '도리道理' 역시 '물'의 범주에 포함시킨다.

그런즉 말·소·개·닭의 리理와 늙은이·어린이·친구에 대한 도道도 비록 각각 그 물物은 있지만 그 법칙을 밝게 드러낸다면 심心의 본연함 아닌 것이 없으니, 이것이 곧 그 법칙입니다.[16]

이 인용문에서 우리는 '물리'에 대한 또 다른 입장을 발견할 수 있다. 정제두는 늙은이나 어린이 그리고 친구에 대한 '도리' 역시 물로 설정한다. 이 모든 것이 '마음의 본연함'에서 나온다는 이유로 '물'의 범주에 속하는 것이다. 정제두는 물의 범주를 '마음 밖'의 모든 것으로 설정하고 있음을 알 수 있게 한다. 물과 물 아닌 것은 결국 '마음 속'인가 그렇지 않은가에 따르는 것이다. 물리는 마음을 제외한 대부분의 리를

---

15) 위의 책, 卷1, 「答閔彦暉書」, "如草木禽獸亦有生氣充滿, 非無生生之惻隱, 生生底道理, 無其靈體也, 無其明德也. 故無怵惕惻隱之心發於孺子者也."

16) 위의 책, 같은 곳, "然則馬牛鷄犬之理, 老少朋友之道, 雖各有其物, 若其則之昭著焉則無非心之本然, 是其則耳."

의미하며, 여기에는 무생물로부터 생물, 그리고 사람 사이의 도리까지 포함된다.

이러한 입장에 따르면 물리는 근원적 리가 아니며, 그것은 '마음'에 의해서 드러난 것이라고 할 수 있다. 물리의 근원이 '마음'에 달리 설정되고 있는 것이다. 정제두의 주자학 비판은 바로 여기에서 시작된다.[17] 근원적인 리가 '마음 속'에 있음에도 불구하고, 그것이 아닌 무생물이나 생물, 그리고 사람의 도리 정도에만 천착되어 있다는 비판이다.

선유先儒들은 모두 물物의 성性을 일컬어 리라 했는데, 천지의 물아物我의 타고난 품성과 같은 것이 바로 그것입니다.(나의 성은 물의 성 가운데 통하여 같다.) 양명은 오직 나의 성만을 일컬어서 리라고 했으니, 인의예지仁義禮智와 같은 덕이 바로 이것입니다.(물의 성은 곧 나의 성 속에서 통섭되어 있다.) 이것이 곧 리가 다르다고 말하는 것입니다.[18]

주자학이 물의 성性만을 리로 여기면서, 정작 중시해야 할 인의예지와 같은 덕은 중시하지 않았다는 비판이다. 이렇게 되면서 주자학은 심성을 논하는 학문으로부터 멀어질 수밖에 없다고 말한다.

물리物理를 구하는 학문은 물物이라는 글자에서 이와 같이 분리되었다. 이 때문에 마침내 한낱 물物에 있는 리가 천지 사이에 있는 지극至極한 도리道理가 되고, 성학의 종주가 되며, 천지만물의 주인이 된다.

---

17) 주칠성, 「朝鮮朝 陽明學과 鄭齊斗」,『韓國儒學思想論文選集』28(불함문화사, 1993), 526~528쪽 참조.
18) 정제두, 앞의 책, 卷1,「答閔彦暉書」, "先儒總以物之性謂之理, 如天地物我之稟是也.(吾性通同於物性中) 陽明專就吾之性謂之理, 如仁義禮智之德是也.(物性卽統於吾性內) 此卽其言理之不同者也."

그러므로 경전經傳 가운데에서 일반적으로 심성을 설명하거나 도리를 말하는 곳을 보면 이러한 입장을 무릅쓰고도 그에 따르지 않는 것이 없다.19)

주자학이 심 대신에 물에 천착함으로써, 심 대신에 물이 천지의 도리가 되었다는 비판이다. 이렇게 되면서 주자학은 경전에 나오는 심성의 논의조차 받아들이지 않게 되었다. 심성을 중심으로 설정된 양명학에 대한 옹호와 주자학에 대한 비판이 함께 들어 있다.

그러나 이러한 비판이 물리物理 그 자체를 의미 없는 것으로 보거나, 혹은 배척대상으로 보는 것은 아니다. 정제두의 주자학 비판도 물리에 천착한 것을 문제 삼고 있지, 물리 자체가 잘못되었다는 말은 아니다. "물의 리와 하늘의 도는 이 명命에 속하는 것으로, 사람 몸에 있지 않다"20)라는 정제두의 말은 물리가 사람의 마음 속에 있지 않은 리이지만 그 자체로 하늘의 명을 받는 것은 인정한다. 다만 이 물리가 의미를 가지기 위해서는 영통한 본체와의 관계가 계속 유지되어야 한다.

대저 내 마음과 천명은 원래 하나이니, 무릇 물리가 유행하여 그 사이에 흩어지고 있는데, 정녕 피차가 있다고 해도 내 마음의 밖에 있는 것이겠습니까? (그 피차가 있어서 안과 밖이 된다는 견해는 자신의 성을 일컫는 것도 아니고, 밝은 성의 전체도 아니지만, 지극히 순수하다는 것이다.)21)

19) 위의 책, 卷8, 「學辯」, "求物理之學, 旣於物字如是分離. 故逐以一箇在物之理, 爲天地間至極底道理, 聖學之宗主, 而爲天地萬物之主. 故其於經傳中凡說心性言道理處, 無不以此冒之而率徒之."
20) 위의 책, 卷9, 「存言中」, "物之理天之道, 是爲命之屬也, 不在人身."
21) 위의 책, 卷2, 「答朴大叔(鐔)論天命圖書」, "大抵吾心天命, 元是一物, 則凡物理之流行而散殊於其間者, 寧有彼此而在吾心方寸之外乎?(其有彼此而爲內外之見者, 卽非己性之謂也, 卽非明命之全體, 於穆之至純者也.)"

물리 역시 마음 속에 있어야 한다는 의미이다. 내 마음과 천명이 하나이기 때문에 물리 역시 마음 밖에 있지 않다는 말이다. 물리가 마음 속에서만 이해되면, 실제 공부의 착수처는 바로 여기에 있다는 것이다. 그래서 정제두는 "무릇 격물의 뜻은 어느 곳이나 물 아닌 것이 없으며 언제라도 물 아닌 것이 없다는 것입니다. 그래서 그 공부는 원래 간격이 있을 수 없습니다"[22]라고 말했던 것이다. 따라서 문제는 물리가 아니라, 물리의 근원이 되는 생리이다. 정제두가 "범리凡理 가운데 생리를 주로 하라"고 말했던 이유이다.

2) 생리生理

정제두는 "물리에도 조리條理가 있다"라고 말하면서, 물리의 조리가 되는 상위의 리를 설정한다. 이것은 비록 리가 천명天命에 의한 것이라 하더라도, 그것이 무엇인가에 따라서 질적인 차별성이 있을 수밖에 없음을 말하는 것이다. 이러한 입장에서 정제두는 사람과 사물의 차별성에 대해 다음과 같이 말한다.

> 대개 사람과 사물이 비록 본래부터 생생함은 같지만 실제로 리理가 다르며, 그 혈기는 비록 같아도 성과 정은 전혀 다르다. 이것은 특히 사람과 사물의 리뿐만 아니라 개와 소 역시 같지 않다. 그러므로 이것이 혈기 하나만으로 말할 수 있는 것이겠는가? 인성人性의 인의仁義가 순선純善한 것을 (혈기와)함께 논할 수 없는 이유이다.[23]

---

22) 위의 책, 卷2, 「答朴大叔大學陽明說疑義問目」, "夫格物之義, 無處非物, 無時非物, 其功元無可間矣."
23) 위의 책, 卷8, 「存言上·理一說」, "大抵人物雖本同生, 實則異理, 其血氣雖同, 性情絶異. 此非特人與物爲理, 犬與牛亦不同. 是豈一箇血氣之所當哉. 非所以與論於人性之仁義粹善者也."

사람과 사물의 생생生함은 같아도, '리理는 다르다'는 말이다. 이것은 심을 통해 세계를 하나의 리로 이해하고 있는 양명학과도 다르며,24) 리의 동일성을 인정하면서 기의 차별성을 통해 사람과 사물의 차별성을 확보하는 주자학과도 다르다.25) 이 말은 '물리'와 '사람의 리'가 다르다는 입장에서 나온 것으로, 사람의 본성인 인의나 순선함이 그 차이의 근거이다. 여기에서 정제두는 물리와 다른 생리의 영역을 설정한다.

> 생리生理의 체體가 비록 본래는 같은 근원이라고 하더라도 각각 그 형기에 따라서 품부받은 것이 다르니, 이것은 사람과 사물의 차이가 있어서 부여받은 성의 리가 다르기 때문이다.26)

생리의 본체가 비록 리理에 근거해도, 그 부여받은 형기에 따라 리 역시 달라진다. 사물에 물리가 있다면 사람에게는 생리가 있다는 것은 여기에서 나온다. 물리에만 천착되어 있는 주자학을 비판하면서 생리로 리의 초점을 옮겨놓고 있는 것이다. 이 점은 정제두의 리기론理氣論에 있어서 중요한 부분으로, 어떤 학자들은 정제두 철학의 중심을 바로 이 같은 생리에서 찾기도 한다.27) 그렇다면 정제두가 말하는 생리

---

24) 양명학에서 말하는 心卽理에서의 리는 근원적인 리를 의미한다. 마음이 곧 이러한 리라는 의미로, 이를 통해서 세상 모든 만물들을 하나로 이해할 수 있는 가능성을 담보 받는다. 하지만 정제두는 이러한 理도 心에 있는 理와 만물에 있는 理가 '다르다'고 인정함으로써, 차별성을 확보한다.

25) 주자학은 리기론을 통해, 사람과 사물의 동일성은 理에서 확보하고 차별성은 기에서 확보한다. 따라서 주자학적 사고로도 사람과 만물 모두 리의 측면에서 보면 같다고 할 수 있다. 이것이 이론화된 것이 바로 리일분수론이다. 따라서 사람과 만물에게 있어서 리의 차별성을 말하고 있는 것은 주자학과도 상당한 차별성을 가지고 있는 부분이다.

26) 정제두, 앞의 책, 卷8,「存言上・理一說」, "生理之體, 雖本一原, 各隨其形氣而所稟有不同, 此所以爲人物之異, 而賦性之理有不同者也."

27) 대표적인 학자들로 송석준과 금장태, 그리고 김길락을 들 수 있다. 송석준의

의 구체적 내용은 무엇인가?

정제두는 생리에 대해서 한 마디로 "정신精神과 생기生氣가 한 몸의 생리이다"[28]라고 말한다. 사람의 정신활동과 근원적 생명현상이 바로 생리라는 말이다. 전자는 사람의 심에 속하는 것이며, 후자는 사람의 생기에 속하는 것이다. 좀 더 자세히 이 내용을 확인하기 위해서 우리는 위의 내용이 포함되어 있는 다음 인용문을 확인해 보기로 하자.

한 덩어리 생기의 으뜸과 한 점 영묘한 밝음의 정수인 그 하나의(혹 一이라는 글자가 없을 수도 있다.) 생리(즉 정신과 생기가 한 몸의 生理이다.)란 것이, 마음에다 집을 짓고 그 중극中極에 둥글게 뭉쳐 있다. 그것이 신장에 뿌리를 박고 얼굴에서 꽃을 피운다. 그것이 확충되면 온 몸에 충만해지고 하늘과 땅에 가득 차게 된다. 그 영묘하게 통함은 헤아릴 수 없고 그 묘용妙用은 끝이 없으니, 수만 가지 리理를 주재할 수 있다. 그래서 이른바 천지와 사방(六虛)에까지 두루 유행하게 되고, 변變하고 동動해서 없는 곳이 없게 된다고 한다. 그 체에는 진실로 순수하고도 본래부터 가지고 있는 알맹이(衷)가 있으니, 그 법칙을 각각 가지고 있지 않음이 없다. 이것이 내 몸을 태어나게 한 생명의 근원이니 이른바 성性이다. 다만 그 생리만을 가지고 말하면 생生함을 일컬어서 성이라고 하니, 천지의 대덕大德을 '생生'이라고 말한다.[29]

이러한 입장에 대해서는 이 장 각주 4)를 참조할 것. 금장태 역시 정제두의 理에 대해서 송석준과 유사한 입장을 취한다. 그는 생리설을 통해서 정제두의 리기론을 설명한다. 이러한 입장들은 도덕의 출발점으로 이해되는 정제두의 生理에 바탕한다. 眞理는 이 가운데 사욕에 엄폐되지 않은 것이며, 物理는 마음 밖에 있는 리이다. 금장태의 이러한 입장에 대해서는 금장태, 앞의 논문, 14쪽 이하를 참조할 것. 김길락 역시 그의 생리설을 중심으로 그의 리에 대한 이론을 파악하면서, 여기에서 주자학 및 양명학과 구분되는 霞谷學의 특징을 설명한다. 여기에 대해 자세한 것은 충남대학교 유학연구소, 『기호학파의 철학사상』(서울 : 예문서원, 1995), 528~544쪽 참조.

28) 정제두, 앞의 책, 卷8, 「存言上 · 一點生理說」, "卽精神生氣, 爲一身之生理."

이 인용문에서 우리는 정제두가 말하는 생리의 개념을 가늠할 수 있다. 위에서도 확인했듯이 가장 직접적인 언명은 '정신과 생기'이다.[30] 마음은 이러한 생리가 중극에 뭉쳐서 이루어진 것으로, 이것을 중심으로 장기로부터 온 몸에 이르기까지 그 영향력을 발휘한다. 생리는 인간의 생명력인 생기와 연관되어 있는 것이다.

그러나 이 같은 생기가 단순한 육체의 생명에 한정되어 있는 것은 아니다. 물론, 당시 사람들은 사람의 생기가 심장으로부터 형성된다고 생각했기 때문에, 육체적 심장을 의미하기도 한다. 그러나 성리학자들은 이러한 입장을 한 단계 더 발전시켜 육체를 주관하는 형이상학적인 존재를 설정한다. 이것은 신身을 주재하는 심으로, 이러한 의미에서 생기生氣는 육체적 심장인 동시에 형이상학적인 심을 의미한다.

동시에 정제두가 말하는 '정신'은 사람의 모든 정신활동을 의미한다. 여기에는 사람의 정감과 욕구, 그리고 인식과 판단 등이 포함된다. 이러한 의미에서 정제두는 "심身·신心·의意·지志는 물리의 조리條理요"[31]라고 말했는데, 이것은 마음의 영역에 속하는 것이 물리의 조리條理가 됨을 의미한다. 이러한 이유에서 그는 사람의 정감과 욕구를 생리로 인정하면서 다음과 같이 말한다.

---

29) 위의 책, 같은 곳, "一團生氣之元, 一點靈昭之精, 其一(或無一字)箇生理(卽精神生氣爲一身之生理)者, 宅竅於方寸, 團圓於中極, 其植根在腎, 開華在面. 而其充卽滿於一身, 彌乎天地. 其靈通不測, 妙用不窮, 可以主宰萬理. 眞所謂周流六虛, 變動不居也. 其爲體也, 實有粹然本有之衷, 莫不各有所則. 此卽爲其生身命根, 所謂性也. 只以其生理則曰生之謂性, 所謂天地之大德曰生."
30) 김성태는 이러한 生理에 대해서 '生意'라고 표현한다. 그는 생리와 생의를 동일한 意라는 범주로 포섭한 사람은 유종주라고 말한다. 정제두와 유종주와의 이론적 관계성을 짐작할 수 있는 부분이다. 김성태, 「鄭齊斗(1649~1739) 철학사상을 통해서 본 朝鮮陽明學의 위상」, 『대동철학』 창간호(대동철학회, 1998), 125쪽 참조.
31) 정제두, 앞의 책, 卷9, 「存言中」, "身心意志, 物理之條理."

　　죽지 않고 살려는 마음과 요절하지 않고 장수하려는 마음, 추위나 더
위를 느끼는 마음과 힘들지 않고 편안하려는 마음, 배고프면 먹고 싶
고 갈증 나면 마시고 싶은 마음, 이로움을 좋아하고 해로움을 싫어하
는 마음, 영화로움을 기뻐하고 시듦을 슬퍼하는 마음은 바로 살아 있
는 몸과 명命의 근원 상에서부터 가져온 것이니, 이것 역시 인성人性이
고 성性의 질質이다. 이것이 진실로 그 근본을 성의 체體에서 얻고 도
심에서 피어난다면 또한 도 아닌 것이 없겠지만, 오직 나의 사사로움
에서 동하여서 혈기가 강하게 일어나게 되면 사사로움이 되고 악함이
되며 인욕이 된다. 이것을 일컬어서 인심이라고 한다.……성의 질質은
말末이고 성의 덕德은 본本이니, 이렇게 두 개가 있는 것은 왜인가? 사
람이 태어나면 반드시 모두 이 형기가 있으니, 사람이 태어나는 것은
본래 하늘의 생리 때문이다.[32]

　　죽지 않고 살려는 마음으로부터 추위나 더위를 느끼는 마음, 그리고
배고프면 먹고 싶고 갈증 나면 마시고 싶은 마음 등을 모두 생리로 본
다. 사람이 태어나면 형기를 가지게 되고, 이것은 궁극적으로 위와 같
은 욕구와 정감 등을 가지게 되는데, 이러한 것은 모두 생리에 의한 것
이다. 감정으로부터 인간이 가지고 있는 생리적 욕구까지 생리로 보고
있는 것이다. 이것은 사람의 심성에서 저절로 솟아나는 마음으로, 마음
에서 일어나는 본능적인 정감과 욕망을 포함한다.
　　동시에 '정신' 영역에 속하는 인식 능력과 판단 능력 역시 정제두는
생리로 인정한다. 이러한 모습은 주자학이 심을 인식심으로 설정하고
있는 것과 유사한 모습으로,[33] 정제두는 일상적 인식으로부터 도덕적

---

32) 위의 책, 卷9, 「存言中」, "死生夭壽之心, 寒熱勞逸之心, 飢渴飲食之心, 利害
好惡之心, 榮枯欣戚之心, 便自生身命根上帶來, 是亦人性, 是性之質也. 是苟
得其本於性體, 發於道心, 則亦無不是道者, 惟動於己私而血氣强勝則爲私爲
惡爲人欲, 而是之謂人心.……性之質是末, 性之德是本, 其以有是二者何也.
以其人之生, 必皆有是形氣也, 以其人之生, 本以是天之生理也."

인식에 이르는 모든 '인식'은 심을 통해서 이루어지는 것으로 본다. 그리고 그것을 생리로 본다.

눈은 볼 수 있지만 보아서 그 색色을 아는 것은 눈이 아니며, 귀는 들을 수 있지만 들어서 그 소리를 아는 것은 귀가 아니다. 코는 냄새를 맡을 수 있지만 냄새를 맡아서 그 냄새를 아는 것은 코가 아니며, 입은 맛을 볼 수 있지만 맛을 보고 그 맛을 아는 것은 입이 아니다.(이것은 心이요, 모두 心이 알 수 있는 것이니, 곧 정신과 生理가 이것이다. 대개 耳目口鼻의 주인인 까닭에 그러한 것이다)[34]

눈이 볼 수 있다고 해도, 그 인식을 주관하는 것은 심이다. 이것은 귀와 코·입 등에 모두 적용된다. 정제두는 인식의 주체를 '마음'으로 보고 있으며, 이것이 바로 정신과 생리이다. 이러한 이유에서 마음은 이목구비耳目口鼻의 주인이라고 말할 수 있다. 지각을 주관함으로써 인식의 주체가 된다는 말이다. 생리를 '인식하는 마음'으로 규정하는 것이다.

이렇게 정리하면 정제두가 말하는 '정신'과 '생기'는 마음의 중요한

33) 주희의 철학체계 내에서 심은 知覺으로 설정되고 있는데, 이것은 바로 심을 인식심으로 바라보는 관점이다. 이러한 입장은 여러 곳에서 등장하고 있는데, 대표적인 것을 몇 개 들어 보면 다음과 같다. 朱熹, 『朱子語類』卷14, "有知覺謂之心."; 같은 책, 卷78, 「楊至錄」, "人心是知覺."; 『文集』卷65, 「大禹謨解」, "心者人之知覺, 主於身而應事物者也." 이러한 입장을 가지고 진래는 "주희 철학에서 심은 지각을 의미한다"라고 말하면서, 주자학의 심을 '인식심'으로 규정한다. 자세한 것은 陳來, 『주희의 철학』, 이종란, 이상성, 이종상 옮김(서울 : 예문서원, 2002), 238쪽 참조.

34) 정제두, 앞의 책, 卷8, 「存言上·耳目口鼻說上」, "目能視, 視而知其色者非目也, 耳能聽, 聽而知其聲者非耳也, 鼻能齅, 齅而知其臭者非鼻也, 口能嘗, 嘗而知其味者非口也.(是心也, 是皆心之能知者也, 卽精神生理是也. 盖耳目口鼻之主也, 故然.)"

두 가지 영역이라고 말할 수 있다. 인식과 정감의 발현이 바로 마음의 두 영역이며, 정제두는 이것을 생리로 보고 있는 것이다. "신묘한 생명력이 리이며(性과 뜻의 主됨과 神聖의 영묘함이 生生不息하는 것이다), 실實이다(마른 나무나 죽은 재에서는 끊어지고, 도적 및 포악함과 음란함에서는 없어진다)"[35]라는 정제두의 말은 바로 이러한 의미이다.

그런데 성리학에서 리理는 그 개념상 순선함이나 혹은 도덕성과 같은 의미를 지닌다. 정감이나 욕망 등은 일반적으로 리의 범주에 포함되지 않는다. 그런데 정제두는 왜 굳이 이것을 포함하고 있는 '마음'을 리로 설정하는 것일까? 이것은 이미 앞의 인용문에서 드러났듯이, 도심道心으로의 이행 가능성을 가지고 있기 때문이다. 생리는 표출된 정감과 인식능력이다. 이 말은 도덕인식의 가능성을 의미하는 것이며, 동시에 그것이 도덕정감으로 표출될 때는 생리의 모습으로 드러날 수밖에 없다는 의미이다. 이 때문에 생리는 선만 있는 경우나 혹은 선과 악이 공존하는 경우 모두에 들어 있다.[36]

따라서 생리는 비록 사사로움이나 악함으로 빠질 가능성도 있지만, 동시에 천리의 정당함이나 지극한 의리에 이를 수 있는 가능성을 가진 것이다. 이 때문에 마음이 가지고 있는 리에 대해서 정제두는 "이른바 참되고 극진한 의義와 천리의 올바름을 과연 소나 말·개나 닭에서 구할 수 있겠습니까?"[37]라고 말하면서 그것은 생리의 영역에서만 구할 수 있다고 한다. 참되고 지극한 의와 천리의 올바름을 담보하고 있는 것이 바로 심이며, 따라서 이것은 일반 사사물물事事物物에서 구할 수

---

35) 위의 책, 卷8, 「存言上·生理虛勢說」, "以神生爲理(性志之主, 神聖之靈 生生不息者) 爲實.(於枯木死灰則 絶焉, 於盜賊暴淫則 息焉.)"

36) 김교빈, 앞의 논문, 21쪽 참조.

37) 정제두, 앞의 책, 卷1, 「與閔彦暉論辨言正術書」, "夫所謂眞至之義, 天理之正, 果在乎馬牛鷄犬而可求者邪."

없다. 이러한 이유에서 정제두는 "하나 하나의 일에 따라서 조목을 제
정하고, 때에 따라서 사물들에게 명命을 내리는 것은 실질적인 성이 나
의 일심一心 가운데 있기 때문입니다. 그러므로 어떻게 마음 밖에서 달
리 구해야 할 리가 있겠습니까?"[38]라고 말한 것이다. 물리 역시 생리에
의해 리가 될 수 있다는 말이다.

그러나 동시에 생리는 정감이나 욕망이라는 의미를 가지고 있기 때
문에 악함이나 개인의 사사로움으로 흐를 수 있는 가능성을 가진다.
하지만 정제두는 리 자체가 악하기 때문에 그러한 것은 아니라고 말한
다. 리는 원래 모습 그대로이지만, 그것이 선함으로 드러나면 리가 실
현된 것이고 악함으로 드러나면 리의 본 모습을 잃어버렸다는 말이다.

그 본성의 악함과 마음의 옳지 않음은 모두 리가 그 체體를 얻지 못
한 것이다.……그 리를 잃는 것은 무엇 때문인가? 바로 리가 지나치거
나 미치지 못하기 때문이다. 지나치거나 미치지 못하는 것은 그 잘못
됨과 혼미함으로 기가 동動하여서 둘로 나누어지고 망령되어 거짓되기
때문이다. 이것은 그 체體를 잃어버린 것일 뿐, 리가 아닌 것은 아니
다.[39]

이러한 입장에 따르면 생리는 본체本體의 리를 간직하고 있지만, 그
것이 본 모습을 얻지 못할 수도 있다. 이러한 이유에서 생리는 선과 악
을 모두 가진 것으로 해석되면서, 동시에 도덕본체를 드러낼 수 있는
유일한 도덕정감이기도 하다. 다만 '정감'이라는 의미로 인해 기질이나

38) 위의 책, 같은 곳, "其逐件條制, 隨時命物, 實性在於吾之一心, 豈有外於心而
　　佗求之理哉."
39) 위의 책, 卷9, 「存言中」, "其性之惡, 心之邪, 皆其理也之不得其體者也.……
　　其失其理焉者, 何也. 卽以理之過不及也, 其過不及者, 爲以其謬迷動氣, 分貳
　　妄僞故耳. 爲失其體已也, 非非理也."

사욕에 의해서 본래의 모습을 잃어버릴 수 있는 가능성도 함께 가지고 있는 리이다. 이 때문에 정제두의 철학체계 내에서는 순선한 본래의 리가 생리 위에 설정될 수밖에 없다.

3) 진리眞理

"범리凡理 가운데에서 생리를 위주로 하라"고 말했던 정제두는 다시 생리 가운데에서도 진리를 선택하라고 말한다. 생리 위에 있는 리를 설정하고 있는 것이다.[40] 이러한 그의 입장은 우리가 이미 위에서 살펴보았던 '생리'의 개념에서 충분하게 예견되었던 것이기도 하다. 생리를 '인식심'의 범주나 인간이 가지고 있는 희노애락의 감정, 그리고 도덕의 가능근거로 설정하고 있는 정제두에게 있어서 '순수 도덕적 의미의 리'에 대한 설정은 '성리학'의 범주에서 필수적이라고 말할 수 있기

---

40) 생리 위에 상위의 리를 설정하면서, 정제두의 리를 三分해서 보는 관점은 김교빈의 박사학위논문에서 본격화되었다. 그 이전 정제두의 理에 대한 논의는 주로 生理설을 중심으로 이루어졌으며, 진리는 그것이 생리일 수 있는 이유를 설정해 주는 데 그쳤다. 이렇게 되면서 앞에서 밝혔듯이 송석준이나 금장태와 같은 학자들은 생리를 정제두 철학의 중심으로 보면서 眞理에 대해서는 자세하게 논하지 않고 있다. 이러한 점은 김길락 역시 마찬가지이다. 하지만 김교빈은 자신의 박사학위논문에서 리의 구조를 마음 밖에 있는 리와 마음 속에 있는 리로 설정하고, 마음 속에 있는 리는 다시 생리와 진리로 나누어 봄으로써 비로소 정제두 철학에서 眞理의 개념이 중요한 문제로 부각되었다. 특히 그는 생리를 하곡철학의 핵심으로 파악한 몇몇 논문들은 출발점부터 잘못되었다고 비판한다. 필자 역시 정제두의 리에 대해서는 김교빈의 입장을 수용하고 있으며, 특히 정제두의 철학에서 眞理야 말로 實心論의 기본 출발점으로 본다. 송석준과 금장태에 대해서는 이 장 각주 27) 참조. 김길락의 입장에 대해서는 충남대학교 유학연구소, 앞의 책, 528쪽 이하 참조. 김교빈의 입장에 대해서는 김교빈, 앞의 책 참조. 특히 여기에 대한 김교빈의 직접적 입장은 김교빈, 앞의 책, 28쪽, 주 24)에 잘 나타나 있다. 필자의 입장은 이상호, 「강화학파의 實心論」, 『철학』 69집(한국철학회, 2001), 14쪽 이하 참조.

때문이다. 그래서 정제두는 생리 가운데에도 본래부터 가지고 있는 '알맹이'가 있다고 말한다.

> 다만 그 생리만을 가지고 말하면 생生함을 일컬어서 성性이라고 하니, 이른바 천지의 대덕大德을 생생이라고 말한다. 오직 그것이 본래 가지고 있는 알맹이(衷)가 있기 때문에 성이 선하다고 하는 것이니, 이른바 천명天命을 일컬어서 성性이라고 말하고 도라고 말하는 것이 그 실제는 같다.[41]

생리가 리일 수 있는 근거를 '본래 가진 알맹이'에서 찾고 있는 것으로, 그것은 '천지의 대덕大德'이다. 정제두가 보기에 하늘이 명한 것을 성이라고 하고 도道라고 하는 이유 역시 이 '알맹이' 때문이다. 생리의 체體가 있음을 밝히고 있는 말이다.[42] 그렇다면 이러한 '알맹이'가 구체적으로 지칭하는 것은 무엇인가? 정제두는 '마음'이 있는 까닭을 설명하는 과정에서 '실實'의 개념을 등장시키고 있다.

> 오직 그것이 본래 가지고 있는 알맹이(衷)가 있기 때문에 성이 선하다고 한다. 이른바 천명을 일컬어서 성이라 말하고, 도라고 말하는 것이니, 그 실제는 같다. 수만 가지 일과 수만 가지 리가 모두 이것으로 말미암아 나오니, "사람이면 모두 요순堯舜이 될 수 있다"고 한 것은 이 때문이다.[43]

---

41) 정제두, 앞의 책, 卷8,「存言上·一點生理說」, "只以其生理則, 曰生之謂性, 所謂天地之大德曰生. 惟以其本有之衷, 故曰性善, 所謂天命之謂性, 謂道者, 其實一也."

42) 김교빈, 앞의 논문, 25쪽 참조.

43) 정제두, 앞의 책, 卷8,「存言上·一點生理說」, "惟以其本有之衷, 故曰性善. 所謂天命之謂性, 謂道者, 其實一也. 萬事萬理皆由此出焉, 人之皆可以爲堯舜者卽以此也."

"만 가지 일과 만 가지의 이치가 이것으로부터 말미암아 나오는" '이것'을 정제두는 실實로 바라본다. '이것'은 오직 하나로, 이 때문에 사람의 천성은 착하며, '이것' 때문에 사람이면 모두 요순堯舜이 될 수 있다. 정제두는 '이것'을 실實이라고 했는데, 바로 실리實理를 지칭하는 것이다. 이러한 실리는 정제두가 "생리에서 진리를 주로 하라"고 말했던 '진리'이기도 하다.44) 이러한 입장에서 실리, 혹은 진리는 모든 리의 근원이며 동시에 도덕의 근거라고 말할 수 있다.45) 이것은 물리나 생리보다 근원적인 리이며, 동시에 순선한 리이다. 정제두는 생리가 생생불식生生不息할 수 있는 이유 역시 여기에서 찾는다.

　　비록 또 하나의 활발한 생리가 온전한 체體로 생생生生하는 것은 반드시 진실한 리(體)가 있기 때문이다. 무극無極의 극極이면서 고요한 곳에서 아득히 멀고 깊으면서도 지극히 순수하고 전일한 체이니, 이것이 곧 리의 진체眞體이다.46)

"생리生理의 생생하는 까닭은 진실한 리와 체 때문이다"라는 정제두의 말을 통해 진리의 근원성에 대해 짐작할 수 있다. 이것은 인식이나 정감 및 욕망 등을 포함하고 있는 생리와 구분되는 그 어떤 것이다. 이러한 입장에서 진리(실리)의 내용이 무엇인지 살펴보기로 하자.

---

44) 이러한 입장에 대해 송석준은 "인간의 생리 중에서 사욕에 엄폐되지 않은 순수한 생리"를 진리로 보고 있다. 이것은 생리를 중심으로 정제두의 리를 바라봄으로써 생긴 결과로, 생리와 진리를 다른 충차로 인정하지 않고 있음을 보여주는 것이다. 자세한 것은 송석준, 「하곡 정제두의 학문 세계와 생명사상」, 156쪽 참조.

45) 윤사순, 앞의 논문, 154쪽 참조.

46) 정제두, 앞의 책, 卷9, 「存言中」, "雖然又其一箇活潑生理, 全體生生者, 卽必有眞實之理(體). 無極之極, 而於穆沖漠至純至一之體焉者, 是乃其爲理之眞體也."

이미 위의 인용문에도 나와 있듯이 진리는 '무극의 극'으로 표현된
다. 절대적인 리를 의미하고 있는 것으로, 이를 통해서 모든 만물과 세
계가 만들어졌음을 의미한다. 동시에 사람 마음의 리인 생리 역시 여
기에 근거한다. 그러나 가장 중요한 것은 진리에 대한 다음과 같은 입
장이다.

> 그 통섭하는 본체이면서 조리 있는 길들의 주主가 되는 이유는 바로
> 그 진리가 있기 때문이니, 내 마음의 명덕明德이 이것일 따름이다. 그
> 러므로 그 예조睿照의 밝음이 하나의 막을 열어 젖히는 것은 다만 내
> 본성의 성스러운 지知를 닦는 것이 있어서 열어 통하게 할 수 있는 것
> 이지, 저 사물의 조리 있는 길들에서 구함으로써 열어 통하게 함이 있
> 다는 것은 옳지 않다.[47]

진리를 '명덕明德'으로 규정하고 있다. 조리 있는 흐름들(이것이 바로
物理이다)의 주主가 진리며, 그 개념은 '명덕'이다. 진리를 철저하게 '도
덕적인 리'로 이해함으로써 '선악의 가능성을 동시에 가지고 있는 생리
生理'와 구분하려는 의도가 드러나 있다. 생리는 도덕본체인 명덕을 통
해 비로소 열려 통할 수 있으므로, 생리가 리일 수 있는 이유는 명덕明
德 때문이다. 정제두는 심즉리 역시 여기에서 출발해야 한다고 생각한
다.

> 이것이 이른바 심은 곧 리(心卽理)라는 것입니다. 그것(理)은 마음이
> 가지고 있는 것이기 때문에 심이 곧 리라고 일컫는 것이며, 또 그것이
> 성의 본연에서 나온 것이기 때문에 천리라고 일컫는 것입니다. 이 리

---

47) 위의 책, 卷8, 「存言上·睿照明睿說」, "其所以統體, 而爲其條路之主者, 卽其
眞理之所在者則, 卽吾心明德是已. 然則其睿照之明, 一膜之開, 只有修治於
此性之聖知者, 而可以開通者也, 不當求之於彼物之條路, 而有開通者也."

는 새나 짐승, 나무와 풀에 있는 리가 아닙니다.[48]

이 말은 정제두가 양지도良知圖를 설명하는 과정에서 나온 것으로,
그는 여기에서 '리는 심이 가지고 있는 것'으로 표현한다. 그 근거로 들
고 있는 것이 바로 심의 성性으로, 정제두는 이것을 가지고 '성性의 본
연本然에서 나온 것'이며 '천리'라고 했다. 성의 본연과 천리의 일치성
을 주장하는 것으로, 심이 이것을 가지고 있음으로 인해 '심은 곧 리'이
다. 이러한 입장에서 보면, 심은 '성性'을 소유하고 있음으로 인해 리의
반열에 올라선다고 말할 수 있지만, 그렇다고 해서 심이 성 그 자체는
아니다. 정제두가 생리와 진리를 나누고 있는 것은 이 때문이다. 정제
두는 사람의 욕망이나 정감, 그리고 의지 등을 모두 심의 영역으로 본
다. 그리고 '그 속'에 성도 있다. 심은 이러한 성을 담지하고 있다는 측
면에서 리이지만, 그럼에도 불구하고 그것이 악함으로 이행될 수 있는
가능성도 가진다. 따라서 심은 생리이며, 그 속에 있는 성은 진리이
다.[49] 이렇게 되면 생리인 심은 진리인 성에 의해서 리가 될 수 있지
만, 동시에 진리와는 차별성을 가진 리라고 말할 수 있다. 그래서 정제
두는 다음과 같이 생리와 진리를 구분한다.

> 사람이 태어났을 때의 정靜함 이상이 하늘의 성性이다.(이것이 성의
> 眞體이다.) 그러나 그것을 성이라고 말하자마자 바로 물에 감感해서 동
> 하게 된다.(기품의 치우침으로 인해 동하는 것으로, 사사로움에 얽매인
> 정이 일어난다.)……사람이 태어나면서 정靜한 이전은 생함이 있기 전
> 이며(이것을 일컬어 리의 순수함이라고 한다.), 성이라고 말하자 말자
> 이미 각각의 기 위에 있는 리이다.(옳은 理가 아니다.)[50]

---

48) 위의 책, 卷1, 「答閔誠齋書」, "此所謂心卽理, 以其心之所有, 故謂之心卽理,
又以其出於性之本然, 故謂之天理, 非其在鳥獸草木之理也."
49) 이것은 이 책 제2부 2장 2. 및 3.에서 상세하게 논의할 예정임.

사람이 막 태어날 때의 '정靜'한 상태가 바로 하늘의 성이며 진리이
다. 정제두는 이것을 "성의 참된 모습"으로 규정한다. 그러나 정靜한
상태를 성이라고 말하는 그 순간, 이것은 물物에 감응하면서 '동動'한
성이 된다. 여기에서 기품도 있고 사사로움도 존재한다.[51] '성'이기는
하지만, '정靜한 성性'이 아니라 '동動한 성性'이다. 결국 정靜한 상태의
성을 끌어내는가 그렇지 않은가에 따라서 선함으로 이행되기도 하고
악함으로 이행되기도 한다는 말이다. 정제두가 말한 생리는 바로 이러
한 단계의 성이다. 즉 리理이기는 하지만 기氣 위에 있는 리理인 것이
다. 그래서 정제두는 이것을 "옳지 않은 리"로 규정한다. 이렇게 보면
진리는 정靜한 상태의 성을 의미하는 것이며, 물物에 감응하기 전의 순
수한 상태라고 말할 수 있다.

> 대개 생생生의 신묘함을 리라고 하고 성성이라고 한다. 그러나 그 성의
> 본원은 원래부터 진체眞體를 가지고 있으니 이것이 그 성이고 리이다.
> 그러므로 생신生神 가운데에 참된 것과 망령된 것이 있음을 분별하여
> 그 참된 체體를 주主로 삼게 되면, 이것이 바로 성性을 높이는 학문이
> 다.[52]

생명의 신묘함은 생리生理이며, 이 단계에서 참된 것과 망령된 것을
구분하는 것이 중요하다는 말이다. 생리 속에는 참된 것과 망령된 것

---

50) 위의 책, 卷8, 「存言上·生理虛勢說」, "人生而靜以上, 天之性也(方是性之眞
   體處), 才說性則是感於物而動(氣稟之偏動焉, 私係之情作焉).………以人生
   而靜以前, 未有生之先(謂此理之純也), 才說性則, 已是各在其氣上之理也(非
   是理也)."
51) 김교빈, 앞의 논문, 23쪽 참조.
52) 정제두, 앞의 책, 卷8, 「存言上·生理虛勢說」, "蓋生神爲理爲性, 而其性之本
   自有眞體焉者, 是其性也, 理也. 故於生神中辨有眞有妄, 得主其眞體焉則, 是
   爲尊性之學也."

이 있다. 물론, 이 가운데 참된 것은 진리이며, 생리는 이러한 진리에 의해서 리로 인정된다. 진리를 통해서 생리의 영역이 확보되고, 이러한 생리를 통해서 비로소 물리가 의미를 가지는 것이다. 다만 이러한 진리는 생겨나자마자 바로 物에 감응해서 생리로 바뀌므로, 그 드러남은 결국 생리에 의지할 수밖에 없다. 따라서 진리는 생리 속에 내재된 순선한 도덕본체를 의미하며, 그것이 정감으로 드러난 형태가 바로 생리이다.

2. 도덕정감으로서의 생리지심生理之心

리를 물리와 생리·진리로 나누어 보는 정제두의 리에 대한 견해로 인해, 사람의 심 역시 구분될 수밖에 없다. 물리는 심 밖의 일이므로 차치한다고 해도, 적어도 심은 생리에 의한 심과 진리에 의한 심으로 구분될 수밖에 없다. 이것은 생리와 진리 모두를 심 속의 리로 규정하고 있는데 따른 필연적 결과이다.

1) 심즉리와 생리

"심은 곧 리이다. 이 세상에 어찌 심 밖의 일이 있겠으며, 심 밖의 리가 있겠는가?"[53]라는 왕수인의 말은 양명학을 '심즉리'의 철학으로 규정하게 해 주었다. 동시에 이 말은 주자학의 심성론 규정인 '성즉리性卽理'[54]와는 다른 개념으로 이해되어, 이후 양명학과 주자학을 구분

---

53) 王守仁, 앞의 책, 卷3, 「傳習錄下」, "心卽理也, 天下又有心外之事, 心外之理乎."
54) 주희의 性卽理는 그의 리기론에 기반하고 있다. 모든 사물에게 理가 있듯이 사람에게도 그 理가 있는데, 그것이 바로 性이라는 말이다. 이것은 심을 성과

하는 명제로 사용되었다. 그러나 양명학 체계 내에서 심즉리와 성즉리는 그 의미상 차이가 없다. 심을 양지의 담지자로 이해하고 있는 왕수인의 철학체계 내에서 심이 곧 리인 이유는 '양지' 때문이다. 양지는 사람의 본성인 동시에 하늘이 사람에게 부여한 천리天理이기도 하다. 이러한 천리가 사람에게 있는 것이 바로 심이며, 동시에 성이다. 이 때문에 양명학에서 심즉리와 성즉리는 큰 의미 차이를 갖지 않는다.

하지만 정제두의 철학에 오면, 이 둘은 그 의미가 구분되기 시작한다. 이것은 이미 위에서 살펴보았듯이, 심은 생리의 영역에서 성은 진리의 영역에서 다루어지고 있기 때문이다. 여기에서 우리는 정제두가 이해하고 있는 심즉리의 의미를 살펴봄으로써, 심즉리와 생리지심生理之心의 관계를 확인해 볼 필요가 있다. 우선 정제두는 왕수인의 말을 인용하여, 심과 리는 하나라는 입장을 제기한다.

> 양명은 안과 밖이 없으므로 심과 리는 하나일 따름이라고 했습니다. 이것은 다만 안으로 말미암아 밖으로 나가는 것이기 때문에 물物에서 달리 리를 구하지 않는다고 한 것입니다.[55]

심즉리를 말하면서 정제두는 '안과 밖'이 따로 존재하지 않는다는 사실을 강조한다. 이것은 심을 통한 내외합일을 주장하고 있는 것으로, 심 속에 이미 모든 리가 갖추어져 있기 때문에 사물에서 달리 리를 구

정의 결합으로 보고, 이 가운데 인간에게 부여된 天理를 性에서만 확보하는 주자학의 심성론체계에 기반하고 있다. 이 때문에 이들은 선과 악의 가능성을 동시에 가지고 있는 心을 理와 동일하게 받아들일 수 없으며, 따라서 순선한 것은 리인 性에서만 확보하려는 입장이다. 따라서 性卽理는 왕수인의 心卽理와 이론적으로 완전히 다른 형이상학 체계에 근거하고 있는 것이라고 말할 수 있다. 朱熹,『朱子語類』卷5,"性卽理也. 在心喚做性, 在事喚做理."
55) 정제두, 앞의 책, 卷1,「答閔彦暉書」, "陽明只是無內外, 心理一耳. 只是由內而外, 故不別求理於物耳."

할 필요가 없다는 것이다. 심 밖에 존재하는 외물外物들의 리 역시 이미 심 속에 갖추어져 있다는 말이다. 이것은 왕수인이 "물리物理는 내 마음 밖에 있는 것이 아니니, 내 마음을 떠나서 물리를 구한다면 물리는 없다"[56]라고 했던 말을 적극적으로 해석한 것으로, 모든 리를 심의 범주에서 이해한다. 이 말을 통해 우리는 심즉리에서의 리가 외부의 물리物理를 통괄하는 리로서의 의미를 가진다는 사실을 알 수 있다. 즉 정제두는 내외합일을 주장하면서 이를 통해 외부의 리가 실제로는 모두 심 속에 있음을 주장한다. 이것은 앞의 장에서 살펴보았듯이, 물리의 근원자가 되는 리, 즉 생리가 심 속에 있기 때문에 나온 말이다. 따라서 정제두가 심즉리라는 구절을 통해 내외합일을 주장하는 말 속에는 생리로서의 리가 있음을 알 수 있다.

　이미 앞장에서 살펴본 "이것이 이른바 심즉리라는 것입니다. 그것(理)은 마음이 가지고 있는 것이기 때문에 심이 곧 리라고 한 것이며, 또 그것은 성의 본연에서 나온 것이기 때문에 천리라고 하는 것입니다"라는 정제두의 언명은 이러한 그의 입장을 잘 드러낸다. 심즉리인 이유는 '심이 리를 가지고 있기 때문'이며, 이러한 리는 성의 본연에서 '나온 것'이다. 이것은 심이 '성의 본연' 그 자체는 아니지만, 성의 본연에서 나왔으므로 그것 역시 성의 본연에 '속한다'고 말할 수 있다는 것이다. 그래서 정제두는 다음과 같이 말한다.

　　양명陽明이 본래 심이 곧 리일 따름이라고 말한 것은 그 리가 심에서 발했다는 것을 일컫는 것이며 심의 조리條理가 이른바 리라고 한 것입니다. 그러므로 심과 리를 다른 사물로 여길 수 없으며 이것을 서로 합하여 하나라고 일컬을 수 있다는 것입니다.[57]

---

56) 왕수인, 앞의 책, 卷2, 「傳習錄中」, "物理不外於吾心, 外吾心而求物理, 無物理矣."

여기에서 정제두는 심즉리의 리를 '심의 조리條理'로 본다. 리가 발하는 곳이 심이라는 점 때문에 심을 리로 이해하고 있는 것이다. 우리는 여기에서 심즉리의 리에 대한 정제두의 입장을 재확인할 수 있다. 그는 사람의 심에 대해서 "심이라는 것은 몸의 주재이며, 사람의 신명神明이다. 모든 변화의 주체는 이것일 따름이다(靈體 가운데 지극히 신령한 것이다)"58)라고 말한다. 여기에서 중요한 것은 마음을 '변화의 주체'로 설정하고 있는 점이다. 몸을 주재하는 신령스러운 밝음이 바로 '심'이다. 따라서 이러한 주체의 변화를 주관하는 것이 바로 심즉리에서의 리이며, 이것은 정靜함으로 대변되는 '성의 본체'가 아니다. 동動하는 활동체를 의미하며, 동시에 인식의 리를 의미하는 것이다.

"한 덩어리 생기生氣의 원元과 한 점 신령하게 비치는 정精함은 하나의 생리生理이니(정신 생기가 바로 한 몸의 생리이다), 마음에 집을 지어 중극에 둥글게 뭉친 것이다"59)라는 정제두의 말은 바로 이러한 입장을 잘 드러낸다. 신령하게 비추고 활동하는 리는 바로 생리인 것이다. 이러한 입장에서 보면 정신 생기가 바로 생리이며, 심즉리의 리는 곧 생리라고 말할 수 있다. 따라서 정제두의 '심즉리'는 '심즉생리心卽生理'를 의미한다.

2) 생리지심生理之心과 도덕정감

---

57) 정제두, 앞의 책, 卷1, 「答閔言暉論辨言正術書」, "陽明本曰, 心卽理而耳, 謂其理之發於心, 而心之條理卽所謂理也, 非以心與理爲兩物, 而相合之可以爲一之謂也."
58) 위의 책, 卷2, 「答李君輔問目」, "心者身之主宰, 人之神明, 爲萬變之主者是已.(靈體中至神者也.)"
59) 위의 책, 卷8, 「存言上·一點生理說」, "一團生氣之元, 一點靈昭之精, 其一箇生理者(卽精神生氣爲一身之生理), 宅竅於方寸, 團圓於中極."

앞장에서 살펴보았듯이, 심즉리에서의 리는 생리의 영역에 속한다. 심즉생리心卽生理인 것이다. 따라서 생리는 심과 별개로 논할 수 있는 리가 아니다. 하지만 그렇다고 해서 심과 관련되어 있는 모든 리가 생리는 아니다. 그 속에는 리 중의 리인 진리도 있기 때문이다. 따라서 생리와 진리가 구분된다면, 심 역시 '생리에 의한 심'과 '진리에 의한 심'이 나누어질 수밖에 없다. 이번 장에서는 생리에 의한 심이 어떠한 것인지를 확인해 보기로 하자.

우선, 생리지심生理之心의 중요한 기능 가운데 하나는 '인식심'이다. 이러한 점은 앞장에서 확인했던 것으로 정제두는 인식기관만으로는 인식이 이루어질 수 없다는 입장을 제기하면서 "이것은 심이요, 모두 심이 알 수 있는 것이니, 곧 정신과 생리가 이것이다. 대개 이목구비의 주인인 까닭에 그러한 것이다"[60]라고 말한다. 그러나 그렇다고 해서 오로지 심만으로 인식이 가능한 것은 아니다. 인식심은 형기形氣에 의지할 수밖에 없다.

> 심이 알 수 있는 것은 귀·눈·코·입 등 형질形質의 용이 있기 때문에 그러하다. 심의 용은 형形으로 말미암아 이루어지고, 리의 체體는 형으로 말미암아 피어나니, 귀·눈·코·입 등이 없다면 마음의 용用도 잃어버리고 리의 체도 없어질 것이다.[61]

이 인용문에서 정제두가 강조하고 있는 것은 이목구비의 중요성이다. 이것이 없다면 마음의 용도 없고, 리의 체도 드러날 수 없다. 그러나 우리가 여기에서 중요하게 보아야 하는 것은 인식심으로의 마음이

---

60) 위의 책, 卷8, 「存言上·耳目口鼻說上」, "是心也, 是皆心之能知者也, 卽精神生理是也. 盖耳目口鼻之主也, 故然."
61) 위의 책, 같은 곳, "心之能知, 在耳目鼻口等形質之用, 故然. 心之用由形而作, 理之體由形而發, 無耳目鼻口等, 則心之用喪, 而理之體亡."

'심의 용'으로 표현되고 있는 점이다. 이러한 심의 용은 리의 체를 드러
내기 위한 것이지만, 그 자체가 리의 체는 아니다. 따라서 생리지심生
理之心은 '심의 용'이라고 할 수 있다. 그러면서 동시에 리의 본체 역시
이것을 통해서 드러나므로, 생리지심인 '심의 용'에 연관되어 있다고
말할 수 있다. 이 때문에 정제두는 다음과 같이 말한다.

> 리의 체는 심의 용에서 나온 것이니, 심의 용은 곧 리의 체이다. 심에
> 용이 없다면 리에 체도 없으며, 리에 체가 없다면 심에 용도 없다. 그
> 러므로 리가 곧 심이요, 심이 곧 리이다. 리의 체는 반드시 물物로 인
> 해서 있고, 심의 용用도 반드시 물物로 인해서 일어난다. 그러므로 소
> 리와 색·냄새·맛 등과 같은 물이 없다면 리의 체도 없어지고 심의
> 용도 폐해진다.[62)

정제두는 이 인용문에서 리의 체가 곧 심의 용이며, 심의 용 역시 물
物과 연관되어 있음을 밝히고 있다. 리의 체나 심의 용과 같은 가치들
역시 일상적 인식과 연관되어 있다는 것이다. 사람이 일상적으로 인식
할 수 있는 소리·색·냄새·맛 등이 없으면 그에 감응할 수 있는 심
의 용 역시 존재할 수 없다. 동시에 심의 용이 없으면 그것을 통해 드
러나는 리의 체 역시 없어질 수밖에 없다. 이러한 입장에서 정제두는
'일용윤물지간日用倫物之間'에 작용되는 리의 중요성을 강조하고 있으
며, 동시에 심의 용은 바로 이러한 일용윤물지간日用倫物之間의 리에
의해서 작용되는 것으로 설정한다.

이러한 심의 용이 바로 생리지심이다. 따라서 생리지심은 일상적인

---

62) 위의 책, 같은 곳, "理之體, 出心之用, 而心之用, 卽理之體也. 心無用則理無
    體矣, 理無體則心無用矣. 理卽心心卽理也. 理之體, 必因物而有, 心之用, 必
    因物而起, 無聲色臭味之物則理之體泯而心之用廢."

사물과 직접 감응하면서 그것에 대해서 인식하고 판단하는 심이라고
말할 수 있다. 하지만 심의 용은 그 자체로 존재하는 것이 아니라, 리
의 체에 근거하고 있다. 이러한 의미에서 생리지심은 리의 체體에 근거
하고 있으면서 일상적인 인식과 판단을 하는 활동으로서의 심을 의미
한다고 할 수 있겠다. 그래서 정제두는 다음과 같이 말한다.

> 성의 질은 말末이고 성의 덕德은 본本이니, 이처럼 두 가지가 있는
> 것은 무엇 때문인가? 사람이 태어남에는 반드시 모두 이 형기形氣가
> 있고, 사람이 태어남은 본래 이러한 하늘의 생리 때문이니, 성의 체體
> 는 본本을 가지고 있지 않다.(이처럼 本도 있고 末도 있는 것은 그 덕
> 이 되는 것을 源頭處로써 말한 것이지만, 사실은 그 본체가 있지 않은
> 것이다.)63)

사람의 태어남은 '형기形氣' 때문이며, 동시에 '생리生理'로 인한 것이
다. 사람이 타고 태어나는 형기를 '생리'로 인정하고 있는 정제두의 입
장을 확인할 수 있는 대목이다. 형기는 감응의 주체이다. 즉 외부의 사
물이 마음에 들어오고(感), 그것이 다시 외부로 표현되는(應) 주체가 바
로 형기이다. 주자학에서는 이 부분을 기의 영역으로 이해하고 있으며,
양명학에서는 악의 가능성을 가지고 있기 때문에 심즉리에 있어서 심
의 영역으로 인정하기에는 곤란하다고 본다.64) 그러나 정제두는 본본

---

63) 위의 책, 卷9, 「存言中」, "性之質是末, 性之德是本, 其以有是二者何也. 以其
人之生, 必皆有是形氣也, 以其人之生, 本以是天之生理也, 性之體其本無有
(是有本有末者, 其爲德者卽以其源頭處言之矣, 其實則其本體卽無有也)."
64) 양명학에서 心은 本心을 의미하는 것으로, 이것은 순선한 天理를 가진 마음
을 의미한다. 이 때문에 심은 理 그 자체이다. 이러한 의미에서 보면 악의 가
능성을 가진 形氣는 개인의 사욕이나 욕망 등에 관련되어 마음의 범주에 들
어오지 않게 된다. 심의 개념에 대한 자세한 내용은 蔡仁厚, 앞의 책, 233~
244쪽 및 陳來, 『양명철학』, 54쪽 이하 참조.

과 말末 모두를 리로 보되 형기를 생리의 영역으로 이해함으로써 그것 역시 '리'로 인정한다. 감응의 주체로서 형기를 리로 인정하면서, 이것을 생리지심生理之心으로 보고 있는 것이다. 따라서 생리지심은 형기가 외부의 사사물물事事物物과 리의 법칙에 따라서 감응하면서 인식하고 판단하는 활동을 의미한다고 할 수 있다. 정제두의 이러한 입장은 감응을 생리로 인정함에서 오는 결과이다.

이러한 정제두의 입장은 심성론의 동정론動靜論에서도 기존의 입장과 달라진 모습을 보일 수밖에 없다. 정제두는 외물의 영향으로 인해 일어나는 정감 역시 리로 인정하며, 나아가 사람의 일상적인 욕구까지 리로 인정한다. 이 때문에 그는 위에서 "죽지 않고 살려는 마음과 요절하지 않고 장수하려는 마음, 추위나 더위를 느끼는 마음과 힘들지 않고 편안하려는 마음, 배고프면 먹고 싶고 갈증 나면 마시고 싶은 마음, 이로움을 좋아하고 해로움을 싫어하는 마음, 영화로움을 기뻐하고 시듦을 슬퍼하는 마음은 바로 살아 있는 몸과 명命의 근원 상에서부터 가져온 것이니, 이것 역시 인성人性이고 성性의 질質이다"[65]라고 했던 것이다. 이러한 마음은 선도 될 수 있고 악도 될 수 있는 욕망이나 감정을 의미하는 것으로, 정제두는 이것을 생리지심으로 인정한다. 선과 악으로 갈라지기 이전의 일상적 욕구와 감정을 성으로 보고 있는 것이다. 이것이 성의 체體는 아니지만 이것 역시 성의 범주에 드는 것으로, 이 부분이 바로 생리의 영역인 생리지심이다.

따라서 생리지심은 선함으로 이행될 수도 있지만, 동시에 사사로움과 악함으로 이행될 가능성도 있는 마음이다. 생명현상을 위한 욕구라고 하더라도 그것은 성의 체나 도심에 근원하고 있어야 한다. 그렇지 않으면 그것은 혈기가 승하거나 혹은 개인의 사사로움에 의해서 인욕

---

65) 위의 책, 卷9, 「存言中」, "死生夭壽之心, 寒熱勞逸之心, 飢渴飮食之心, 利害好惡之心, 榮枯欣戚之心, 便自生身命根上帶來, 是亦人性, 是性之質也."

으로 전락하게 되므로, 결국은 악함으로 흐르게 된다. 바로 이러한 상
태에 놓여 있는 심이 '생리지심'이며, 이 때문에 이것은 선과 악의 가능
성을 동시에 가지고 있는 것이라고 말할 수 있다. 정제두가 생리지심
을 이렇게 바라보는 것은 심에 대한 다음과 같은 이해에 기반하고 있
다.

> 리의 체는 자체로 리의 체이니, 본래 변화시키거나 옮겨놓을 수 있는
> 것이 아니다. 그 처한 바의 포막包膜이 맑지 않아서 이것을 가리니, 기
> 질과 물욕이 그 참된 것을 가리고 그 근원을 어지럽힌 것이다. 이로써
> 그것을 잃어버리게 되는 이유는 그 심의 포막이 깨끗하지 않아서 대본
> 大本이 밝지 않게 되었기 때문이다. 그것을 얻게 되는 이유는 심의 포
> 막이 맑고 깨끗해서 근본이 밝아졌기 때문이다. 그 리의 체가 서고 서
> 지 않고는 실제로 오직 그 처한 바의 포막이 맑은가 맑지 않은가에 달
> 려 있을 따름이다.66)

리의 본체는 그 자체로 대본大本이기 때문에 악함으로 이행되지 않
는다. 문제는 그것을 감싸고 있는 포막包膜이 맑은가 그렇지 않은가에
달려 있다. 이처럼 밝음 그 자체는 리의 본체에 따르는 것이지만, 그
밝음이 드러나는가 그렇지 않은가는 심의 포막에 달려 있다. 선함 그
자체는 아니지만, 순수한 본체를 감싸고 있으면서 그것을 드러내는 역
할을 하는 것이 바로 포막이다.

 여기에서 우리는 심에 대한 정제두의 입장을 읽을 수 있다. 본체(알
맹이)로서의 심과 그것을 감싸고 있는 포막으로서의 심을 나누고 있는

---

66) 위의 책, 卷8, 「存言上‧道原」, "理體自是理體, 本無有變移也. 卽其所處包
膜, 不瀾而障之, 氣質物欲, 翳其眞而亂其源也. 是以卽其所以失之者, 以其心
包之不淨而大本不睿, 若其所以得之者, 以其心包淸淨而大本以昭也. 其理體
之立與不立, 實惟其所處包絡, 淸與不淸而已."

것이다. 여기에서 본체는 '선함' 그 자체이며, 인간 선함의 근거는 여기에서 출발한다. 하지만 그것을 '드러내는 것'은 포막으로서의 심에 의해서 이루어지며, 이 때문에 포막으로서의 심은 '드러난 마음' 혹은 '표현된 마음'이라고 말할 수 있다. 순선한 리의 체는 아니지만, 순선한 리의 체를 감싸고 있으면서 본체와 더불어 심의 영역을 이루고 있는 것이 바로 포막으로서의 심이며, 이것이 바로 생리지심이다. 이러한 입장에 대해 정제두는 "생리의 체가 비록 본래에는 하나의 근원이라 하더라도, 각각 그 형기에 따라서 품부받은 바에는 다름이 있다. 이것이 사람과 사물의 차이가 있게 되는 이유이니, 부여받은 성의 리에 같지 않음이 있기 때문이다"[67]라고 말한다. 이것은 생리의 체, 즉 리의 본체는 하나라고 하더라도 그 형기(포막)가 각기 다르기 때문에 다른 현상을 보일 수밖에 없다는 말이다. 따라서 생리지심은 형기에 영향을 받는 마음으로, 본심을 감싸고 있는 심의 포막이라고 말할 수 있다.

이와 같은 입장을 종합하면, 우리는 생리지심을 다음과 같이 정리할 수 있다. 우선 생리지심은 '인식하는 마음'이며, 또한 인식을 통해서 반응하는 '드러난 마음' 혹은 '표현된 마음'이라고 할 수 있다. 동정론動靜論에 근거하면 생리지심은 동動한 마음인 것이다. 이것은 선과 악으로 갈라지기 이전의 감정과 욕망을 의미하는 것으로, 여기에는 선함도 내재되어 있다. 동시에 도덕으로 '표현된' 정감, 즉 도덕정감 역시 생리지심의 범주이다. 따라서 이것이 비록 리에 의한 마음이라고 하더라도, 궁극적으로 정감이며 욕구의 범주에 들어간다. 이 때문에 생리지심은 선과 악의 가능성을 모두 가진 것으로 이해된다. 이러한 이유로 윤사순과 김교빈은 정제두가 말한 생리지심을 주자학의 기질지성과 유사하다고 말한다.[68]

---

67) 위의 책, 卷8, 「存言上・理一說」, "生理之體, 雖本一原, 各隨其形氣而所禀有不同, 此所以爲人物之異, 而賦性之理有不同者也."

3. 도덕본체로서의 진리지심眞理之心

1) 성즉리性卽理와 진리

정제두 역시 심과 성의 차이가 없게 설정된 양명학의 심성론을 받아들인다. 이것은 정제두가 심을 리로 보면서 동시에 성도 리로 보고 있다는 것에서 확인할 수 있다. "심은 리이며 성 또한 리이니, 심과 성을 둘로 가를 수는 없다"[69]는 정제두의 말은 이러한 입장에서 나온 것이다.

그러나 이 말이 성과 심을 완전한 하나의 개념으로 파악한다는 말은 결코 아니다. 이미 위에서 보았듯이 심즉리의 의미는 심즉생리心卽生理였다. 이것은 성즉리에서의 리와 의미가 동일하지 않을 수 있음을 의미한다. '심이 리이며 성 또한 리'라는 정제두의 말은 '리'라는 근원적 일치성을 강조하고 있는 것일 뿐, 심즉리와 성즉리의 의미가 완전히 동일하다는 것은 아니다. 따라서 우리는 여기에서 정제두가 생각하는 '성'의 개념을 통해 그가 제시하는 성즉리의 의미를 확인해 보기로 하자.

> 성이 곧 리이다. 리는 천天의 조리있는 통함이니, 바로 천天의 다른 이름이다. 사람 마음의 본체는 바로 이것이다.[70]

이것은 성즉리性卽理에 대한 정제두의 직접적 언급이다. 흡사 주자학의 성즉리에 대한 언명을 보는 듯하다. 여기에서 정제두는 리를 '하

---

68) 윤사순, 앞의 논문, 153~154쪽 및 김교빈, 앞의 논문, 21쪽 참조.
69) 정제두, 앞의 책, 卷9, 「存言中」, "心理也, 性亦理也, 不可以心性貳岐矣."
70) 위의 책, 같은 곳, "性卽理也, 理者天之條串卽, 天之別名也, 人心之本體是也."

늘이 조리 있게 통하는 것'으로 설정하면서, 그것을 '천天'이라고 말한
다. 나아가 정제두는 이것을 '마음의 본체'로 규정한다. 이러한 그의 입
장은 위에서 심즉리에 대해 "이것이 이른바 심즉리라는 것입니다. 그
것(理)은 마음이 가지고 있는 것이기 때문에 마음이 곧 리라고 한 것이
며, 또 그것은 성의 본연에서 나온 것이기 때문에 천리天理라고 하는
것입니다"라고 말한 것과 차이가 있다. 그는 심즉리를 말할 때 '마음이
가지고 있는 것(理)'이라는 표현을 하고 있으며, 동시에 성의 본연에서
'나온 것'이라고 한다. 이것은 '성의 본연'을 따로 설정하고 있는 것인
데, 그것이 바로 여기에서 말하고 있는 '마음의 본체' 혹은 '천天'이다.
이 때문에 정제두는 "성은 마음의 천리이다"[71]라고 말한다. 이것은 심
의 본질인 성을 의미하며, 리 역시 본체로서의 천리를 말하는 것이다.

　　심은 성性의 기器이며, 성은 심의 도道이다. 전체를 말하면 심이라
　하고, 본연本然을 말하면 성이라고 한다.[72]

　심과 성의 관계에 대한 정제두의 입장이다. 그는 전체와 본연을 대
비시켜 심과 성을 설명하는데, 이것은 도道와 기器의 관계이기도 하다.
이러한 그의 입장은 심의 근거를 성에서 찾는 것이며, 동시에 성을 담
고 있는 것을 심으로 설정한 것이다. 전형적인 주자학적 심 이해방식
이다.[73] 특히 심과 성을 동일한 존재로 설정하지 않음으로써 역할과

---

71) 위의 책, 같은 곳, "性者心之天理也."
72) 위의 책, 卷9, 「存言下」, "心者性之器, 性者心之道. 語其全體則曰心, 語其本
　　然則曰性."
73) 이것은 주자학의 心統性情론과 유사하다. 심은 성과 정을 통섭(통수)한다는
　　의미로 이해되는 이 말은 '심을 성과 정의 결합'으로 이해하고 있는 것이다.
　　여기에서 특히 心은 단순히 성과 정이라는 각기 다른 개체의 결합으로 바라
　　보기보다는 성이 발해서 정이 되는 과정 전체를 하나의 心이라는 구조로 이

의미까지 구분하고 있는 정제두의 심 이해는 왕수인의 심 이해와는 다
르다.

　여기에서 정제두의 관심은 심에 있기보다 성에 있다고 보는 것이 옳
다. 이것은 성을 본연, 혹은 본성으로 설정하고, 그것의 확대를 통해 성
인이 될 수 있다고 한 것에서 잘 드러나 있다. 이러한 입장에서 그가
주목하고 있는 성에 대한 내용을 확인해 보기로 하자.

　　대개 성이란 곧 리의 체이니, 이것은 생生의 주재요 하늘의 근원(元)
　이며, 사람의 명命이고, 모든 극진함이 모여 있는 것이며 만유萬有의
　으뜸으로, 이른바 명命이다. 성이나 신神·심은 반드시 하늘로부터 타
　고난 체體(天然之體)를 가지고 있으며, 원래부터 가지고 있는 중이다.
　본연을 가지고 있으면서 도리道理가 되는 것이 바로 이른바 성이며 덕
　이고 인이다. 이른바 도나 리·의義는 성의 절목 아닌 것이 없다.74)

　정제두가 바라보는 성은 곧 '리의 체'를 의미하며, 하늘과 사람의 근

　해하고 있는 것이다. 이러한 특징은 性이 심의 본연이며, 그것이 드러난 형태
가 바로 심의 用인 情이라는 방식으로 이해된다. 정제두의 이러한 이분법적
구도는 결국 심의 본체와 그것이 발한 상태로의 心을 나누는 것으로, 전자는
주자학의 性으로 후자는 주자학의 情으로 이해될 수 있다. 주자학의 心統性
情론이 심을 바라보는 정제두의 입장에 그대로 투영되고 있음을 알 수 있게
하는 대목이다. 心統性情에 대해서 자세한 것은 진래, 『송명성리학』, 253쪽
및 진래, 『주희의 철학』, 270쪽 이하 참조. 여기에 대한 주희의 언급을 살펴보
면, 朱熹, 『朱子語類』 卷5, "伊川性卽理也, 橫渠心統性情, 二句顚撲不破." ;
같은 책, 卷98, "心統性情, 統猶兼也." ; 같은 책, 卷30, "性其理, 情其用, 心者
兼性情而言, 兼性情而言者, 包括乎性情也." 등이 있다.
74) 정제두, 앞의 책, 卷9, 「存言中」, "蓋性者卽理之體也, 是生之主者也, 天之元
也, 人之命也, 諸極之聚也, 萬有之宗也, 所謂命也. 性也神也心也, 是必有其
天然之體, 固有之中, 有所本然而爲道理者, 是卽所謂性也德也仁也. 所謂道
也理也義也, 無非是性之目也."

원 혹은 명命을 의미하기도 한다. 동시에 심의 본체이며, 덕이기도 하고 인仁함이기도 하다. 이러한 성은 생리의 영역에 속하는 인식과 판단, 그리고 인간의 정감 등과는 구분된다. 그래서 그는 위의 인용문을 이어서 "지知나 명明, 정情, 지志라고 말하는 것은 성의 물物 아닌 것이 없으니, 천지 가운데에 다만 이 하나의 성이 있을 따름이다"75)라고 말한다. 생리의 영역에 대해 '성의 물物'로 설정함으로써, 성性 그 자체와는 구분하고 있다. 이러한 입장에서 그는 공부의 목적과 성인의 학문으로 가는 길을 성性에서 찾는다.

> 성인의 학문은 심학心學으로, 심이란 사람마다 모두 가지고 있는 것이다. 어떻게 하면 성인이 될 수 있는가? 성인의 학문은 성학性學이니, 성性이란 심의 본체이며 이른바 천리이다. 성인의 학문은 그 마음의 천리를 간직하는 것이니, 본체나 천리는 사람마다 모두 가지고 있는 것이다.76)

정제두는 심의 본체인 성에 초점을 맞추면서, 그것을 간직하는 것이야말로 성인의 학문이라고 말한다. 따라서 성은 기器로 설정되는 심과는 달리 도道의 영역에 속한다고 할 수 있다. 이러한 입장에서 보면, 정제두가 말하는 성즉리에서의 리理 개념 역시 생리는 아니라고 말할 수 있다. 그렇다면 정제두가 말하는 성즉리에서의 리는 무엇인가?

정제두는 "성은 바로 리의 체이다"77)라고 말한다. 이 말은 리 가운

---

75) 위의 책, 같은 곳, "日知也明也情也志也, 無非是性之物也, 天地之中, 只有此一箇性而已."

76) 위의 책, 卷9, 「存言下」, "聖人之學, 心學也, 心者人皆有之. 何爲則爲聖人. 曰聖人之學, 性學也, 性者心之本體也, 所謂天理也. 聖人之學, 存其心之天理者也, 本體天理, 人皆有之."

77) 위의 책, 卷9, 「存言中」, "蓋性者卽理之體也."

데에서도 리의 체가 성에 해당한다는 말로, '성즉리지체性卽理之體'가
된다. 성즉리에서의 리는 리의 체를 가리킨다는 말이다. 이것은 심즉리
에서의 리와 구별하려는 의도가 분명한 것으로, 이른바 '천리' 혹은 '덕
德・인仁'과 같은 용어들로 표현된다. "성이라는 것은 인심의 천天이니,
이것은 천원天元의 정精함이 나에게 명한 것이다"[78]라는 정제두의 말
은 이러한 리가 천리임을 명시하고 있는 것이다. 특히 천원天元의 정精
함이라는 것은 마음에 내재하는 순수한 도덕성인 동시에 도덕의 근원
자임을 설명하고 있는 것으로,[79] 리 가운데에서 진리가 여기에 속한다
고 말할 수 있다. 따라서 정제두에게 있어서 성즉리는 곧 '성즉진리性
卽眞理'를 의미하는 것이며, 이것은 심즉리와 그 의미가 다르다.

물론, 정제두는 "리의 체는 심의 용에서 나온 것이니, 심의 용은 곧
리의 체이다. 심에 용이 없다면 리에 체도 없으며, 리에 체가 없다면
심에 용도 없다. 그러므로 리가 곧 심이요, 심이 곧 리이다"[80]라고 말
함으로써, 이 둘을 체용관계로 파악하고 있음은 분명한 사실이다. 하지
만, 한쪽은 리의 본체를 의미하고 또 다른 한쪽은 리의 작용을 의미한
다. 동시에 이것이 가치론으로 치환될 경우, 한쪽은 순선한 것으로 또
다른 한쪽은 선과 악의 가능성을 모두 가진 것으로 설정된다. 여기에
서 순선한 진리는 성으로 설정되면서 '성즉진리性卽眞理'를 만들고, 심
은 이것이 표현된 것으로 '심즉생리心卽生理'를 의미한다.

2) 진리지심眞理之心과 도덕본체

위의 장에서 보았듯이, 정제두는 생리지심生理之心의 영역에 속하는

---

78) 위의 책, 같은 곳, "性者人心之天, 是天元之精命於我者."
79) 김교빈, 앞의 논문, 85쪽 참조.
80) 정제두, 앞의 책, 卷8, 「存言上・耳目口鼻說下」, "理之體出心之用, 而心之用
   卽理之體也. 心無用則理無體矣, 理無體則心無用矣. 理卽心, 心卽理也."

포막이 '리의 본체'를 감싼다고 인정한다. 그리고 정제두는 여기에 대해서 "그대로 리의 본체여서 원래부터 변하거나 동動하여서 옮겨질 수 있는 것이 아니다"라고 말한다. 반면 생리지심生理之心에 속하는 정감이나 욕망, 그리고 인식이나 판단과 같은 것들은 '늘 동動하는 것'이라는 의미를 담고 있다. 따라서 변동되어 옮겨질 수 없다는 말은 외부의 감感함에 따라서 변동되는 응應함이 아니며, 선이나 혹은 악으로의 유동적 변화 가능성을 가진 것도 아니라는 의미이다. 감정이나 욕망, 인식과 같은 종류가 아니다.

정제두가 "사람이 태어났을 때의 정靜한 상태 이상이 하늘의 성이다.(이것이 성의 眞體이다.) 그러나 그것을 성이라고 말하자마자 바로 물物에 감感해서 동하게 된다.(기품이 치우쳐서 동하는 것으로, 사사로움에 얽매인 정이 일어난다.)"[81]라고 말했던 것은 바로 이러한 의미이다. 사람이 태어났을 때의 정靜한 상태를 '하늘의 성'으로 설정하고, 이것을 성의 진정한 본체로 본다. 그러나 이것을 성이라고 말하는 순간 물物에 감응하게 되면서 동動하므로 기품과 연관되어 심이 된다. 따라서 정제두가 말하는 진리지심眞理之心은 사물과 감응하기 이전의 순수한 심으로, 이때 사람은 하늘의 진체眞體를 가진다. 이것이 정靜한 상태의 심이다. 따라서 이러한 심은 '드러나지 않은 심', 또는 '표현되지 않은 심'이라고 말할 수 있다. 그렇다면 이러한 심의 구체적 내용은 무엇인가? 그는 다음과 같이 말한다.

그 통솔하는 본체이면서 조리 있는 길들의 주主가 되는 이유는 바로 그 진리가 있기 때문이니, 내 마음의 명덕이 이것일 따름이다. 그러므로 그 예조睿照의 밝음이 하나의 막을 열어 젖히는 것은 다만 내 본성

---

81) 위의 책, 卷8, 「存言上·生理虛勢說」, "人生而靜以上, 天之性也.(方是性之眞體處) 才說性則, 是感於物而動.(氣稟之偏動焉, 私係之情作焉.)"

의 성스러운 지知를 닦는 것이 있어서 열어 통하게 할 수 있는 것이지,
저 사물의 조리 있는 길들에서 구함으로써 열어 통하게 함이 있다는
것은 옳지 않다.[82]

이 인용문에서 정제두는 진리지심眞理之心에 대해 몇 가지 중요한
규정을 내린다. 첫째, '만물을 통솔하는 본체로, 조리 있는 흐름들의 주
인'이다. 만물의 조리 있는 흐름을 물리로 보는 정제두의 입장에 따르
면, 진리는 물리의 주인이다. 이것은 실제 생리를 포함한 모든 리의 주
인을 의미하는 것으로, 생리나 물리가 리로서의 의미를 가질 수 있게
하는 원인이다. 따라서 진리지심은 생리지심으로 표현된 마음의 주인
이라고 말할 수 있다.
둘째, '내 본성에 들어 있는 신성한 앎을 닦아서 개통할 경우 그것을
감싸고 있는 기막氣膜을 열 수 있는 것'이다. 이미 위에서 살펴보았듯
이, 생리지심生理之心은 '기막'과 '기막이 감싸고 있는 알맹이'를 포함하
고 있는 개념이다. 그렇다면 '기막氣膜'을 열어 젖힐 수 있는 주체로서
의 '본성'이라면 그것은 곧 기막 속에 있는 '알맹이'라고 할 수 있다. 따
라서 진리지심은 생리지심을 통해서 표현되는 기막 속의 알맹이(衷)로,
이것이 궁극적으로 생리지심을 생리지심일 수 있게 해 주는 것이다.
셋째, 정제두는 진리지심眞理之心의 구체적 내용을 '명덕明德'으로 규
정하고 있다. 이 때문에 이것은 외부의 사물들, 즉 물리를 통해서 얻어
지는 것이 아니다. 이러한 밝음은 하늘로부터 인간에게 부여된 것으로,
순수한 도덕본체가 인간에게 내재되어 있는 것이다. 다만 이것은 기막
의 영향을 받으므로 그것을 닦아서 기막 역시 이러한 명덕이 되도록

---

82) 위의 책, 卷8,「存言上・睿照明睿說」, "其所以統體, 而爲其條路之主也, 卽其
眞理之所在者則, 卽吾心明德是已. 然則其睿照之明, 一膜之開, 只有修治於
此性之聖知者, 而可以開通者也, 不當求之於彼物之條路, 而有開通者也."

해야 할 뿐이다. 이러한 의미에서 진리지심은 도덕본체이며, 이것이 기막으로 하여금 생리지심으로 드러나게 하는 것이다. 이러한 면에서 진리지심은 생리지심의 주인이라고 말할 수 있다.

> 대본大本은 리가 모든 사물에 두루 있는 것이며, 모든 인심의 주인이 되는 것이다. 모든 사물에 두루 있기 때문에 그 체의 선악을 논할 필요도 없이 모두 리라고 하고 선이라고 한다.(무릇 靜한 것을 일컬어 리라고 하고 대본이라고 한다.) 또한 인심의 주인이 되기 때문에 동함과 정함을 막론하고 반드시 심에서 리의 체를 얻은 연후에 리라고 일컬을 수 있고 대본이라고 일컬을 수 있다.(오로지 靜함이면서 리의 체를 얻지 못한 것은 대본이 될 수 없다.)[83]

정제두는 대본大本에 대해 두 가지 특징을 가지고 말한다. 하나는 모든 사물에 골고루 있는 것으로, 이것은 마치 모든 사물에 사물의 리가 있다는 주회의 언명을 보는 듯하다.[84] 이러한 것은 기와 결합하기 이전의 정靜함을 일컫는 것으로, 정제두는 이것을 일컬어서 대본이라고 말한다. 그러나 인심의 주인이 되는 대본은 이와 조금 차이가 있다. 사물에 두루 존재하는 리는 기와 결합하기 이전의 정靜함만을 대본으로 여기겠지만, 인심의 주인이 되는 대본은 실제로 성과 정을 모두 아우

---

83) 위의 책, 卷8, 「存言上・太極主靜中庸未發說」, "大本以理爲汎在於衆物也, 爲總主於人心也. 以汎在於物, 故不論其體之善惡而皆謂之理謂之善.(以凡靜者, 謂之理, 謂之大本) 以主於人心則無論動靜, 必心得理體然後謂之理可謂大本.(不可徒以靜也, 而以不得理體者, 爲大本)"

84) 주회는 理一分殊설에 입각해서 근본인 하나의 태극이 있고, 이것이 다시 각 사물에 품부되어 각 사물의 리를 형성한다고 설명한다. 따라서 각각의 사물은 리를 태극으로부터 부여받아서 가지고 있다고 말할 수 있다. 朱熹, 『朱子語類』 卷94, 「周謀錄」, "本只是一太極, 而萬物各有稟受, 又自各全具一太極爾." 참조. 이에 대한 자세한 설명은 진래, 『주회의 철학』, 86쪽 이하를 참조.

를 수 있어야 한다. 이러한 점에 있어서 정제두는 정靜함만을 가지고 대본이라고 하기에는 무리가 있다는 입장을 제기한다. 특히 위의 인용문에서 "하나의 정함만으로는 리의 체를 얻지 못한다"는 정제두의 언명은 동함과 정함을 모두 아우를 수 있는 정함을 의미하는 것으로, 이것이 비로소 대본이 될 수 있다.

이러한 입장에 따르면 진리지심은 단순한 정靜함만을 의미하지는 않는다. 정함은 사람이 막 태어났을 때 다른 사물과 감응하지 않은 순수한 상태이다. 그리고 이러한 정함이 사물과 감응하였을 때도 생리지심生理之心을 통해 그 정함이 유지될 수 있어야 한다. 따라서 진리지심眞理之心은 도덕정감으로 나아갈 수 있는 근거로서 도덕본체의 의미를 가지며, 동시에 이것은 정감 속에서 도덕기능을 할 수 있는 본체가 되어야 한다. 따라서 진리지심은 도덕본체 그 자체이며, 동함과 정함 속에 모두 들어있어야 한다.

이러한 의미에서 보면, 정제두의 진리지심은 생리지심인 도덕정감 속에 들어 있는 도덕본체이며, 동시에 하늘로부터 부여받은 정靜한 상태의 심이다. 이것은 동함의 전제조건이며, 동시에 사물에 감응해서 동할 때에도 그 속에 계속해서 존재한다. 이렇게 되어야 드러난 정감이 도덕정감인 생리지심으로 기능할 수 있다. 따라서 진리지심은 도덕본체인 동시에 모든 선한 마음의 근거라고 말할 수 있다.

이러한 정제두의 입장은 동함과 정함을 구분하지 않고 '심心'으로 이해하고 있는 양명학과 상당한 차별성을 보인다. 차라리 정靜함을 리의 영역으로, 동함을 기의 영역으로 파악하고 있는 주자학과 닮아 있다. "정靜할 때에 이 리를 존양存養한다고 하면서 기가 간여할 수 없게 하는 것이 바로 리의 체가 된다"[85]라는 정제두의 말은 특히 그러하다. 따

---

85) 정제두, 앞의 책, 卷8, 「存言上·太極主靜中庸未發說」, "以靜時謂存養此理, 而氣無得與者爲之理體."

라서 진리지심은 순수한 리로 이루어진 심心이라고 말할 수 있다. 그래서 정제두는 다음과 같이 말한다.

> 심의 체는 천리이다.(理의 體는 지극히 虛하여 가지고 있는 것이 없으며, 理의 體는 靜하여서 행위하는 것이 없다.) 리 가운데 어떠한 물物이 있겠는가? 이것은 오성五性의 체이니 그 리는 적연寂然하다. 그래서 이것은 그 편벽되고 치우치는 것이 없고 집착할 것이 없는 곳을 따라서 유행하고 발용하니, 이것을 일컬어서 무無라고 하고, 이것을 일컬어서 지극한 선이라고 한다.86)

정제두가 바라보는 심의 본체는 '천리'로, 그 자체는 텅 비어있으면서 정靜하다. 이것은 채워져서 동할 수 있는 가능성인 동시에, 그 자체로 '비어있음'과 '정함'이다. 이러한 의미에서 보면 이것은 '채워짐과 비어있음', '정함과 동함'을 모두 아우르고 있는 비어있음과 정함이다. 따라서 심의 본체는 감感한 것이 전혀 없는 상태이기 때문에 무無이며, 동시에 감하는 것과 응하는 것이 없으므로 정靜함이다. 선함밖에 없는 지선至善의 단계인 것이다. 그래서 정제두는 "심의 체에 선과 악이 없다는 것은 태극이 바로 무극無極이 되는 것이다"87)라고 말했다. 도덕정감으로 드러나지 않은 도덕본체의 순수함을 의미한다.

따라서 정제두가 말하고 있는 진리지심은 생리지심으로 드러나기 전의 단계로, 순선한 상태를 의미한다. 특히 이것은 사사물물事事物物과의 감응이 이루어지고 있는 현실과 별개로 존재하는 것이면서, 동시에 현실에서 도덕정감을 드러낼 수 있는 근거로 작용한다. 이 때문에

---

86) 위의 책, 卷9, 「存言中」, "心之體天理也.(理體至虛, 無有所有, 理體之靜, 無有所爲.) 理中有何物焉, 是五性之體, 其理寂然, 而是從其無所偏倚, 無所着爲處, 流行發用, 是之謂無也, 是之謂至善."
87) 위의 책, 같은 곳, "心體之無善惡者, 太極之爲無極也."

정제두는 진리지심眞理之心을 '명덕明德'이나 '인仁'과 같은 내용으로 규정하고 있으며, 이것의 총체적 이름으로 '양지'를 든다. 그래서 그는 진리지심에 대해 다음과 같이 말한다.

> 인仁이라는 것은 생리의 주主이니 발생할 수 있게 하는 것이다. 의義라는 것은 재제宰制의 마땅함이니 리가 재제裁制하는 것이다. 예禮라는 것은 절문節文의 리이니, 리의 절문이다. 지智라는 것은 명각明覺의 오묘함이니, 리의 분별이다. 이 네 가지는 심의 덕으로, 인과 지는 체를 주로 하고 의와 예는 용 속에 있다.[88]

진리지심의 구체적 내용은 인의예지로 표현되는 도덕본체이다. 그는 이것만을 실질적인 것으로 이해하여서, '실實'이라는 글자로 표현한다. '명덕'이나 '양지' 역시 이 범주에서 크게 벗어나지 않는다. 이것들은 한 마디로 도덕정감으로 표현되기 이전의 도덕본체로, 생리를 발생할 수 있게 한다. 정제두는 이러한 심을 실심實心이라고 말하면서 "실심으로 말하면 성誠이라는 것은 심이 스스로 근본이 된 것이며, 도道는 사람이 마땅히 스스로 행行해야 할 것이다"[89]라고 말한다. 이 때문에 정제두는 "대개 생生의 신묘함을 리라고 하고 성이라고 한다. 그러나 그 성의 본원은 원래부터 진체眞體를 가지고 있으니 이것이 그 성이고 리이다. 그러므로 생신生神 가운데에 참된 것과 망령된 것이 있음을 분별하여 그 참된 체를 주主로 삼게 되면, 이것이 바로 성을 높이는 학문이

---

88) 위의 책, 卷9, 「存言中」, "仁者生理之主, 能發生者也. 義者宰制之宜, 理之裁制也. 禮者節文之理, 理之節文也. 智者明覺之妙, 理之辨別也. 四者心之德也, 其仁知主體, 義禮在用." 진하게 표시한 것은 필자가 강조하기 위해서 임의로 그렇게 한 것임.

89) 위의 책, 卷12, 「中庸雜解」, "以實心, 則誠者, 心之所自爲本, 道者, 人之所當自行."

다"90)라고 말하면서, 진정한 본체를 얻는 것이 곧 존성存性 공부라는 입장을 제기한다. 진리지심은 실심이며, 도덕정감으로 드러나기 이전 단계, 혹은 도덕정감 속에 들어 있는 도덕본체라고 말할 수 있다.

우리는 정제두가 심즉리에서의 리를 생리로 이해하고, 성즉리에서의 리는 진리(또는 實理)로 이해하고 있음을 알 수 있다.91) 이러한 그의 입장은 서로 모순된 명제로 이해해 온 양명학의 심즉리와 주자학의 성즉리를 하나의 구조 속에서 모순 없이 설명하는 것이라고 말할 수 있다.

---

90) 위의 책, 卷8, 「存言上・生理虛勢說」, "蓋生神爲理爲性, 而其性之本自有眞體焉者, 是其性也理也. 故於生神中辨其有眞有妄, 得主其眞體焉, 則是爲尊性之學也."
91) 김교빈, 앞의 논문, 117쪽 참조.

제2장 정제두 철학에 나타난 객관적 공부론

이번 장은 양명우파의 철학적 특징을 기반으로 정제두의 양명학을 살펴보는 두 번째 장이다. 여기에서는 양명우파의 철학적 특징 가운데 두 번째로 거론되고 있는 '도덕본체와 도덕정감을 합일시키기 위한 객관적 공부론의 설정'이 정제두의 철학에서 어떻게 드러나는지를 살펴보려 한다.

이미 앞에서 살펴보았듯이, 진리지심은 생리지심을 통해서 발현되고 드러난다. 이러한 의미에서 생리지심은 도덕을 표현하는 도덕정감이라고 말할 수 있다. 하지만 정제두는 이것 역시 '정감'의 측면에서 이해함으로써, 가치론적인 입장에서 볼 때 선과 악의 가능성을 모두 가진 것으로 설정한다. 도덕본체와 도덕정감이 완전하게 일치되어 있지 않음을 인정하고 있는 대목이다.

이렇게 되면서 이것은 필연적으로 도덕본체와 도덕정감을 일치시키려는 구체적인 노력이 필요해진다. 도덕본체가 도덕정감을 통해서 드러날 수밖에 없다면, 이 둘을 하나로 일치시키는 것이 곧 성인됨을 목표로 하는 성리학의 최종 목표이기 때문이다. 객관적 공부론의 설정은 바로 이 지점에서 이루어진다. 정제두는 이를 해결하기 위해 양지의 체용론에서 그 근거를 확보하고, 이것을 중심으로 객관적인 수양론을 설정해 간다. 이번 장은 바로 이러한 정제두의 객관적 공부론을 확인해 보려 한다.

1. 양지의 체용구조로 본 도덕본체와
도덕정감의 합일근거

양명좌파와 우파의 분리가 양지에 대한 해석의 차이에서 이루어졌다는 것은 이미 앞장에서 밝혔다. 양지의 해석에 따라 개인의 정감이나 욕망을 양지로 인정할 수도 있고, 순수한 도덕본체만을 양지로 인정할 수도 있다.[1] 그런데 정제두는 양지의 이 두 모습을 모두 인정하면서도, 하나의 틀 속에서 이해하려고 시도한다. 이 둘을 체와 용의 관계로 설정하고 있는 것이다. 본체로서의 양지와 작용으로서의 양지로 나누어 보는 이러한 측면은 양지를 순수한 본체로 이해하고 있는 양명학 일반론과는 차이가 있다. 정제두는 나아가 도덕정감과 도덕본체의 합일을 양지의 체용합일을 통해서 확보함으로써 객관적 수양론의 기초를 만들고 있다. 이러한 모습을 양지의 개념과 그 체용體用구조를 통해서 확인해 보기로 하자.

1) 양지의 개념

처음 양지를 말했던 맹자에게 있어서 양지는 사람과 동물의 차별성을 확보하기 위한 것이었다. "사람이 금수와 다른 점은 매우 적지만, 일반 사람들은 그것을 버리고 군자는 그것을 보존한다"[2]라고 말한 맹자의 말은 바로 이러한 입장을 직접적으로 드러낸다. 동물과 인간의

---

1) 이 책 제1부 1장 1. 참조.
2) 『孟子』, 「離婁下」, "人之所以異於禽獸者幾希, 庶民去之, 君子存之."

차이는 인간이 가진 도덕성에 있는데, 이 도덕성은 태어나면서부터 부여받은 선천적 도덕인식능력인 양지로 인해 가능하다. 맹자 성선론에서 양지가 핵심개념이 된 이유이다. 이 때문에 양지는 사람의 심성론에 국한되어 사용되며, 사람과 기타 존재와의 차별성을 확보하는 중요한 기저로 자리매김했다. 이러한 점은 왕수인에게도 그대로 받아들여졌고, 양지는 양명학 심성론의 중심 개념이 되었다.

그러나 정제두에게 오면서 양지의 개념은 이와 다른 양상을 보이기 시작한다. 양지가 사람의 심에만 국한되지 않고, 사물과 사람 모두를 포함하는 개념으로 바뀐 것이다.

> 좋은 나무가 능히 피고 자라나서 무성해지는 것이 곧 양지와 양능良能입니다. 그 까닭은 그 나무가 저절로 그렇게 할 줄 알아서 완고하고 꽉 막힌 (무생물처럼) 되지 않기 때문이니, 반드시 먼저 알고자 하는 마음이 있은 뒤에 안다고 일컫는 것이 아닙니다.[3]

좋은 나무가 피어나서 자라고 무성해지는 것을 양지와 양능으로 규정하고 있다. 일상 생물들의 생명현상을 양지와 양능의 범주로 이해하고 있는 것이다. 양지가 사람의 마음 범주에만 국한되어 있지 않음을 보여주는 것이다. 이 부분에서 정제두의 양지에 대한 입장은 맹자孟子나 양명학으로부터 벗어나고 있다. 그는 이것을 기점으로 한 단계 더 나아가 사람의 신체가 가지고 있는 일상적인 생명 현상 역시 양지와 양능으로 설명한다.

---

3) 정제두, 앞의 책, 卷1, 「與閔彦暉論辨言正術書」, "嘉樹之能發達暢茂者, 卽是其良知良能也. 以其自能會此, 而不爲之頑然索然故也, 非以其必先有欲爲知之心然後謂之知也."

사람의 몸이 능히 아파하고 가려워하는 것이 곧 양지·양능입니
다.……(이처럼 이른바 아픔을 알고 물린 것을 아는 것뿐만 아니라, 비
록 그 측은해함을 확충하는 것으로부터 천지와 함께 자리하고 만물을
자라게 하는데 이르기까지, 또한 오직 이처럼 아파하고 측은해 할 수
있는 하나의 知일 뿐입니다.)[4]

사람의 몸이 아파하고 가려워하는 생명현상 역시 양지와 양능이라
는 말이다. 이것 역시 심의 범주를 벗어난 것임에도 불구하고 정제두
는 '양지'에 포함시킨다. 사람의 심에만 있는 것으로 설명되는 양지가
동물들로부터 심心과 상관없는 인간의 일상적 생명현상에까지 범위가
확장되고 있는 것이다.

이처럼 맹자나 왕수인과의 차별성을 내면서까지 생물들과 신체적
활동까지 양지로 이해하고 있는 기준은 어디에 있는가? 이 물음을 통
해서 우리는 정제두가 말하고자 하는 양지의 개념을 이해할 수 있다.
정제두가 생물들의 생명현상을 양지로 파악하는 가장 중요한 이유는
"저절로 그렇게 할 줄 알기 때문"으로,[5] 정제두는 이것을 "먼저 알고
자 하는 마음이 있은 뒤에 알게 되는 것이 아니기 때문"이라고 말한다.
한마디로 '인위적인 것이 포함되지 않은 모든 상태'이다. 알려고 하는

---

4) 위의 책, 卷1, 「與閔彦暉論辨言正術書」, "人身之能痛能痒者即是良知良能也.
……(不惟此所謂知疾痛知嚼螫者而已, 雖其從以之充其側隱, 以至位天地育
萬物焉, 亦惟此能痛痒側隱之一箇知而已.)"
5) '선천적 도덕인식능력'을 양지로 설명하는 맹자의 철학에서 정제두는 특히
'선천성'에 초점을 맞추어서 양지의 개념을 받아들이고 있는 것으로 보인다.
이렇게 되면서 사람과 동물을 구분하기 위해 제기되었던 맹자의 良知 개념이
'선천성'을 기준으로 사람과 동식물의 같은 점으로 인식된다. 이 점이 양지에
대한 정제두의 독특한 입장이다. 맹자의 양지에 대한 입장은 『孟子』, 「盡心
上」, "孟子曰人之所不學而能者, 其良能也, 所不慮而知者, 其良知也. 孩提之
童, 無不知愛其親也, 及其長也, 無不知敬其兄也. 親親仁也, 敬長義也, 無他,
達之天下也." 참조.

마음이 있은 이후에 아는 것이 아니라, 저절로 알아지는 것이 "나무가
피고 자라나서 무성해 질 줄 아는 것"으로 표현된다. 사람의 몸 역시
자신이 아파하려 하고 가려우려고 해서 아프고 가려운 것이 아니라,
저절로 그렇게 된다는 말이다. 이것은 물리라고 하더라도 죽은 리의
범주에 속하는 무생물이 아닌 이상, 양지의 범주에 속할 수 있다. 여기
에서 우리는 물리 속에도 생물과 무생물의 차별성이 있음을 드러냈던
정제두의 입장이 양지의 소유여부에 의한 것임을 알 수 있다.[6]

정제두는 한 단계 더 나아가 이것이 바로 천지의 질서이며, 세계를
구성하는 리라고 생각했다.[7] 정제두 역시 양지와 양능을 '인위적인 개
입이 전혀 없이 저절로 알게 되고 할 줄 아는 것'으로 정의한다. 정제
두가 성性을 양지로 이해하고 있는 것도 "타고난 천성이 원래부터 가
지고 있는 중中"이기 때문이다. 그래서 그는 다음과 같이 말한다.

성은 하늘이 내린 마음(衷)이고 명덕明德이며, 본래부터 가지고 있는
양지(양능)이니, 이것은 생生의 덕을 가지고 있으면서 물物의 법칙이
된다. 그러므로 명덕明德이라고 하고, 강충降衷이라고 하며, 양지·양
능이라 하고, 타고난 천성이라고 한다. 태어나면서부터 가지고 있는 중
中이기 때문에 천지지중天地之中이라고도 한다. 생생하는 하나의 리가
끊임없이 유행하는 것은 성의 근원이요, 나에게 부여되어 온전하게 갖
추어진 것이 함께 유행하면서 사이가 없는 것은 성의 명命이다.[8]

---

6) 자세한 것은 제2부 1장 1-1) 物理부분을 참조할 것.
7) 이러한 것을 가리켜 '우주적 양지설'이라고도 한다. 자세한 것은 김교빈, 앞의
   논문, 95쪽 참조.
8) 정제두, 앞의 책, 卷9, 「存言下」, "性者天降之衷, 明德也, 自有之良也, 有是生
   之德, 爲物之則者也. 故曰明德, 故曰降衷, 故曰良知良能. 故曰秉彝. 自有之
   中故曰天地之中. 生生一理, 於穆流行者, 性之源也, 賦予具全, 同流無間者,
   性之命也."

여기에서 우리는 정제두가 말하는 양지와 성이 개념적으로 일치함을 알 수 있다. 이것은 하늘이 내린 진실된 마음으로, 명덕明德인 동시에 사물의 법칙이다. 그렇다면 이것은 어떠한 특징을 가지고 있는가? 한 마디로 "타고난 천성이 원래부터 있는 상태"를 말하는 것으로, 인위성이 배제된 하늘이 부여한 마음 상태이다. 따라서 양지와 양능은 선천적으로 주어진 인식능력과 그에 따른 행위능력이라고 말할 수 있다. "대개 양지와 양능 두 글자를 갈라서 둘로 하는 것은 옳지 못합니다. 저절로 이와 같이 할 수 있는 것이 바로 양지입니다"9)라는 정제두의 말은 이러한 점을 밝히고 있는 것이다. 하늘로부터 부여받은 본성으로 인해 '저절로 알고 행할 수 있게 되는 것'이 바로 양지이다.

따라서 정제두가 말하는 양지의 개념은 선천적 특징을 가지는 것으로, 인위적 노력이 없는 상태를 말한다. 즉 하늘로부터 부여받은 본성 그대로의 모습으로, 사람뿐만 아니라 사물에까지 이 개념이 적용된다. 그래서 정제두는 부여받은 본성에 의해서 자라고 그것에 따라서 아파하는 것으로부터, 저절로 일어나는 마음의 정감 상태를 모두 양지로 본다. "양지는 다만 이발已發한 것일 따름이요, 미발이란 없는 것이며, 다만 달도達道가 있을 뿐이요 대본大本이란 없는 것입니다"10)라는 정제두의 말은 바로 양지의 이러한 측면을 강조하고 있다. 발한 상태의 정감이라도 인위적이지 않으면 양지이다. 따라서 "착실히 양지를 치致해 가는 것이 바로 성의誠意이며, 착실히 양지를 치致하여 조금이라도 의필고아意必固我가 없으면 이것이 바로 정심正心이다"11)라는 정제두의 말은 인위성이 존재하지 않은 순전한 상태의 심을 지칭한다.

---

9) 위의 책, 卷1,「答閔誠齋書」, "蓋知能二字不可二之, 其自能會此者, 是良知."
10) 위의 책, 같은 곳, "良知只是已發而已無未發, 只是達道而已無大本也."
11) 위의 책, 卷2,「答朴大叔大學陽明說疑義問目」, "著實去致良知, 便是誠意, 著實致其良知, 而無一毫意必固我, 便是正心."

동시에 정제두는 드러난 심으로서의 양지뿐만 아니라, 심의 천리로
서 존재하는 성 그 자체도 양지로 본다. 이 점은 앞에서 본 인용문에서
도 잘 드러나 있다. 즉 "성은 곧 양지이다"라는 정제두의 말은 하늘로
부터 부여받은 본성 그 자체도 양지로 보고 있음을 알게 해 준다. 드러
난 정감뿐만 아니라, 그것이 그대로 발현될 수 있게 하는 도덕본체의
영역 역시 양지로 이해하고 있는 것이다.

이것은 모두 '선천성'이라는 특징을 가지는 것으로, '인위적이지 않
은 상태'이다. 사람의 선한 본성을 리로 이해하고 있으며, 나아가 사물
들의 자람과 일상적인 삶의 영역 역시 리로 이해하고 있는 주자학과
많이 닮아 있다. 특히 양지를 심의 영역에서만 파악하는 것이 아니라
일상적 삶의 영역과 사물들에서 찾고 있는 것은 기존의 양명학에서는
보이지 않는 것으로, 여기에는 시사물물事事物物의 리를 인정하는 주자
학적 특징이 배어 있다.

2) 도덕본체와 도덕정감으로 본 양지의 체용體用구조

정제두는 '선천성'과 '인위적이지 않은 상태'를 양지로 설정하고, 그
범위를 일상적 생명현상과 사물까지 확장시켰다. 이러한 모습은 양지
를 철저하게 '심'의 범주에서 이해하고 있는 기존의 양명학과는 차별성
을 가진다. 이처럼 사물의 범위까지 양지가 확장되면서, 마음 내에 있
는 생리生理의 영역 역시 자연스럽게 양지의 범위에 포함된다. 특히 사
람이 가지고 있는 선천적인 욕망이나 정감 역시 '인위적이지 않은 이
유'로 인해 양지의 범주에 포함되며, 이것은 '순수한 본체로서의 양지'
와 '드러난 정감으로의 양지'라는 두 부분을 모두 인정하는 쪽으로 이
행하게 된다. 하지만 진리와 생리를 나누는 정제두의 입장에서, 이 두
부분을 모두 같은 층차로 인정할 수는 없다. 이 때문에 정제두는 이 둘

모두를 양지로 이해하면서, 동시에 이 둘을 다시 체와 용의 구조로 파악한다.[12] 그래서 그는 다음과 같이 말한다.

> 체體를 가리켜 양지라고 말하는 것이 있으니, 심의 본체로, 미발未發한 중中이 이것입니다. 용用을 가리켜서 양지라고 말하는 것이 있으니, 선을 알고 악을 아는 것이 이것입니다.……그러나 사실은 하나의 지知이며 분별할 수 있는 것이 아니기 때문에, 단지 하나의 양지라고 말해도 좋습니다.[13]

정제두는 여기에서 '마음 본체로서의 양지'와 '선을 알고 악을 아는 활동체로서의 양지'를 모두 인정하면서, 체와 용으로 설정한다. 미발한 중을 양지의 체로 보고, 선과 악을 구분할 수 있는 도덕정감으로서의 활동을 양지의 용으로 보고 있는 것이다. 물론, 정제두는 이 둘을 분별할 수 없다고 말하면서, 하나라고 말한다. 그러나 이 둘을 체와 용으로 구분하고 있는 것은 그 차별성을 인정하는 것이라고 할 수 있다. 정제두는 양지를 일단 체와 용으로 구분하고, 다시 이것을 하나로 합일시키려 하는 것이다.

이 때문에 정제두는 양지를 발發한 상태, 즉 시비지심是非之心으로만 이해하는 것에 대해서는 반대의 입장을 분명히 한다. 심 본체인 양지

---

12) 리에 대한 입장에 차이를 보이고 있는 송석준과 김교빈도 양지의 체용론은 정제두의 양명학이 가지는 독자적 위치라는 점에 대해서 인식을 같이 한다. 중국 양명학에서는 드러나지 않는 양지의 체용론적 구조는 양명학이 지닐 수 있는 任情縱欲의 한계를 벗어나려는 노력으로 평가하는데, 이것이 바로 하곡 철학의 중요한 특징이라는 것이다. 자세한 것은 송석준, 「한국 陽明學의 형성과 霞谷 鄭齊斗」, 24~25쪽 및 김교빈, 앞의 논문, 104쪽 이하 참조.

13) 정제두, 앞의 책, 卷1, 「答閔誠齋書」, "其有以指體而言曰良知, 是心之本體, 卽未發之中是也. 其有以指用而言曰良知, 是知善知惡是也.……然其實卽一箇知, 非有可分別者則, 只言一良知足矣."

가 있다는 의미이다.

　지금 만약 양지의 밝음인 시비지심是非之心을 가지고 반드시 그것이
용用일 뿐이며 체體에는 없다고 여기신다면, 사람의 성性 가운데에는
인과 의·예, 이 셋만 있다고 말할 수 있고 지知는 성이 될 수 없으며
나아가 체와 대본도 될 수 없다고 해야 합니까?[14]

　시비지심이 양지의 용이라고 하더라도, 그것을 용으로만 이해해서는
안 된다는 말이다. 지 역시 인·의·예와 더불어 사람의 성 가운데 하
나이며, 따라서 양지의 체體이면서 대본이다. 이것은 양지를 선악판단
의 활동으로만 이해하고 있는 것에 대한 비판으로, 양지를 본체로 이
해하려는 양명학자의 기본적인 면모가 드러나 있는 것이다. 그래서 정
제두는 양지의 체體에 대해 다음과 같이 말했던 것이다.

　성은 하늘이 내린 마음(衷)이고 명덕明德이며, 본래부터 가지고 있는
양지(양능)이니, 이것은 생生의 덕을 가지고 있으면서 물物의 법칙이
되는 것이다. 그러므로 명덕이라고 하고, 강충降衷이라고 하며, 양지·
양능이라 하고, 타고난 천성이라고 한다. 태어나면서부터 가지고 있는
중中이기 때문에 천지지중天地之中이라고도 한다.[15]

　여기에서 정제두는 양지의 체를 하늘의 법칙이며 중中으로 본다. 이
것은 심 본체와 하늘의 법칙을 매개하는 것으로, 그 매개자가 바로 양

---

14) 위의 책, 卷1. 「答閔彦暉書」, "今者若必以良知之明是非之心, 只爲其用而無
　　有乎體則, 人性之中, 只可言仁義禮三者, 而知者乃不得爲性耶, 不得爲體與
　　大本者耶."
15) 위의 책, 卷9, 「存言下·性之體用」, "性者天降之衷, 明德也, 自有之良也, 有
　　是生之德, 爲物之則者也. 故曰明德, 故曰降衷, 故曰良知良能. 故曰秉彝. 自
　　有之中故曰天地之中."

지이다. 이러한 입장이 잘 나타나 있는 것은 정제두가 민이승에게 보
낸 「양지체용도良知體用圖」이다. 정제두는 가장 중앙에 위치하고 있는
권역을 '심의 성性'으로 설정하고, 이것을 '양지지체良知之體'라고 말한
다. 이 부분이 바로 '인의예지仁義禮知'이다. 심의 성과 양지의 체, 그리
고 인의예지는 모두 같은 의미라고 할 수 있다. 이러한 입장에 따르면
양지의 체는 아직 펼쳐지지 않은 도덕본체를 의미한다. 그의 리 구조
에 따르면 이러한 양지의 체는 진리이다.

그래서 정제두는 "양지라는 것은 그 영명한 체를 가지고 말하면 상
제上帝이고, 그것을 알고 깨닫는 작용을 가지고 말하면 화공化工이니,
곧 하나의 심을 일컫는 것입니다"16)라고 말한다. 양지를 단순히 시비
지심으로만 보는 것에 대한 비판이다. 동시에 시비지심의 영역 역시
양지의 용으로 존재하고 있음을 밝히고 있는 것이다.

양지의 용에 대한 입장 역시 「양지체용도」에 잘 드러나 있다. 정제
두는 양지의 용을 설명하면서, 양지의 체를 둘러싸고 있는 심의 영역
을 다시 설정하고 이것을 정情으로 규정한다. 이곳에 사단과 칠정을 모
두 배치시키고, 이것을 양지의 용으로 보고 있는 것이다. 사단과 칠정
은 주자학에서 정情으로 규정하는 것으로, 정제두의 입장 역시 이와 큰
차이가 없다. 따라서 양지는 인의예지로 대표되는 양지의 체와, 그것이
드러난 사단과 칠정인 양지의 용으로 이루어져 있다고 할 수 있다. 전
자는 진리이며, 후자는 생리이다.

이러한 입장에 따르면 양지의 용用은 양지의 체體에 의해서 드러난
도덕정감으로, 생리의 영역과 연관되어 있다. "양지라고 말하는 것은
대개 심의 체가 능히 앎을 가지고 있는 것(사람의 生理)의 전체를 이름
한 것일 뿐입니다"17)라는 정제두의 말은 양지의 용의 측면에서 말한

---

16) 위의 책, 卷1, 「答閔誠齋書」, "良知者, 以其靈明之體言之則宰也, 以其知此覺
此之用言之則化工也, 卽一心之謂也."

것으로, 그것이 생리에 속해 있다는 것이다. 즉 '본체가 가진 앎'은 선
악판단을 통해 외부로 드러난 활동을 의미하며, 이것은 시비지심으로
드러난 양지이다. '선을 알고 악을 아는 것이 바로 양지의 용'이라고 말
하는 것과 일맥상통한다. 이러한 정제두의 입장은 다음 인용문을 통해
잘 드러난다.

> 측은지심惻隱之心은 사람의 생도生道이며, 양지 또한 생도生道라는
> 것입니다. 양지는 측은지심의 체로, 오직 측은해 할 수 있기 때문에 그
> 것을 양지라고 할 따름입니다.[18]

측은지심을 생도生道로 규정한 정제두는 이것 또한 양지라고 말한
다. 양지 역시 생도이기 때문이다. '측은해 할 수 있는 것'은 표현된 마
음으로 '생리'에 의한 생리지심生理之心이다. 동시에 측은지심의 체 역
시 양지라고 말한다. 이것은 측은할 수 있게 하는 마음으로, 측은한 마
음을 통해서 드러난다. 본체로서의 양지를 말하는 것으로, 진리의 영역
에 속한다.

이러한 입장에 따르면 정제두는 양지를 체와 용의 입장에서 파악하
고 있으며, 이것은 결국 위에서 살펴보았던 진리와 생리임을 알 수 있
다.[19] 정제두는 이러한 모든 것을 '하나의 마음'으로 규정함으로써 통
일을 꾀하고 있지만, 여기에는 이미 양지의 체와 용이 전제되어 있다.
원래 양명학은 체와 용의 구분 자체를 비판한다.[20] 그러나 정제두는

---

17) 위의 책, 卷1, 「與閔彦暉論辨言正術書」, "其言良知者, 蓋以心體之能有知者
(人之生理)之全體名之耳."
18) 위의 책, 같은 곳, "惻隱之心人之生道也, 良知卽亦生道者也. 良知卽是惻隱
之心之體, 惟其能惻隱故謂之良知耳."
19) 김교빈, 앞의 논문, 107쪽 참조.
20) 이미 위에서 밝힌 것처럼 양명학에서도 양지는 분명 두 가지 의미를 가진다.

이 둘의 구분을 통해서 리의 층차를 설정하고, 그 속에서 양지를 체와 용으로 나누어 본다. 그리고 체와 용의 측면에서 이 모두가 '하나의 양지'임을 주장한다.[21] 도덕본체와 도덕정감의 합일가능성을 확보하고 있는 것이다.

3) 양지의 체용합일體用合一과 치양지致良知

정제두는 도덕정감과 도덕본체, 그리고 생리生理와 진리眞理를 모두 '양지'라는 이름으로 통합해서 부른다. 다만 전자를 양지의 용으로, 후자를 양지의 체로 이해한다. 정제두는 이를 통해 도덕정감과 도덕본체의 합일가능성을 모색하고 있으며, 그 합일 상태를 치양지致良知로 본다. 이미 위의 인용문에서 보았듯이 정제두는 "사실은 하나의 지知이

하나는 직접적 활동성을 가진 활동체로서, 측은지심이나 시비지심과 같은 모습으로 나타나는 것이다. 그리고 또 다른 하나는 마음의 본체, 혹은 천리로서의 의미를 가지기도 한다. 따라서 양지는 본체로서의 양지와 발용체로서의 양지로 나누어 질 수 있다. 하지만 왕수인의 양명학 체계 내에서 마음은 성과 정이 따로 분리되지 않는 개념이다. 이러한 이유에서 본체이면서 활동체로서의 양지 역시 구분되지 않고 '심'이라는 개념 속에서 하나로 통합될 수 있다. 체용론의 구조를 인정하지 않는 양명학적 특징이 그대로 반영되고 있는 것이다. 여기에 대해서 자세한 것은 제1부 1장 1-2)를 참조할 것. 하지만 정제두의 양지체용론은 이러한 양지를 철저하게 체와 용으로 구분해 보는 것으로, 여기에는 주자학적인 체용론의 구조가 차용되어 있다.

21) 이러한 정제두의 체용론에 대해서 최재목은 "양지가 체용이 합일된 것이라는 점을 밝히는 과정에서 그는 양지가 체와 용의 양면으로 구분된다는 체용론 그 자체도 부각시키는 결과를 낳게 되었다"고 본다. 이처럼 체용론은 기본적으로 이 둘을 하나의 合一 구조로 보기 위한 전제에서 출발하지만, 이것은 궁극적으로 체와 용의 양면을 인정하는 모습을 띨 수밖에 없다. 양명학은 바로 주자학의 이러한 체용구조에 대한 비판으로부터 시작되었다고 해도 과언이 아니다. 이러한 면에서 정제두가 양지를 체용구조로 보는 것은 상당한 의미가 있다. 자세한 것은 최재목, 『동아시아의 양명학』, 109~140쪽을 참조.

며 분별할 수 있는 것이 아니기 때문에 다만 똑같이 양지라고 해도 좋습니다"라고 함으로써 체용 모두를 양지로 인정하면서, 이것을 갈라보아서는 안 된다고 말한다. 하나의 마음이며, 하나의 양지여야 한다는 것이다. 그는 민언휘에게 보낸 편지에서 다음과 같이 말한다.

성을 나누는 측면에 있어서는 (그렇게) 말할 수도 없고 공부할 곳도 없습니다. 따라서 심의 측면에서 양지를 말함으로써 성정공부의 주재로 삼은 것입니다. 또 그 아래 위나 좌우·오르고 내림(縱橫顚倒)을 모두 심이라고 말하고 양지라고 말하는 것은 그 사물에 감응하는 리가 모두 심에서 나오지 물物에 있지 않기 때문입니다. 또한 그 명목名目이 많으면 사람들은 각각의 조목만 보고 여러 갈래에서만 구하려 하기 때문에 대본大本과 일심一心을 가지고 말한 것에 불과합니다. 만약 성과 정의 측면에서 말했다면 그 한계와 구분 역시 명확하지 않은 적이 없습니다. 양명은 체體를 통틀어 모두 이 심에서 벗어나지 않기 때문에 전부를 심에서 말했던 것입니다.……대개 실제로는 하나이기 때문에 성이라고 말하든 정이라고 말하든 모두 안 될 것이 없습니다.22)

양지에 체와 용이 있음은 이미 위에서 살펴보았다. 정제두는 성의 측면에서 양지처럼 나누어서 말하지 못하는 것은 '그렇게 말할 수도 없고' 또 '공부를 할 필요도 없어지기 때문'이라는 입장을 개진한다. 이 때문에 심의 측면에서 말한 것이며, 양지는 바로 그 속에 있다고 말한다. 이것은 두 가지 해석이 가능하다. 하나는 드러나지 않은 성이 어떠

---

22) 정제두, 앞의 책, 卷1, 「答閔誠齋書」, "若在於性分上, 無以容得說下得工, 故就心而言良知, 以爲其性情工夫之主宰耳. 且其縱橫顚倒, 皆說心說良知者, 爲其事物感應之理, 皆出於心, 而不在於物故也. 且多其名目, 人視爲各件, 求之多岐, 故不過以大本一心言之. 若就言其性情則其界分亦未嘗不明耳. 陽明以統體皆不出此心, 故統以言於心……蓋其實是一物, 以之言性言情, 皆無不可."

한 것인지에 대해서는 말할 수가 없다는 뜻이다. 성이 어떠하다고 규정할 수도 없고, 따라서 그것에 대해서 공부할 수도 없다는 말이다. 결국은 드러난 방식인 마음을 통해서 말할 뿐이며, 양지는 여기에서 체와 용으로 작용하면서 이 둘을 하나로 엮어 낸다는 의미이다. 또 다른 하나는 드러남을 통해서 비로소 '공부'가 가능해진다는 의미이다. 성그 자체는 선도 없고 악도 없는 순선한 것이므로, 공부의 대상이 아니다. 다만 이것이 도덕정감으로 드러나는 데 있어서 선한 모습으로 드러나지 못할 경우가 있으므로 여기에는 공부가 필요하다. 정제두가 양지를 이발已發로 규정하는 것은 바로 이 때문이다.

양지는 다만 이발已發일 뿐이며 이미 미발未發은 없고, 다만 달도達道일 뿐이며 이미 대본大本은 없습니다. 형께서 저에게 말씀하신 것을 살펴보면, 정함과 동함 상에서 '미발'과 '발해서 중절함'을 나누고 있으며, 적연寂然할 때와 감통感通할 때를 가지고 대본大本과 달도達道를 나눕니다. 하나같이 선유들의 설과 같으니, 그런즉 병통이 있음도 그와 같습니다. 그러나 양명은 이와 같지 않습니다. 미발은 발해서 중절함속에 있고, 적연寂然함은 감통感通함 속에 있으며, 성의 체는 정情의 용 속에 있고, 대본은 달도에서 행해집니다. 그러므로 달리 적연寂然하여 성이 되고 정하여 체가 되는 때가 있어서 그것을 대본이라고 생각하는 것은 아닙니다. 따라서 그 정함이나 동함이라는 것은 그 때에 불과합니다. 이른바 대본이라는 것은 정함·동함과 조금의 틈도 없으며, 그 적연함이니 감통함이니 성이니 정이니 하는 것은 본체本體·묘용妙用과 잠시도 떨어질 수 없는 것입니다. 그러므로 대본은 조금이라도 달도와 나누어 놓을 수 없으며 성의 체는 조금이라도 정情의 용과 나누어 놓을 수 없습니다. 이것을 일컬어서 '대본이 없다' '성이 있지 않다'라고 하는데, 그럴 수 있습니까? 다만 그 정情과 용의 발함이 과연 순수하게 성과 체에서처럼 순수할 수 있는가 그렇지 않은가에 달려 있을 따름입니다. 그것이 과연 순수하게 성과 체에서 나온 것이라면 바로 그게 성이고 대본이라는 것입니다.[23)]

비록 양지는 체와 용으로 구분되지만, 드러나는 것은 오로지 용을 통해서만 이루어진다는 말이다. 미발은 발해서 중절한 것의 모습으로 드러나며, 성과 체는 정情과 용의 모습으로 드러난다. 이 때문에 정제두는 미발은 곧 이발이고 체는 곧 용이며, 정은 곧 성이라고 말한다. 중요한 것은 정과 용이 성과 체의 순수함을 그대로 유지하는가 그렇지 않은가이다. 여기에서 공부는 정情과 용用이 성과 체의 순수함을 그대로 유지하게 하는 것이다.

정제두가 양지의 체와 용을 말한 것은 그 속에 질적 차별이 있음을 말하는 것으로, 용用 속에 체體가 있고 이발已發 속에 미발未發이 있다고 말하는 지금의 입장과 모순된 것처럼 보이기도 한다. 그러나 정제두가 말하고자 하는 것은 비록 그 차별점이 있다고 해도 중요한 것은 이발을 통해 실현되지 않고 정을 통해서 드러나지 않는다면 미발이나 성은 아무런 의미가 없다는 것이다. "공부할 필요가 없다"라는 정제두의 말은 미발이나 성의 선한 속성을 드러내는 말이다. 그러나 성인됨에 있어서 중요한 것은 미발이나 성의 선함이 아니라, 그것이 그대로 발함과 정으로 드러나야 한다. 여기에서는 뜻을 정성스럽게 하는 공부

---

23) 위의 책, 卷1, 「答閔彦暉書」, "良知只是已發而已無未發, 只是達道而已無大本也. 自吾兄所言觀之, 此以其靜上動上分未發發中, 寂時感時分大本達道. 一如先儒之說也, 然則其爲之病固如是, 然陽明不如此. 其未發在於發中, 寂然在於感通, 性體存於情用, 大本行於達道. 非別有寂而爲性靜而爲體之時, 以爲其大本者也. 故其靜也動也者, 不過其時也. 所謂大本者, 無間於靜動, 其寂也感也性也情也則其本體妙用之不可以暫離者也. 而大本不得毫忽分於達道矣, 性體不得毫忽分於情用矣. 其謂之無大本不有性可乎. 只着其情其用之發, 果能純乎其性體乎否耳. 其果能純乎出於性體則正是其性也大本者也."

가 필요하다.24)

따라서 정제두가 체와 용, 미발과 이발, 성과 정을 모두 양지로 규정하고 있는 것은 이 둘의 합일가능성을 형이상학적으로 해명해 주는 것으로 볼 수 있다. 특히 이발과 정은 드러나거나 혹은 표현된 마음이다. 도덕행위에서 중요한 것은 이발이나 정과 같이 표현된 마음이 어떻게 도덕적 정감이 되는가 하는 것이며, 그 근거가 미발이나 성과 같은 개념들이다. 여기에서 양지는 양쪽 모두를 포함하고 있는 개념으로, 이를 통해서 본체와 정감이 '하나'로 묶일 수 있게 된다.

그렇다면 본체와 정감이 모두 양지인데, 왜 악함은 만들어지는가? 여기에서 중요한 것은 바로 위에서 보았던 '양지의 개념'이다. 우리는 위에서 정제두의 양지가 가진 중요한 특징을 '선천성'과 '인위적이지 않은 상태'에서 찾았다. 이 때문에 정제두는 사단四端 역시 악할 수 있다는 입장을 제기하면서, 그 이유를 '인위적인 것'에서 찾는다.25)

> 생각건대 측은지심惻隱之心이나 수오지심羞惡之心에 선함도 있고 선하지 않음도 있는 것은 천리와 인위의 차이일 뿐입니다. 이른바 기질지성氣質之性 때문은 아닙니다.26)

선함과 불선함은 천리대로 따르는가 아니면 인위적으로 행하는가의 차이에 기인한다는 말이다. 즉 '인위적'이라는 것은 '양지'의 개념에서 벗어나므로, 그것이 사단四端으로 드러났다고 해도 양지의 발현(양지의 용)이 아니면 불선不善할 수밖에 없다는 것이다. 따라서 양지의 체와

---

24) 김교빈, 앞의 논문, 118쪽 참조.
25) 위의 논문, 115쪽 참조.
26) 정제두, 앞의 책, 卷15, 「孟子解·四端章雜解」, "按惻隱羞惡之有善有不善者, 是天理人僞之辨耳. 非所謂氣質之性也."

용은 천리의 자연스러운 흐름, 즉 인위가 배제된 상태에서 하늘로부터
부여받은 양지의 체를 그대로 양지의 용으로 드러나게 하는 것이 중요
하다. 정제두가 말하는 치양지致良知의 상태는 바로 이것을 의미한다.

  '치양지致良知'는 (理라고 생각하는 것은 곧 이 心이다. 이 리가 심에
서 나오기 때문에 심의 體를 다하면 리가 다하지 않음이 없다. 체를 따
라서 用을 達하게 하는 것은 하나일 따름이다.) 그 본체가 원래부터 하
나이지 둘이 아닙니다.(이 심과 리가 모두 다하여서 남음이 없는 것이
니, 어찌 朱子와 다른 뜻이 있겠는가만, 오직 그 본체가 하나에서 나왔
다는 점에서 구별됨이 있을 따름이니, 그 다투는 부분은 진실로 머리
카락 하나 정도의 차이일 뿐이다.) 그러므로 (주희가)"심과 리가 하나임
을 말하고 기품과 물욕의 사사로움을 살피지 않는다"라고 말한 것(이
것이 본래 致良知설이다. 즉 致――하나로 이르게―하려는 것인데 그
공부가 결함이 있어서 그 심의 체를 다하지 못하므로 發한 것이 리에
들어맞지 않는다. 그러나, 이것은 공부가 잘못된 것이지 (心과 理를) 일
체로 했기 때문은 아니다)은 이 역시 결국은 둘이 되어서 하나로 할 수
없게 된다.[27]

  여기에서 정제두는 치양지를 '리의 상태를 그대로 마음으로 드러나
게 하여 남는 것이 없는 상태'로 규정한다. 즉 양지의 체와 용 사이에
인위적인 것을 배제함으로써 이 둘 사이에 조금의 여분이나 간격이 없
게 된 상태이다. 이러한 근거는 마음과 리가 '원래 하나'였기 때문이며,

---

27) 위의 책, 卷1, 「答閔彦暉書」, "致良知,(以爲理卽是心也. 以其理之出於心, 故
   心體盡而理無不盡也. 循體而達用, 一而已) 此其本體之自一而無二者也(此
   其心理之並盡無遺, 亦豈與朱子有異義哉, 惟其本體之出于一者爲有別故耳,
   所爭眞毫釐也). 說心與理一, 而不察乎氣稟物欲之私,(此則本亦致良知說也,
   卽亦欲致一者也, 以其工夫欠缺, 不能盡其心體, 故發不中理耳, 此則工夫之
   失, 而非一體之故) 此亦終於爲二而不能一矣."

양지의 체와 용 역시 '원래 하나'였기 때문이다. 문제는 공부를 통해 이 둘을 '일체로 하는가 그렇지 않은가'가 문제이지, 원래 둘이었던 것은 아니라는 말이다. 따라서 양지의 체와 양지의 용을 하나로 이해하고 있는가 그렇지 않은가의 차이가 바로 양지를 치致했는가 그렇지 않은 가의 차이를 낳는다. 이러한 치양지의 단계는 '공부'를 통해 이룰 수 있으며, 따라서 양지가 드러나지 못하는 것은 양지의 잘못이 아니라 공부가 잘못된 것이다. 치양지는 공부를 통해서 양지의 체를 그대로 양지의 용으로 드러내는 작업이라고 말하는 것은 이 때문이다. 그래서 정제두는 "치양지致良知를 말하면 당장에 곧 실지로 공부할 수 있는 곳이 생기니, 일에 따라 그 일에 나아가 그 양지를 치致하면 바로 그 물物이 격格해 지는 것이요, 착실하게 양지를 치致하면 그것이 바로 성의誠意이다"[28]라는 양명의 말을 인용해서 치양지에 대해 설명한다. 따라서 치양지는 양지의 체용합일을 의미하는 것이며,[29] 이것은 원래 하나인 양지의 체와 용이 그대로 유지될 수 있도록 공부하는 것이라고 말할 수 있다.

2. 격물치지格物致知와 성의정심誠意正心의 수양론

1) 양명학에 기반한 격물치지의 해석

격물치지는 『예기禮記』의 한 편에 불과하던 「대학大學」을 하나의 책으로 만들만큼 신유학자들에 의해 주목을 받았던 구절이다. 성리학 성립기는 유·불·도가 서로 이론적 경합을 벌이고 있었던 시기였다. 체

---

28) 위의 책, 卷2, 「答朴大叔大學陽明說疑義問目」, "說致良知則當下便有實地步可用功, 隨事就事上致其良知, 便是物格, 著實去致良知, 便是誠意."
29) 금장태, 앞의 논문, 24~25쪽 참조.

계적인 불교의 인식론에 비해 세련된 인식론 체계를 가지고 있지 못했던 유학자들은 불교에 필적할 만한 인식론 체계를 세우려는 시도를 하게 되었고, 이때 눈에 띄었던 대목이 바로『대학』에 있는 격물치지였다. 이렇게 되면서 주희는『대학』의 내용에 새로운 것을 추가하면서까지 주자학의 인식론을 설정하는 데 전력을 기울였으며, 여기에서 탄생한 것이 바로 '격물치지'론에 바탕한 주자학의 인식론이다.

이미 위에서 밝혔듯이 주희는 격물치지를 '사사물물事事物物의 리理를 궁구하여서 올바른 앎에 이른다'라고 해석한다.[30] 리에 이르는 인식의 단계를 설정하고 있는 것으로, 하나하나 사물들의 리를 궁구해 가다 보면 어느 순간 궁극적 리에 이를 수 있다는 '활연관통豁然貫通'론이 여기에서 나온다. 이처럼 격물치지는 주자학의 리에 대한 인식이 어떻게 이루어지는지를 설명하는 중요한 구절로 사용된다.

하지만 왕수인에게 오면서 이 부분은 새로운 해석의 길을 걷는다. 그는 주희에 의해 해석된『대학』을 반대하면서 원래의「대학」으로 돌아갈 것을 주장한다. 동시에 왕수인은 격물치지를 순수 인식의 영역에서 해석하는 것에 반대한다.[31] 그는 특히『대학』의 격물치지를 성의정심誠意正心과의 관련성 속에서 해석할 것을 주장한다. 즉 격물치지란 뜻을 정성스럽게 하고 마음을 바르게 하는 것과 다르지 않다는 말이

---

30) 朱熹,『大學章句』, "格至也, 物猶事也, 窮至事物之理, 欲其極處無不到也." 참조.
31) 정제두의 이러한 입장은 고본대학의 중시에서 잘 드러난다. 가장 대표적인 입장은 바로『大學』의 3강령 가운데 "在親民"을 "在新民"으로 바꾼 주희의 입장을 강하게 비판하는 것에서 잘 드러난다. 이러한 입장은 이후 격물치지의 해석에서 완전히 다른 방향으로 나아가게 된다. 여기에 대해서 자세한 것은 왕수인, 앞의 책, 卷1,「傳習錄上」, "格物是止至善之功, 卽知至善, 卽知格物矣……朱子格物之訓, 未免牽合附會, 非其本旨. 精是一之功, 博是約之功, 曰仁旣明知行合一之說, 此可一言而喩." 참조.

다. 그래서 왕수인은 격물에서 격格을 '바를 정正'자로 해석하고 물物을 '마음이 이르는 모든 것', 즉 심으로 해석한다.[32] 그리고 지知를 양명철학의 중심개념인 양지로 해석함으로써 '마음을 바르게 하여 양지를 이룬다'라고 해석한다.[33] 인식론 체계로 해석되던 격물치지론을 수양론의 영역으로 치환시키고 있는 부분이다. 그렇다면 정제두는 이것을 어떻게 받아들이고 있는가? 그는 우선 『대학』의 팔조목을 설명하는 과정에서 다음과 같이 말한다.

치지致知는 격물格物에 있다는 말에서 치致는 이르는 것이며, 지知는 심의 본체이니, 지극한 선이 발發한 것이다. 격格은 바로잡는 것(正)이며, 물物은 일이니 곧 뜻(意)이 있는 곳의 일(事)이다. 본체의 앎을 이룬다는 것은 실제로 일하는 것을 바르게 하는데 있으며, 그것에 이르렀다고 하는 것은 그 물物의 진실眞實됨을 다하는 것에 불과하다. 그러므로 심은 그 뜻이 있는 곳의 물을 바르게 하는 것이다. 대체로 몸의 주인은 심이고 심이 발한 것은 의意이다. 지라는 것은 의意의 체이며 물

---

32) 格字를 正으로 해석하고 있는 부분은 王守仁, 앞의 책, 卷2,「答顧東橋」, "格字之義, 有以至字訓者,……則亦兼有正字之義在其間, 未可專以至字盡之也. 如'格其非心', '大臣格君心之非'之類, 是則一皆正其不正以歸於正之義." 참조. 그리고 物을 心으로 해석하고 있는 것은 같은 책, 卷2, "夫正心誠意致知格物皆所以修身, 而格物者, 其所用力日可見之地. 故格物者, 格其心之物也, 格其意之物也, 格其知之物也." 참조. 여기에서 특히 格物이라는 것은 "심의 물을 格하고 意의 물을 格하고, 知의 물을 格한다"라고 해석되는데, 이 모든 것은 결국 心에서 이루어지는 것들이다. 따라서 주희와 같이 事事物物의 理로 해석되지는 않는다. 이러한 입장에서 왕수인은 「대학문」에서 다음과 같이 말한다. 위의 책, 卷2,「大學問」, "物者, 事也. 凡意之所發, 必有其事, 意之所在謂之物. 格者, 正也. 正其不正以歸於正之謂也." 이러한 입장에 대해서 자세한 것은 진래, 『양명철학』, 231쪽 이하를 참조.
33) 자세한 것은 위의 책, 卷1,「傳習錄上」, "知是心之本體, 心自然會知, 見父自然知孝, 見兄自然知弟, 見孺子入井自然知惻隱, 此便是良知, 不假外求." 참조.

이란 의意의 용이다. 이룬다(致)는 것은 이르는 것(至)이니, 그것을 '이
룬다는 것'은 '이르는 것(至)을 다하는 것'이다. 격格은 바로 잡는 것이
니, 그것을 격格한다는 것은 바로잡음을 극진히 하는 것이다.[34]

그는 왕수인과 마찬가지로 격물치지에서 격을 '바로잡다'는 의미의
정正으로 해석한다. 동시에 물物은 "뜻(意)이 담겨 있는 것"으로, 왕수
인이 "뜻이 가 있는 곳"으로 해석한 것과 일치한다. 여기에서 의意는
"마음이 발한 것"을 의미하므로, 정제두 역시 격물을 "마음이 발한 것
을 바르게 한다"라는 의미로 해석하고 있음을 알 수 있다. "리를 궁구
함으로써 궁극적인 앎에 이른다"는 의미로 격물치지를 해석하고 있는
주희와는 그 입장이 다르다. 격물의 대상이 마음 밖의 사물에 있는 것
이 아니라, 마음을 대상으로 하여 그것을 바로 잡는 작업임을 알 수 있
게 하는 대목이다.

왕수인이 이른바 물物이라고 한 것은 내 마음에서 밖의 것이 아니니,
곧 내 마음이 일상적으로 볼 수 있는 곳에 나의 지知가 있는 것이다.
그 조리가 있는 것은 모두 심에서 나온 것이며 모두 나의 성性이니, 물
物이나 리가 마음 아닌 것이 없으며 안(內) 아닌 것이 없다.[35]

이러한 정제두의 언급은 물에 대한 그의 입장을 분명하게 드러낸다.

---

34) 정제두, 앞의 책, 卷13, 「大學說・大學二」, "致知在格物, 致至也, 知者心之本
體卽, 至善之所發也. 格正也, 物者事也, 卽意所在之事也, 致其本體之知者,
其實在於其所事之正焉, 而其至也, 不過盡其物之實矣. 故心卽其意之所在之
物而正之. 蓋身之主爲心, 心之所發爲意. 知者意之體, 物者意之用也. 致者至
也, 其致也, 至之盡也. 格者正也, 其格也, 極其正也."
35) 위의 책, 卷8, 「學辯」, "王氏所謂物者非外於吾心也, 乃吾心之日用可見之地,
而吾知之所在者也. 其有條理, 皆出於心, 而皆吾之性, 是物也理也, 無非心也
內也."

비록 물리를 인정하고는 있지만, 그것이 마음과 독립되어 존재하는 것은 아니라는 말이다. 사물은 비록 밖에 있다고 하더라도 그것의 조리條理는 마음에서 나오므로 마음 밖의 일이 아니다. 격물格物이 마음 밖에 존재하는 사사물물지리事事物之理에 대한 공부가 아님을 밝히고 있는 것이다. 이러한 의미에서 물과 리는 모두 마음이며, 따라서 마음 안(內)의 일이라고 말할 수 있다. 격물은 마음 속을 바르게 하는 공부이지, 외부적 리를 궁구窮究해 나가는 것은 아니라고 하겠다. 이러한 입장은 지知에 대해서도 그대로 반영된다.

이른바 지라는 것은 시비지심是非之心으로 사람이면 모두 가지고 있는 것이다. 어린 아이도 어버이를 사랑하고 형을 공경하는 줄 알지 못하는 사람이 없고, 불선不善함이 있어서 알지 못한 적이 없다. 그래서 비록 소인이 이르지 못하는 바가 없다고 해도 그 가리워진 것은 안다. 이것은 하늘에서 명덕明德을 받아서 어두움이 없기 때문이며, 천리天理의 밝은 곳이 사물의 법칙이 되기 때문이니, (마음)밖에서 구할 수 있는 것이 아니다. 그 공덕은 그 앎에 스스로 만족하기를 구하여서 스스로 그 앎을 속이지 말라고 한 것일 따름이다. 이것을 일컬어서 치지致知라고 하니, 이와 같다면 치지의 뜻이 성실해진다.36)

여기에서 정제두는 지를 시비지심是非之心으로 설명한다. 이것을 통해 우리는 그가 지를 양지로 이해하고 있음을 알 수 있다. 왕수인이 치지致知에서 지知를 양지로 설명하고 있듯이 정제두 역시 그러한 것이

---

36) 위의 책, 같은 곳, "所謂知者, 卽是非之心人皆有之者也. 孩提之童, 無不知愛親敬兄者也, 有不善未嘗不知, 而雖小人之無所不至, 知其掩之者也. 是明德之得之乎天而不昧者也, 是其天理之明處, 爲事物之則者也, 非有可求資於外者也. 其功也惟求自慊其知, 毋自欺其知而已矣. 是謂之致知, 如是則致知之意誠矣."

다. 정제두는 이 앎이 바로 명덕明德이며 동시에 사물의 법칙이 된다고 말한다. 이러한 의미에서 정제두는 치지致知를 '아는 것을 스스로 속이지 않는 것'으로 해석한다. 양지가 그대로 발현될 수 있도록 내버려두는 것이다. 이 때문에 정제두는 격물과 치지를 하나로 이해하면서, 각기 다르다고 보는 견해나 혹은 격물과 치지를 선·후로 이해하는 것에 대해 반대한다.

> 치지와 격물 역시 하나이지 두 가지 도가 아니다. 왜 그런가? 지지는 밖에 있는 것이 아니요,(是非之心이다.) 의義도 밖에 있는 것이 아니며,(心이 그 마땅함을 얻은 것이다.) 리도 밖에 있는 것이 아니고, 물物도 밖에 있는 것이 아니다.(시비의 물을 아는 것과 마음이 당연함의 리를 얻는 것이다.) 만약 리를 밖이라고 생각한다면 이 의도 밖이며, 물을 밖이라고 생각한다면 이것은 자기의 성도 밖에 있는 것으로 여기는 것이다.37)

지도 심 속의 일이며, 그것이 발한 의意 역시 심 속의 일이다. 동시에 리理도 심 속의 일이며, 물도 심 속의 일이다. 이렇게 보면 지와 의, 리와 물 역시 모두 심 속의 일로, 격물과 치지가 궁극적으로는 하나의 일이다. 이러한 그의 입장은 사사물물事事物物의 리를 하나하나 이해하다보면, 궁극적 앎에 이른다는 주희의 순차적 인식 방법에 대한 거부이다. 즉 주희는 격물을 통해 치지에 이른다고 본 반면, 정제두는 격물과 치지를 동일한 선상에서 바라보아야 한다고 생각하는 것이다. 이러한 의미에서 그는 격물치지를 다음과 같이 풀고 있다.

---

37) 위의 책, 같은 곳, "致知格物亦一也, 非兩道也. 何者, 知非外也.(是非之心) 義非外也,(心得其宜) 理非外也, 物非外也.(知是非之物, 心得宜之理) 若以理爲外則是義外也, 物爲外則是以己性爲有外也."

심이 발發해서 의意가 되는데, 지라는 것은 의의 체이고 물이라는 것은 의意의 용이다. 치致한다는 것은 이른다는 것이니, 심 본체의 지知를 이루는 것이다.(곧 지극한 善의 발함이다.) 격格이란 그것을 바르게 하는 것이니, 그 의가 있는 곳의 물(物은 일이다.)을 바르게 하는 것이 바로 이것이다. 의意에는 선하게 되는 것도 있고 악하게 되는 것도 있는데, 그것은 체에서 벗어난 것도 아니지만 체가 그렇게 하게 한 것도 아니다. 이것이 동動하면서 불선不善함이 있게 되고, 의意가 '하려고 함'이 있으면 성誠하지 않음이 있게 되며, 심이 집착하는 것이 있으면 바르지 않음이 있다. 이 때문에 의에는 성誠함과 불성不誠함이 있으며, 심에도 바름과 바르지 않음이 있다. 그러나 본체의 지知는 지극히 선하여서 불선함이 없으니 오직 (모든 것은) 치지致知에 달려 있다. 의意는 성誠을 말하고 심은 바름을 말하면서 지만 유독 치致를 말하는 것은 또한 심의 체體이기 때문이다.38)

여기에서 정제두는 격물格物에서의 '물物'을 의意의 용용用으로, 치지致知에서 '지知'를 의意의 체체體로 본다. 심의 발함을 의로 본다면 그 본체는 지知이고, 그것이 가서 드러나는 것이 바로 물物이라는 말이다. 이렇게 되면 격물은 심이 발한 의意를 올바르게 하는 것으로, 심 공부의 용용用이라고 할 수 있다. 동시에 심 공부의 체는 바로 의의 본체인 지知를 온전하게 이루는 치지致知이다. 따라서 치지와 격물은 서로 체용관계로 설정되며, 이 가운데 더 근원적인 것은 바로 치지라고 할 수 있다. 의意나 심心은 성誠과 불성不誠, 정正과 부정不正이 있을 수 있지만,

---

38) 위의 책, 卷13, 「大學五」, "心之發爲意, 知者意之體也, 物者意之用也. 致者至之也, 致其心本體之知(卽至善之發也). 格者正之也, 正其意所在之物(物事也)是也. 意有爲善, 意有爲惡, 而不出於體, 非體使然也. 是動而有不善也, 故意有爲則有不誠, 心有著則有不正, 是故意有誠不誠, 心有正不正, 而本體之知則至善焉, 無有不善. 惟在致知而已. 意言誠, 心言正, 而知獨言致者, 亦以心體故也."

치지는 그렇지 않기 때문이다. 그래서 정제두는 "격물은 치지의 명목이니 달리 다른 일은 없다. 격물이란 치지의 형形이다"39)라고 하면서 격물과 치지의 관계를 규정하고 있다.

2) 격물치지와 성의정심

격물치지를 위와 같은 구도로 설정하고 있는 정제두의 철학에서 성의정심은 격물치지와 쌍을 이루어 등장할 수밖에 없다. 그는 격물格物에서의 물物을 왕수인과 마찬가지로 '뜻이 가 있는 것'으로 설정한다. 물을 의意와 별개로 해석하고 있지 않은 것이다. 물을 '의가 가 있는 곳'으로 봄으로써 '의의 용'으로 설정하고, 지를 '의의 체'로 설정한 이유이다. 이것은 '격물치지'의 의미를 바로 뒷 구절인 '성의정심'을 통해 해석하는 과정에서 나온 것으로, 양명학의 격물치지론을 따르고 있는 대목이다. 격물치지를 성의정심으로부터 떼어놓고 설명할 수 없는 것은 바로 이 때문이다. 이번 장에서는 이 둘의 의미를 통해서 정제두 수양론이 목적하는 바를 확인해 보기로 한다.

우선 각각의 규정부터 명확히 할 필요가 있다. 이미 위에서 보았듯이 의意는 심이 발發한 것이고, 이러한 의의 체體는 지知이고 용用은 물物이다. 따라서 격물은 의意의 용用을 바르게 하는 것이며, 치지는 의意의 체體를 그대로 이루어낸다는 의미이다. 이러한 의미를 실질적인 사안에서 찾아보기로 하자. 정제두는 왕수인의 말을 다음과 같이 인용하면서 격물치지의 의미를 밝힌다.

부모에게 겨울에 따뜻하게 해 드리고 여름에 시원하게 해 드리려 하는 것이나 잘 봉양하려고 하는 것은 이른바 의意이지, 성의誠意라고 말

---

39) 위의 책, 卷13, 「大學說」, "格物者致知之名, 無他別事耳. 格物卽致知之形."

할 수는 없다. 반드시 따뜻하게나 시원하게 해 드리며 봉양하려는 의意를 실행하여 만족하면서도 스스로를 속이는 것이 없게 된 이후에 비로소 성의라고 말할 수 있다. 어떻게 하여야 따뜻하게 되고 시원하게 되는지의 절차를 알고, 어떻게 하여야 봉양의 옳음이 되는지를 아는 것은 이른바 지지이지 치지致知라고 말할 수는 없다. 어떻게 해야 따뜻하고 시원하게 되는지의 절목에 대한 앎과 어떻게 해야 봉양의 옳음이 되는지를 아는 앎을 이루어서(致) 실제로 따뜻하게나 시원하게 봉양한 연후에 치지致知라고 말할 수 있다. 따뜻하게 해 드리고 시원하게 해 드리는 일과 봉양하는 일을 물物이라고 말하지 격물格物이라고 말할 수는 없다. 반드시 따뜻하게 해 드리고 시원하게 해 드리는 일이나 봉양하는 일에 있어서 어떻게 하면 따뜻하거나 시원하게 되고 어떻게 하면 봉양의 옳음이 되는지를 양지가 아는 것과 같이 하여 조금이라도 다함이 없지 않은 연후에 격물이라고 말할 수 있다.40)

의는 부모를 잘 봉양하려는 마음 그 자체이다. 이것이 실행으로 드러난 후 스스로의 마음에 흡족하고 속임이 없는 단계가 바로 성의誠意이다. 여기에서 의意는 말 그대로 '어떻게 하려는 마음'이며, 지지는 어떻게 해야 따뜻해지고 시원하게 될지에 대한 절차를 알고 그에 따라서 봉양하는 방법을 아는 것이다. 치지는 바로 이러한 앎을 이루는 것이다. 물物은 여기에서 '따뜻하게나 시원하게 해 드리는 일과 봉양하는 일'로, 이것은 이른바 의意가 존재하는 특정 사안을 의미한다. 여기에

---

40) 위의 책, 卷2, 「答朴大叔大學陽明說疑義問目」, "意欲溫凊, 意欲奉養者, 所謂意也, 而未可謂之誠意. 必實行其溫凊奉養之意, 務求自慊而毋自欺, 然後謂之誠意. 知如何而爲溫凊之節, 知如何而爲奉養之宜者, 所謂知也, 而未可謂之致知也. 致其知如何爲溫凊之節, 知如何爲奉養之宜者之知而實以之溫凊奉養, 然後謂之致知. 溫凊之事, 奉養之事, 所謂物也, 而未可謂之格物. 必其於溫凊之事也奉養之事也, 一如其良知之所知, 當如何爲溫凊爲奉養之宜者而無一毫不盡, 然後謂之格物."

서 격물은 양지가 아는대로 행하여서 조금이라도 미진한 것이 없는 상태이다. 이렇게 보면 부모를 잘 봉양하려는 마음인 의가 실질적인 일의 형태로 대상화되는 것이 물物이며, 그것을 바르게 하는 것이 성의誠意이고 정심正心이다.

따라서 의意는 마음에 속임도 있을 수 있으며, 물物 역시 미진한 것이 있을 수 있다. 이에 비해 지知는 의意나 물物을 기준으로 할 때, 그 자체는 순선하다. 다만 이것이 완전하게 그 기준대로 이루어지는가 그렇지 않은가 하는 문제만 남아 있다. 이러한 구도에서 보면 기준이 되는 지知(良知)는 그것의 완전한 실현과 그렇지 않음만이 남아 있으며, 그것은 성의誠意와 격물格物을 통해서 완성될지 그렇지 않을지가 결정된다. "의意에는 성誠함도 있고 불성不誠함도 있으며 심에도 바름과 바르지 못함이 있다"는 정제두의 말은 바로 이러한 의미로, 의와 심은 상황에 따라서 선과 악의 가능성을 모두 가진다는 의미이다. 이에 비해 지知는 심의 본체에 속하는 것이므로 이것은 다만 이루기만(致) 하면 된다. 의와 심은 모두 드러난 것으로 생리의 영역에 속하는 것이다. 정성스럽게(誠) 하거나 바르게 해야(正)할 이유가 바로 여기에 있다. 따라서 격물치지와 성의정심은 떨어져서 해석될 수 없다. 그래서 정제두는 격물과 치지, 그리고 성의정심을 다음과 같이 비유한다.

> 격물格物이라는 것은 먹고 마시는 일(事)이며, 치지致知는 의意를 성誠하게 하는 공효功效이다. 치지라는 것은 먹고 마시려는 마음(그 맛을 알고 그것에 적중시키는 것은 오직 致知에 달려 있다.)이다. 성의誠意는 먹고 마셔서 배가 부른 것이고, 정심正心은 배부름의 정도가 딱 들어맞는 것이다.[41]

---

41) 위의 책, 卷13, 「大學說」, "格物者飮食之事, 致知卽誠意之功, 致知者飮食之心(知其味, 適其中, 專在致知). 誠意則飮食之飽者, 正心者飽之得其中也."

'먹어서 배부르고자 하는 사안'에 있어서 격물은 실제로 먹고 마시는 일이고, 치지는 먹고 마시자고 하는 마음이다. 여기에서 맛을 알고 그 정도에 딱 맞출 수 있는 것은 치지이다. 이렇게 해서 실제로 먹고 마셔서 배가 부른 것이 성의이고 배부름이 정도에 딱 맞는 것이 바로 정심이다. 여기에서도 치지致知는 먹고 마심에 있어서 그 정도와 방법을 정확하게 알고 있는 것으로, 먹고 마심의 기준이 된다. 정심正心이란 바로 이러한 치지致知에 딱 들어맞는 것이며, 격물格物은 이렇게 되기까지 실제로 먹는 행위이고, 성의는 격물格物의 결과로서 배가 불러오는 것이다. 따라서 격물格物은 실질적인 행위를 지칭하며, 성의는 그것에서 오는 올바른 결과이다. 동시에 이러한 결과가 치지致知의 기준에 딱 들어맞는 것이 바로 정심正心이며 성의誠意이다. 이렇게 보면 치지를 제외하고는 모두 실질적인 행위를 수반하는 것이며, 치지 역시 이러한 행동과 결과의 중요한 기준이 되는 사안이라고 할 수 있다. 양지에 따라서 행동하고, 그에 따라서 이루어지는 올바른 결과가 격물치지와 성의정심인 것이다.

그런데 위의 내용만을 가지고 고찰하게 되면, 격물과 치지·성의와 정심이 모두 각각 다른 것인 것처럼 느낄 수도 있다. 그러나 정제두는 이러한 일들이 궁극적으로는 모두 하나라고 말한다. 배고픈 사람이 먹고 마셔서 배가 불러지는 하나의 사안에 대해서 설명의 필요에 따라 나누어 말한 것이지 실제로는 하나라는 말이다.

> (양명이) 왕천우에게 답하기를 "격물치지는 성의의 공효功效이다. 이 것은 마치 배고픈 사람이 배부르기를 구하는 것을 일로 여기는 것과 같으니, 음식이라는 것은 배부르기를 구하는 일이다"라고 말했고, 나정 암에게는 "그 요점을 말한다면 수신修身이라는 두 글자면 또한 족한데, 하필이면 또 정심正心을 말하고 성의誠意를 말하는가? 성의라는 두 글

자면 또한 충분한데도 하필이면 또 치지를 말하고 격물을 말하는가?
오직 그 공부가 상세하고 정밀하면 중요한 것은 다만 하나일 뿐이다.
이것이 정精하고 일一한 공부가 되는 까닭이다(양명의 설은 여기에서
그친다.)"라고 말했습니다. 그 실질을 궁구하면 하나일 따름이고 두 개
의 공부가 있을 수 없다는 것을 알 수 있습니다. 수신과 정심, 성의로
부터 이미 모두 그렇지 않은 것이 없는데, 왜 유독 치지와 성의에 대해
서만은 의심하십니까?[42]

　　격물치지와 성의공부는 궁극적으로 같다는 말이다. 그는 왕수인의
말을 인용하여 격물치지와 성의공부를 음식을 통해서 배부름을 구하
는 일련의 과정에 비유하고 있다. 음식을 먹으면 저절로 배가 불러지
는 것처럼 음식을 먹는 행위와 배가 불러지는 사실을 따로 떼어놓고
설명할 수는 없다는 말이다. 그러므로 수신과 정심·성의로부터 격물
치지까지 모두 같은 일이라는 입장을 개진하고 있는 것이다. 모두가
"정精하고 일一한 공부"일 뿐이다.
　　다만 여기에서 중요한 것은 치지는 성의와 정심을 위한 기준으로,
법칙성의 의미를 가진다는 점이다. 양지의 객관성을 인정하고 있는 말
이다. 이것을 기준으로 격물과 성의정심을 치지하는 방법으로 제기하
고 있다. "치지는 천리를 다하는 것이며, 격물은 천리를 다하는 방법이
다"[43]라는 정제두의 말은 이러한 입장에서 나온 말이다. 치지의 단계
는 천리를 기준으로 그것을 온전하게 이루는 것이다. 이를 위해서 반

---

42) 위의 책, 卷2,「答朴大叔大學陽明說疑義問目」, "其答王天宇曰, '格物致知者,
誠意之功也. 猶饑者以求飽爲事, 飲食者求飽之事也.' 其答羅整庵曰, '若語其
要則修身二字亦足矣, 何必又言正心, 又言誠意, 誠意二字亦足矣, 何必又言
致知, 何必又言格物. 惟其功夫之詳密, 而要之只是一事, 此所以爲精一之學
(陽明說此此).' 究其實而一而已, 非有二功者可知. 自修身正心誠意, 已無不
皆然, 何猶於致誠焉疑之."
43) 위의 책, 卷8,「學辨」, "致知者, 盡天理者也, 而格物則, 是所盡天理之方也."

드시 의意가 가 있는 물物을 바르게 하는 것이 필요하다.

치지를 기반으로 한 객관적 기준은 격물과 성의정심의 수양론을 만든다. 뜻을 정성스럽게 하는 것(誠意)과 마음을 바르게 하는 것(正心)은 의와 심이 가지고 있는 특징 때문이다. 위의 인용문에서 보면 "이것이 동하면서 불선함이 있게 되고, 의가 '하려고 함'이 있으면 성誠하지 않음이 있게 되며, 심이 집착하는 것이 있으면 바르지 않음이 있다. 이 때문에 의에는 성誠함과 불성不誠함이 있으며, 심에도 바름과 바르지 않음이 있다"라고 말한다. 의에는 성誠함과 불성不誠함이 존재하며, 심에는 정正과 부정不正이 존재한다. 따라서 의를 성하게 하고 심을 정正하게 하기 위한 공부가 필요한데, 그 기준은 바로 치지이다.

성의는 말 그대로 '뜻을 성실하게 하는 공부'이다. 의는 심이 발한 것이므로, 개인의 사욕과 인위적인 것에 의해서 마음의 본체가 그대로 드러나지 않을 수 있다. 따라서 마음의 본체인 양지가 그대로 드러나서 치지를 이루기 위해서는 마음 본체인 양지를 그대로 드러냄으로써 의를 정성스럽게 할 필요가 있다.

자사께서는 '성誠이란 물物의 시작이며 끝이다. 성하지 않으면 물도 없다'고 말하고 또 이어서 그 미진한 뜻을 보충하여 '성이란 스스로 자신만을 이룰 뿐 아니라 또한 물을 이루게도 하는 것이니, 그것은 성性의 덕德이요, 안과 밖을 합하는 도이다'라고 말했습니다. 이러한 설들을 생각해 보면 물이 말하고 있는 것이 (무엇인지) 이미 분명하게 밝혀진 듯합니다.[44]

<hr>

44) 위의 책, 卷2, 「答朴大叔大學陽明說疑義問目」, "子思曰'誠者物之終始. 不誠無物.' 又足其所未盡曰, '誠者非自成己而已也, 所以成物也, 性之德也, 合內外之道也.' 稽玆諸說, 物之爲言, 已似分曉."

의가 존재하는 물物이 제대로 격물의 상태를 유지하기 위해서는 반드시 성의가 필요하다는 말이다. 성誠이 물物의 시작과 끝이 되는 이유이다. 만약 의가 성誠하지 못하다면 그 물物은 진정한 의미에서 물이 될 수 없으므로, 성誠은 물이 물일 수 있는 이유이다. 이러한 성의誠意가 바로 격물格物이다. 따라서 성誠은 마음 밖과 안을 하나로 연결하여 양지로 하여금 인식의 범주를 넓혀가게 하는 것으로, 성性의 덕德이면서 동시에 안과 밖을 합하는 도道로서의 의미를 가진다. 이는 격물치지와 성의정심을 같은 의미로 해석하는 것이다.

이러한 입장은 성의하지 않고 의意의 상태로 두거나, 격물格物하지 않고 물物의 상태로 두는 것은 형기의 사사로움으로 인해 지知의 기준에 맞지 않을 수 있음을 시사하는 것이다. 다시 말해, 진리가 그대로 생리의 상태로 드러나지 않을 수 있음을 말하는 것이다. 따라서 반드시 치지致知의 단계를 필요로 하며, 이것은 물을 격格하고 의意를 성誠하게 함으로써 심이 정正하게 되는 데에서 이루어진다. 이러한 의미에서 정제두의 격물치지와 성의정심의 수양론은 도덕본체를 도덕정감으로 그대로 드러내기 위한 공부를 의미하며, 이것이 바로 치양지이다.

3. 지행합일론知行合一論

1) 양명학에 기반한 지행합일의 의미

성리학은 그 특성상 기본적으로 '지행합일知行合一'을 주장하고, 또 목표한다. 도덕수양을 통한 '성인됨'을 목적으로 하는 성리학에서 도덕적 앎을 행위로 이행시키려는 것은 '당위'이기 때문이다. 그러나 그 의미에 있어서는 주자학과 양명학이 차이가 있다.

주자학의 지행론知行論은 주희 스스로 밝혔듯이 지행병진설知行竝進

說로 일반화되어 있다. 이러한 견해는 주자학의 선구로 이해되는 정이의 지선행후설知先行後說을 비판적으로 계승하면서 이루어진다.[45] 이것은 지知와 행行이 하나가 되어야 한다는 당위를 설정하고, 여기에서 선후를 따져 행동을 효율적으로 이끌어내기 위한 것이다. 따라서 이것을 양명학의 입장에서 보면, 지와 행이 별개라는 전제하에서 어떻게 이 둘을 '합일시킬 것인가'하는 문제이다. 이 때문에 주자학 역시 지행합일을 주장하지만, 동시에 불일치를 전제한다고 말할 수 있다.

그러나 왕수인의 입장은 이와 다르다. 왕수인은 지행합일知行合一을 주장하면서 지와 행은 애초부터 갈라져 있는 것이 아니라고 말한다. 애초부터 하나였다는 것이다. 그런데 주자학에서는 원래 하나인 것을 갈라놓고 다시 그것을 붙이려 한다면서 비판한다.

내가 일찍이 말했듯이 지는 행의 주된 의미이며, 행은 지의 공부이다. 지는 행의 시작이고, 행은 앎의 완성이다. 만약 (무엇을)깨달았을 때에는 단지 하나의 지만을 말해도 이미 그 속에는 저절로 행이 존재하고 있으며, 단지 하나의 행만을 말해도 이미 그 속에는 저절로 지가 존재하고 있다.[46]

이러한 입장에 서서 그는 주자학의 지행론에 대해 다음과 같이 비판한다.

지금 사람들은 오히려 지와 행을 나누어서 두 개로 만들어 놓고서 반드시 먼저 알고 난 연후에 행동할 수 있다고 생각한다. 우리들 역시

---

45) 자세한 것은 홍원식, 「程朱學의 居敬窮理說 硏究」, 35~64쪽 참조.
46) 왕수인, 앞의 책, 卷1, 「傳習錄上」, "某嘗說知是行的主意, 行是知的功夫, 知是行之始, 行是知之成. 若會得時, 只說一個知已自有行在, 只說一個行已自有知在."

지금 지의 공부에 대해서 강습하고 토론해서 지가 참되게 된 이후에야
비로소 행의 공부를 할 수 있다고 생각한다. 이 때문에 끝끝내 행하지
못하는 것이며 또한 끝끝내 알지 못하는 것이다.[47]

애초부터 둘이 아닌 것을 억지로 갈라서 둘로 만들어 놓았기 때문에
결국은 알지도 못하고 행하지도 못하는 병폐를 낳게 된다는 것이다.
"지만 말해도 그 속에는 원래부터 행이 있는 것이고, 행에 대해서만 말
을 해도 원래부터 그 속에 지가 있다"는 왕수인의 말은 이러한 입장에
서 나온 것이다. 지행론知行論에 대한 왕수인의 이러한 입장은 정제두
에게서도 그대로 받아들여진다. 정제두 역시 지와 행은 애초부터 갈라
볼 수 있는 것이 아니라는 입장을 취한다.

혹은 지知라고 하고 혹은 행行이라고 하여 이를 둘이라고 하는 것은
물욕物欲에 가려져서 온전하지 못한 것이요, 지와 행이 하나라는 것이
본체이다. 지와 행이 둘이라고 생각하는 사람은 용인庸人이고 지와 행
이 하나라고 생각하는 사람은 어질고 지혜로운 사람이다. 생각하고 배
우며 행하는 것을 각기 다르게 여기는 것은 대본大本을 잃는 것이니,
공부의 본원이 아니다. 생각하고 배우며 행동하는 것을 하나로 여기는
것이 공부의 본체이다.[48]

지와 행은 하나라는 말이다. 이 때문에 정제두는 지와 행을 둘로 보
는 사람을 물욕에 가려진 사람이라고 비판한다. 지와 행의 온전한 상

---

47) 위의 책, 같은 곳, "今人却就將知行分作兩件去做, 以爲必先知了然後能行,
我如今且去講習討論做知的工夫, 待知得眞了方去做行的工夫, 故逐終身不
行, 亦逐終身不知."
48) 정제두, 앞의 책, 卷9,「存言中」, "或知或行而二之者, 蔽於欲而不全也, 知行
一者本體也. 知行二者庸人也, 知行一者賢智也. 思之學之行之各異者, 朱大
本而非工夫之本源也, 思之學之行之一者, 工夫之本體也."

태는 둘인 상태가 아니라 '하나였던 상태'라는 말이다. 이 때문에 지와
행을 갈라서 보는 것은 대본을 잃은 것이며, 이것을 합하여 하나로 보
는 것이 바로 공부의 본체라고 할 수 있다.

> 양명의 천언만어千言萬語가 이 뜻이 아님이 없으니, 반드시 행하려
> 하는 것을 가지고 지로 여기는 것이니, 이것이 합일슴一의 본래 의미입
> 니다. 그러므로 그 말 가운데 "알고도 행하지 않으면 안다고 일컬을 수
> 없다"라고 말한 것입니다.[49]

결코 갈라서 볼 수 없다는 점을 왕수인의 말을 인용하여 강조한 것
이다. 이러한 정제두의 입장은 선후관계에 있어서도 마찬가지 입장을
취한다. 그는 아는 것과 행하는 것이 본래 하나이기 때문에 선후관계
도 둘 수 없다고 본다.

> 알기만 하고 행할 수 없는 사람(행하지 않으면 그 본체를 다할 수 없
> 으니 알았다고 말할 수 없다.)과 행함만을 힘쓰면서 알 수 없는 사람,
> (알지 못하면 그 본체에 근거하지 않는 것이니, 행한다고 말할 수 없
> 다.) 이 둘은 모두 하나만 얻고 하나는 잃은 것으로, 모두 지와 행의 체
> 를 잃어버려서 둘로 본 것입니다. 먼저 치지致知이후에 역행力行하는
> 사람(知와 行을 각기 다른 항의 공부로 보고서 차례로 이 둘을 다하려
> 는 것이다.)은 두 가지를 겸해서 하는 것이니, 앞과 뒤를 서로 기다리는
> 것이다. 그러므로 그것을 둘로 본 것입니다.(이것 역시 知를 겸하고 行
> 을 겸하여서 공부를 병행하면서 양쪽으로 나아가려는 것이므로 어찌
> 하나가 되지 않으리오만 오직 그것은 본체의 저절로 된 하나에서 나오
> 지 않고 앞과 뒤의 사이를 둘로 나누었기 때문에 그러할 따름이다.) 치

---

49) 위의 책, 卷1, 「與閔彦暉論辨言正術書」, "陽明之千言萬語, 無非此義, 而必欲
行之以爲之知者則, 其合一之本意, 故其言曰, 知而不行不得謂之知."

양지致良知(그 본연의 知를 따르므로 이미 성을 따르면서 떠날 수 없다. 오직 그 실을 확충하고 그 體를 따르면 知는 이미 行을 가지고 있다. 이른바 知行이라는 것은 오직 이와 같을 뿐이다. 그 체와 용은 동하고 정함이 없이 하나일 따름이다. 따라서 그 본체를 일컬어서 지라고 하고 功用을 일컬어서 행이라고 한다. 그 知의 體는 大本이고 그것이 行에서 이루어지는 것은 達道이며, 그것이 자기에게 있는 것은 明德이고 物에서 드러나는 것은 親民이니, 모두 하나이면서 둘로 나눌 수 없는 것이다.)는 이러한 지와 행의 본체가 하나일 따름이다.[50]

먼저 치지致知하고 역행力行한다는 것은 앞과 뒤로 서로를 기다려 둘이 되게 하는 것이다. 원래 본체 상태인 하나에서 나오는 것이 아니라 앞과 뒤를 가름으로 인해 지와 행 역시 앞과 뒤로 갈라지게 되기 때문이다. 이 때문에 '하나가 되지 못하는 것'이라고 말한다. 실질적인 본체에 따르면 '지는 이미 행을 가지고 있고, 행은 이미 지를 가지고 있기 때문에' 이 둘은 갈라볼 수 없을 뿐만 아니라, 앞뒤의 순서도 매길 수 없다는 것이다.

지행합일知行合一에 대한 정제두의 이러한 입장은 양명학의 지행합일론을 그대로 수용하고 있음을 알 수 있게 한다. 이것은 앎과 행동을 어떻게 합일시킬까를 고민해 온 기존의 주자학과는 차별성을 가지는

---

50) 위의 책, 卷1, 「答閔彦暉書」, "徒知而不能行者,(不行則不能盡其本體矣, 卽不可謂之知也.) 務行而不能知者,(不知則不本乎其本體矣, 卽不可謂之行也.) 此二者皆得一而亡一, 皆失知行之體而爲二者也. 先致知而後力行者,(以知之與行之, 爲各項工夫, 使其次第而兩盡焉.) 此以兩事而兼之, 先後而相須, 爲二之也.(此亦兼知兼行, 功並而兩進, 亦豈不爲一哉, 惟其不出於本體之自一, 而岐二於先後之間故耳.) 致良知(循其本然之知, 則已率性而無可離矣. 惟充其實順氣體焉而知已有行矣, 行已有知矣. 其所謂知行者惟如此. 其體用無動靜而一而已. 故其之本體謂之知, 而功用謂之行, 其知之體爲大本, 而其致之於行爲達道, 其在於己者爲明德, 而著於物者爲親民, 皆一而不可分二也.) 此知行本體之一而已也."

것으로, 앎과 행동이 이미 합일되어 있다는 전제로부터 출발하고 있다. 그렇다면 이처럼 앎과 행동이 원래부터 하나라는 사실을 어디에서부터 도출시켜내고 있는가? 이것은 다음 장에서 확인해 보기로 하자.

2) 양지·양능에 기반한 지행합일론

정제두의 지행합일론은 양지와 양능에 대한 이해로부터 출발한다. 여기에서 지知는 도덕적 인식, 즉 양지良知를 의미하므로, 양지와 양능에 대한 정제두의 입장은 그의 지행론을 결정하는 중요한 요소가 된다. 정제두는 지행론의 측면에서 양지와 양능에 대해 다음과 같이 말한다.

> 대개 양지와 양능 두 글자를 둘로 볼 수는 없습니다. 저절로 할 수 있는 것이 양지입니다. 양지가 곧 양능이므로, 그것은 지식이라는 한쪽의 의미만을 가진 것이 아닙니다. 그러므로 이른바 양지의 설說은 단지 지각知覺이라는 한 쪽만을 가지고 말할 수 없습니다. 천지가 능히 유행하고 발육發育할 수 있으며 만물이 능히 화육하고 생생할 수 있는 것은 양지와 양능 아닌 것이 없습니다.……우리가 측은해하고 부끄러워할 수 있으며, 백성을 인仁으로 대하고 만물을 사랑할 수 있으며, 중中과 화和가 지극해져서 만물의 화육에 참여할 수 있는 것은 양지와 양능 아닌 것이 없습니다. 하늘이 나에게 부여해 준 것은 생각하지도 않고 배우지 않아도 가지고 있는 본연의 체로, 이것 또한 이러한 체 아닌 것이 없습니다. 그러므로 심과 리를 하나로 하고 지와 행을 합일하는 것이니 나누어서 가를 수 없는 것입니다.(오직 사람이 그것을 확충할 수 없어서 하나로 할 수 없을 따름이다.)[51]

---

51) 위의 책, 卷1, 「答閔誠齋書」, "蓋知能二字不可二之, 其自能會此者, 是良知. 良知卽是良能, 非專屬知識一邊之意也. 故凡其所謂良知之說, 不可只以知覺一端言之也. 如天地之能流行發育, 萬物之能化化生生, 無非其良知良能……

여기에서 우리는 지행합일의 근거가 되는 양지·양능에 대한 정제두의 입장을 알 수 있다. 먼저 이 인용문의 첫 구절에서 정제두는 "양지와 양능 이 두 글자를 갈라서 둘로 할 수는 없다"라고 말한다. 선천적 도덕인식능력과 선천적 도덕실천능력인 양지와 양능은 '하나'라는 말이다. 양지를 '저절로 할 줄 아는 것'으로도 표현하고 있는 것은 이러한 입장을 분명히 하려는 것이다. 양지를 단순한 '지식 한 방면'으로만 생각하는 것은 잘못되었다는 말이다. 양지는 행위를 전제한 앎이며, 따라서 양지는 그대로 양능이라고 할 수 있다. 그래서 양지와 양능은 '애초부터 다르지 않다.'

이것은 양지와 양능이 모두 "하늘이 나에게 준 생각하지도 않고 배우지 않아도 저절로 가질 수 있는 본체의 체體"이기 때문이다. 이러한 이유에서 정제두는 심과 리도 하나이고, '지와 행도 하나'라고 말하면서 "갈라서는 안 된다"라고 한다. 도덕적 인식으로서의 양지와 도덕적 행위능력으로서의 양능은 '원래부터 하나'였으며, 따라서 지와 행 역시 원래부터 하나였다는 것이다. 그래서 정제두는 다음과 같이 말한다.

> 지와 행은 하나의 양지이고 양능이며, 명明이고 성誠이며 박학博學이다. 독행篤行을 단지 지라고만 말하거나 행이라고만 말하지만, 하나의 마음이고 하나의 일이다. 진실로 가리키는 것에 차이가 있는 것은 지知에다가 치致라는 글자를 더하고 행行에 독篤이라는 글자를 더한 것이지만, 그 체體는 하나이다.[52]

吾人之能惻隱羞惡, 能仁民愛物, 以至能中和位育也, 無非其良知良能. 天之所與我, 不慮不學而有之本然之體, 即亦無非是此體也. 故一心理合知行, 而有不得以分岐者也.(獨人有不能充之, 不能一之耳.)"

52) 위의 책, 卷9,「存言中」, "知行一良知也, 良能也. 明也, 誠也, 博學也. 獨行只曰知曰行則, 一心一事, 誠有所指之異, 若加致字於知, 篤字於行則, 其體一."

지와 행은 양지이며 양능이라는 말이다. 정제두가 말하는 지행합일의 가능근거는 여기에서 확보된다. 즉 정제두는 지와 행이 원래부터 하나였던 것은 양지와 양능이 원래부터 하나였기 때문이라는 입장을 제기한다. 동시에 이것은 단순한 양지·양능의 범주에만 국한되는 것이 아니라, 박문이나 독행까지 포함한다. 하나의 마음이고 하나의 리인 이상, 그것은 하나의 양지이고 양능이라는 말이다. 이러한 정제두의 입장은 다음과 같은 이유에서 제기되는 것이다.

> 치양지致良知(본연의 지를 따르므로 率性이 되어서 성에서 떨어질 수 없다. 오로지 그 實함을 충만히 하고 그 體를 따르면 지는 이미 행을 가지고 있고 행은 이미 지를 가지고 있다. 이른바 지행이라는 것은 오로지 이와 같을 뿐이니, 그 체와 용은 동함과 정함 없이 하나일 따름이다. 그러므로 그 본체를 일컬어서 지라고 하고 그 功用을 일컬어서 행이라고 한다. 그 知의 體는 大本이 되고 그것이 행에서 이루어지면 達道가 되며, 그것이 자신에게 있으면 명덕이 되고, 物에서 드러나면 親民이 된다. 이 모든 것은 하나로 결코 둘로 나눌 수 없는 것이다.)는 지와 행의 본체가 본래 하나이기 때문입니다.53)

정제두는 치양지에 대해 "지知와 행行의 본체가 본래 하나이기 때문"이라고 말한다. 그는 치양지를 설명하는 과정에서 본체를 지로, 공용功用을 행行으로 보았다. 지를 체로 행을 용으로 보고 있는 것이다. 여기에서 지는 양지와 관련되어 있으며, 행은 양능에 관련되어 있다.

---

53) 위의 책, 卷1, 「答閔彦暉書」, "致良知(循其本然之知則已率性而無可離矣. 惟充其實順其體焉而知已有行矣, 行已有知矣. 其所謂知行者惟如此, 其體用無動靜而一而已. 故其本體謂之知而功用謂之行. 其知之體爲大本而其致之於行爲達道, 其在於己者爲明德而著於物者爲親民, 皆一而不可分二也.) 此知行本體之一而已也."

양지를 체로 양능을 용으로 보고 있는 것이다. 이러한 입장에서 정제두는 체용의 합일을 양지와 양능의 합일로 본다. 양지와 양능의 합일을 '치양지'로 이해하고 있으며, 이것은 지와 행이 본래부터 하나였기 때문이라는 사실의 강조로 이행된다. 이 때문에 정제두는 "이른바 지라는 것은 또한 보고 듣고 추측하여 아는 것이 아님을 알 수 있다"[54]라고 말한다. 지가 단순 인식에 해당하는 것이 아니라는 말이다. 양지는 행동을 수반하는 것으로서의 인식을 의미하며, 이것은 그 인식이 도덕적 인식이기 때문에 그렇다.

정제두는 여기에서 한 걸음 더 나아가 대본大本과 달도達道, 명덕明德과 친민親民 역시 하나라고 말하면서 이 모든 것을 '치양지'의 측면에서 말한다. "지란 그 본체를 일컫는 것이고, 행이란 그 공부를 일컫는 것입니다(行은 오직 知를 致한 것입니다)"[55]라는 정제두의 말은 본체를 그대로 행동으로 드러내기 위한 공부의 영역을 '행'에 설정하고 있는 것이다. 양지를 체로, 양능을 용으로 보고 있는 것이다. 이렇게 되면서 대본과 달도, 명덕과 친민 역시 하나로 이해된다.

이러한 입장에서 우리는 정제두의 지행합일에 대한 입장을 다음과 같이 정리할 수 있다. 첫째, 정제두는 양지와 양능을 체와 용으로 이해하고 있다. 물론, 이것은 같은 근원에 근거하기 때문에 실제로는 '하나'라고 말한다. 양지가 그대로 드러나는 것이 양능이며 이것을 치양지라고 한다. 양지가 단순한 지식 일반에 머무르지 않는 이유이며, 동시에 양능이 순수한 행동의 영역에서만 이해되지 않는 이유이기도 하다. 도덕적 앎은 반드시 행동을 통해서 표출되어야 하며, 도덕적 행동은 반드시 양지에 기반하고 있다는 말이다.

---

54) 위의 책, 卷8, 「學辨」, "其所謂知者, 亦非見聞推測之識者, 亦可知矣."
55) 위의 책, 卷2, 「答朴大叔論天命圖書」, "知者其本體之謂也, 行者其工夫之謂也.(行惟知之致也.)"

이러한 입장은 '애초부터 지와 행은 하나'였다는 왕수인의 철학을 수용하면서, 그것을 주자학적인 체용론 관점에서 설명한 것이다. 여기에서 우리는 정제두 철학의 중요한 특징 하나를 발견할 수 있다. 정제두역시 지와 행을 '애초부터 분리되지 않은 것'으로 인정하면서도, 그 근거를 주자학적인 체용론에 근거해서 말한다는 점이다. 이것은 양지를 체와 용으로 인정하고 있는 부분과 더불어 정제두의 철학만이 가지고있는 독특한 측면이다.

둘째, 정제두의 지행합일론에는 '공부'론이 개입되어 있다는 것이다. 이것은 위에서 말한 정제두의 철학적 특징에 기인하고 있다. 원래 왕수인의 지행론은 '지행은 합일되어 있는 것'이라는 관점을 제기하기 위한 것이었다. 물론 이것이 합일되어 있는 상태를 드러내기 위해서는 '공부'론의 영역이 필요하겠지만, 용을 체에 합일시키기 위한 공부론과는 차이가 있다. 정제두는 용을 체에 합일시키기 위해서는 공부가 필요하다고 말한다. 본래 양지와 양능은 하나라 하더라도, 사사로움이 개입되어 양능에 따른 행동이 나오지 않을 수 있기 때문이다. 그래서 정제두는 박학이나 심문과 같은 공부를 行의 영역에 상정하여, 본체인知를 그대로 드러내기 위한 수양론을 제기한다. 비록 체와 용이라고 하더라도, 그 사이에는 반드시 '공부'가 있어야 한다는 의미이다. 이것은 양명학의 지행합일론을 수용하면서도, 그것에 대한 이유는 주자학의 체용론을 빌려 설명했기 때문으로 보인다.

제3장 정제두 철학에 나타난 이단관과
'주왕화회론朱王和會論'

이번 장에서는 양명우파의 중요한 철학적 특징 두 가지가 정제두의 철학에서 어떻게 나타나는지를 확인해 보려고 한다. 그 하나는 '이단관'과 그에 기반한 '도통론'이다. 이것은 유종주와 황종희를 통해서 중요하게 부각되었던 문제로, 불교와 기타 이단에 대한 비판의식과 그것에 기반한 도통의식이 정제두의 철학 속에서도 확보되고 유지되는가 하는 것이다.

그리고 또 다른 하나는 이러한 철학적 특징을 통해서 궁극적으로 주자학과 양명학의 통합논의가 정제두의 철학 속에서 이루어지고 있는지를 확인하는 것이다. 이것은 우리가 처음 양명좌파와 우파를 규정할 때 내렸던 기준으로, 양명좌파는 주자학과의 길항관계에서 주자학과 양명학의 차별성을 더욱 부각시켜 가는 입장이라면 양명우파는 동일성을 중심으로 화회和會를 모색하는 입장이라고 말할 수 있다. 물론 양명학자인 탓에 주자학에 대해서 비판적인 입장을 가할 수는 있지만, 그럼에도 그의 이론상에서 궁극적으로 '성리학性理學'을 표방하고 있는가 그렇지 않은가를 통해서 이러한 입장을 확인할 수 있다. 따라서 정제두의 철학 속에 '주왕화회론朱王和會論'이 나타나고 있는지, 그리고 나타난다면 어떠한 방식으로 나타나는지를 확인해 볼 것이다.

1. 이단관과 도통론道統論

1) 이단관과 불교비판의 철학적 근거

이미 위에서 살펴보았듯이, 양명좌파에서도 용선파容禪派와 같은 인물들에게서는 불교와 도교를 성리학과 통합시키려는 시도가 일어난다. 모든 근거를 자신의 '마음'에서 찾고 있는 양명좌파에게 있어서 도통이나 이단과 같은 개념은 그리 중요하지 않았던 것이다. 이러한 이유로 이들은 어떠한 측면에서 불교를 높이 평가하기도 하고, 성리학과 불교를 통합시키려는 시도를 하기도 한다.

이에 비해 유종주나 황종희 같은 인물들은 기존의 양명학에 비해 훨씬 강화된 이단관을 보이고 있으며, 이를 기반으로 척이단의 입장을 드러낸다. 이들은 특히 불교를 강하게 비판하고 있는데, 그 비판의 초점은 불교를 용인하면서 불교와 유사한 형태를 띠고 있는 양명좌파에 대한 비판이다. 양명우파에서 가장 문제되는 이단은 바로 당시 유행했던 양명좌파 철학이었던 것이다. 이 때문에 그들은 불교를 강하게 공격함으로써, 불교와 유사한 것으로 이해되어온 양명좌파 철학도 함께 공격하고 있다. 특히 이들의 공격은 양명좌파와 많이 닮아 있는 불교의 돈오頓悟식 깨달음에 대한 것이었다.[1]

---

[1] 이러한 점은 특히 정제두의 벽불론을 논하는 데 있어서 중요하다. 불교를 강하게 비판하고 있는 주자학자들의 일반적인 입장은 주로 불립문자나 작용을 성으로 본다는 데 있다. 전자는 주로 공부를 하지 않는 것에 대한 비판이라면, 후자는 그들의 심성론에 기준해서 이루어진 비판이다. 주자학의 성정개념에 따르면 움직이지 않는 본체가 바로 성이다. 그런데 주자학자들이 보기에 불교는 눈앞의 작용을 성으로 본다고 비판하고 있는 것이다. 황종희는 역시 작용을 성으로 보는 것에 대해서 비판하고 있으며, 동시에 불교의 돈오식 수양법에 대해서도 강한 비판을 가한다. 作用是性으로 불교를 비판하는 주희의 입장은 『朱子語類』卷126, 「釋氏」, "釋氏棄了道心, 却取人心之危者而作用之. 遺其精者, 取其粗者以爲道. 如以仁義禮知爲非性, 而以眼前作用爲性是

이와 같은 입장에서 정제두의 이단관을 살펴보는 것은 정제두 철학의 방향성을 확인하는 매우 중요한 작업이다. 정제두 역시 기본적으로 강한 이단배척의 입장을 견지하고 있으며, 그것은 여러 입장에서 드러난다. 그는 공자와 맹자의 치적 가운데 척이단斥異端에 대한 입장을 높이 평가한다.

> 향원鄕原을 배척하고 광견狂狷을 진출시켰으며 패자를 쫓고서 오로지 인仁을 구하였다. 또한 양주와 묵적을 물리치고 하나로 고집하는 것을 미워하였으며, 의義가 밖이라는 것에 맞서서 논변하고 사단四端으로써 성性이 선하다는 것을 밝혔다. 이것은 명명백백한 공자와 맹자의 가법家法이니, 이것으로 성인의 뜻을 엿볼 수 있고 성인의 학문을 알 수 있다.[2)]

정제두는 양주와 묵적을 물리친 것, 그리고 향원을 배척한 것 등을 공자와 맹자의 가법으로 바라보면서 이것을 높이 평가한다. 성인의 학문이 가지고 있는 특징 가운데 하나가 이단의 배척이라는 말이다. 이러한 입장은 『중용장구中庸章句』 서문에서 주희가 밝힌 내용과 크게 다르지 않은 것으로, 도통을 밝혀나가는 것이 유학의 도를 밝히는 것이라는 데 동의하고 있다. 이단 배척과 도통의 중요성을 강조하고 있는 것이다. 그렇다면 정제두가 이단을 문제시하는 것은 어떠한 관점인가?

也. 此只是源頭處錯了." 참조. 주자학의 이러한 입장은 특히 상산학을 비판하는 곳에 많이 드러나는데, 그에 대해 자세한 입장은 심도희, 「상산학은 선학인가」, 『중국철학』 10집(중국철학회, 2002), 151쪽 이하를 참조. 유종주나 황종희의 불교비판에 관한 부분은 이 책의 제1부 2장 1-3) 및 2-3)을 참조.

2) 정제두, 앞의 책, 卷9, 「存言中」, "斥鄕原而進狂狷, 黜伯者而專求仁. 闢陽墨而惡執一, 辨義外而以四端明性善. 此明明是孔孟家法, 此可以窺聖人之旨知聖人之學矣."

역대로 성현들께서 서로 전한 도를 상고해 보면 이와 같은 것이 있
으니, 성인이 성인이 되는 까닭은 오로지 하나의 맥脉에 있을 따름이
며, 다른 법은 간여하지 않는다. 육경이나 사서四書의 설들 가운데 간
혹 들쭉날쭉 하는 것이 있는 것은 곧 사람이 일에 따라서 발할 때 각각
그 가리키는 것이 있기 때문에 그러할 따름이다. 그러나 큰 맥락에 있
어서 서로 전한 종지는 이 두어 가지 조목에서 벗어나지 않으니, 성현
의 설說은 이와 같이 명확하다.3)

성인이 성인되는 까닭은 오직 한 줄기에 있으며, 그것에서 벗어나면
성리학의 가장 주된 목적인 성인됨에 이를 수 없다. 육경이나 사서는
각기 상황에 따라서 약간 다르다고 하더라도 그 한 줄기를 따라가고
있다. 이러한 정제두의 입장은 양명우파 철학으로서의 정제두의 철학
이 갖는 위치를 잘 말해주는 대목이다. 사서와 육경에 대해서 기본적
으로 '성학의 종지'로 인정하고 있는 것은 '글공부를 인정'하는 것이다.
글공부를 전혀 인정하지 않고 있는 양명좌파와는 분명히 다르다. 사서
나 육경에서 전하고 있는 큰 맥락의 종지는 크게 다르지 않으며, 이것
이 곧 성현의 말씀이라는 것이다. 따라서 다른 언설들이나 논변들은
이단에 불과할 뿐, 성인됨에 이르는 길은 아니라고 말할 수 있다. 도통
과 이단에 대한 뚜렷한 입장들이 반영되어 있다. 그는 이러한 입장에
서 특히 불교를 이단으로 전제하고, 그 속에서 주자학의 잘못을 다음
과 같이 비판한다.

그러나 무릇 고금(의 학문)을 넓게 하고 의리를 구하며 사물의 법칙

---

3) 위의 책, 卷8, 「學辯」, "歷考聖賢相傳之道有如此者, 聖人所以爲聖者, 惟在此
一脉而已, 他法不與也. 其或六經四子中設, 若或有出入者則乃是因人隨事而
發, 各有所指而然耳. 其至於大端相傳宗旨則不外此數條者也, 聖賢之說若是
明矣."

을 잡으려고 하면서, 이 심을 규제한다는 학설이 있었던 이래로 물과 리가 떨어지고 안과 밖이 둘이 되었으며, 지엽적인 것이 우선되고 근본이 나중이 되었다. 그래서 심을 논하는 하나의 길에 대해서는 불교도들에게 미루어주고, 심에 대해서 말하는 것을 꺼리게 되니, 그것은 왜인가?[4]

여기에는 주자학과 불교에 대한 비판이 모두 들어 있다. 물物과 법法을 가지고 마음을 규제한다는 말은 결국 사사물물지리事事物物之理를 통해서 심의 리를 알아내려고 했던 주자학에 대한 비판이다. 이렇게 되면서 물과 리, 마음 속과 마음 밖이 별개의 것이 되어서 결국은 심에 대한 논의를 불교에게로 넘겨주게 되었다는 말이다. 주자학은 심이 근본이 된다는 것을 알지 못하고 외부적인 것에 초점을 맞춤으로써, 심에 대한 논의를 불교가 가져가 버린 것이다. 이것은 심에 대한 논의 자체를 가지고 '불교적 논의'로 비판하는 주자학의 잘못된 이단관을 비판하고 있는 것이다. 주자학에 대한 비판이며, 동시에 불교에 대한 비판이기도 하다. 정제두는 불교를 '이단'으로 전제한 상태에서 이러한 발언을 하고 있기 때문이다. 하지만 그렇다고 해서 위의 인용문이 주자학을 직접적 '이단'으로 규정한 것은 아니다.

그는 자신과 논변을 했던 민언휘 같은 인물들로부터 양명학이 선학禪學과 유사하다는 비판을 받으면서, 불교와 양명학의 차이점을 밝히려고 시도한다. 특히 이 시기 조선의 성리학자들에게 있어서 양명학은 이황李滉(호는 退溪, 1501~1570)의 영향으로 인해 선학으로 취급되고 있을 때였다. 이 때문에 정제두가 양명학과 선학을 분리시키려고 하는

---

4) 위의 책, 같은 곳, "然自有夫博古今求義理執物則, 以範制此心之學以來, 物理離而內外貳, 枝條先而根本後. 至於論心一途, 推與佛徒, 而欲諱言於心者何哉."

것은 양명학의 정체성을 불교로부터 분리시켜 내는 동시에 양명학의 성리학적 요소를 분명히 하려는 것이다. 이 때문에 그는 특히 불교에서 말하는 심이 어떠한 측면에서 양명학과 다른지를 확인하는 데 힘을 기울인다.

> 불씨에도 또한 심을 밝히는 법은 있다. 그러나 오로지 그 밝고 밝은 영각靈覺과 어둡지 않은 것을 지킬 뿐이며, 그 천리의 전체는 막아서 끊어 버리니, 이들이 비록 그 심의 본체에 대한 공적空寂함이 있다고 해도 결국은 성性과 도道의 통체統體는 없어진 것이다.[5]

정제두는 불교가 '마음 한쪽'에 대해서 역할을 차지하게 된 것은 '심을 밝히는 법'이 있기 때문이라고 보았다. 그러나 그 심을 밝히는 법이라는 것이 밝고 밝은 영각만을 지키는 것으로, 천리의 전체와는 상관이 없다고 비판한다. 이렇게 되면서 결국은 성과 도의 총체에서는 없어져 버리는 결과를 낳았다는 것이다. 불교의 심이 유학에서 말하는 심과 유사한 것 같아도, 그 내부를 살펴보면 유학의 도를 발현시키는 심이 아니라, 공적空寂한 것만을 유지시키기 위한 심이라는 말이다. 따라서 이러한 심은 사회에서 직접적인 행위를 드러내며, 삶으로 이행되어 가는 심이 아니다. 이 같은 이유에서 그는 다음과 같이 한 단계 더 나아간 불교의 심 비판론을 제기한다.

> 석씨釋氏는 심을 주主로 하면서 윤리倫理를 버리고,(이것은 리를 밖에 것이라고 하여서 폐기해 버리는 것이니, 심 또한 그 심이 아니다.) 패자는 사공事功을 위주로 하여 심을 버리니,(이것은 겉으로 리를 입고

---

5) 위의 책, 卷9, 「存言下」, "佛氏易有明心之法, 然徒守其明明昭昭之靈覺不昧者, 而遏絶其天理之全體, 則是雖有其心體之空寂, 而亡於性道之統體."

있으면서도 그것을 빌려온 것일 뿐이니 리는 곧 그 리가 아니다.) 이 둘은 모두 하나만 주장하면서 다른 하나는 폐기해버리는 것입니다. 이들은 모두 심과 리를 둘로 한 것입니다.[6]

마음만 위주로 하면서 '윤리를 버리는 것'이 바로 불교라는 말이다. 여기에서 우리가 눈여겨 볼 대목은 바로 심즉리에 근거해서 불교를 비판하고 있는 점이다. 불교는 심만 위주로 하고 리는 외부적인 것으로 설정하면서, 리를 폐기해 버렸다는 비판이다. 이러한 정제두의 비판은 불교가 인간의 윤리적인 리를 버렸다는 의미로, 리를 심 밖의 것으로 설정하고 있는 불교에 대한 비판이다. 이와 동시에 정제두는 사공을 위주로 하여서 마음을 버리는 패자에 대해서도 비판한다. 이들은 마음을 버리고 오로지 마음 밖에 있는 실리만을 주장하는데, 이것 역시 리를 빌려온 것에 불과하지, 참 이치는 아니라고 주장한다.[7]

심과 리를 나누어 보지 않는 양명학의 심은 불교의 심과도 다르고 사공만을 주장하는 패자와도 다르다. 양명학이 비록 선학으로 비판받고 있지만, 불교의 심 개념과는 다르다는 말이다. 불교와 패자는 중시하거나 폐기하는 것이 다를 뿐, 모두 심과 리 가운데 하나만을 중시하면서 다른 쪽을 폐기해 버리는 잘못을 범하고 있다는 말이다. "마음과 리를 둘로 하는 것"에 대한 비판이다. 동시에 그는 도가에 대해서도 다음과 같은 비판적 시각을 견지한다.

노씨의 학문에도 또한 신神을 기르는 공부는 있다. 그러나 오로지 현현玄玄하고 묵묵默默하기만 하여서, 쓸데없는 말이나 허무한 일들만을

6) 위의 책, 卷1, 「答閔彦暉書」, "釋氏主心而棄倫理(此外理而廢之者也, 心亦非其心矣), 伯者主事功而遺心(此襄理而假之者也, 理卽非其理也), 此二者皆主一而廢一, 皆二之者也."
7) 박연수, 앞의 책, 267쪽 참조.

일삼으면서, 천리의 온전함을 유폐시켜 버렸다. 그렇게 되면서 이것이 비록 기의 청허淸虛함을 가지고 있어도, 의리의 주수主帥에서는 떨어져 있다. 이것은 털끝만큼의 차이에 불과하지만, 그 잘못됨은 결국 천리에 이르게 된다.8)

도가철학 내에도 신묘神妙함을 기르는 공부는 있다. 하지만 그것은 오로지 청허하고 허무한 것만을 일삼음으로써 천리의 온전함을 유폐시켜 버렸다. 이 때문에 기의 맑고 깨끗함은 있다고 하더라도 그 속에는 의리의 실질적인 것이 빠져 버렸다. 이것은 결국 유학과 천리나 멀어질 수밖에 없는 결과를 낳게 되었다.

정제두의 이단에 대한 비판은 두 가지의 분명한 입장을 가지고 있다. 하나는 심이나 리를 갈라서 보면서 어느 한쪽만을 강조하고 또 다른 한쪽을 폐기해 버리는 것들에 대한 비판이다. 이것은 양명학의 '심즉리'에 근거한 비판이다.9) 양명학은 심과 리를 나누어 보지도 않고, 이 둘 모두를 중요하게 생각한다는 것이다. 또 다른 하나는 마음을 주로 하거나 혹은 신묘함을 강조하는 공부라고 하더라도, 그것이 현실적 삶의 형태로 드러나지 않는 것을 비판한다. 허적함이나 공허함에 빠졌다는 비판이 바로 이것이다. 이러한 기준에서 정제두는 불교와 도교, 그리고 패자들에 대해 비판하는데, 이 가운데 위의 비판점에 모두 해당되는 것이 바로 불교이다. 정제두의 불교비판 강도가 높을 수밖에

---

8) 정제두, 앞의 책, 卷9,「存言下·聖人之學心學」, "老氏亦有養神之功. 然徒事玄玄默默之恬澹虛無, 而遺廢其天理之大全, 則是雖有其氣之淸虛, 而離乎義理之主帥. 是毫釐之差而其謬至於千里."

9) 이러한 모습은 작용을 성으로 본다는 유학의 일반적인 비판과는 차이가 있다. 즉 정제두는 불교비판에 있어서도 심과 리를 갈라보는 것에 기준해서, 이 가운데 심만을 중시한다고 비판한다. 이것은 리만을 중시하면서 심을 유폐시키는 것과 같이 모두 잘못되었다고 말하는 것이다.

없는 이유이다.

그런데 우리가 눈여겨봐야 할 것은 이 당시 불교비판이 당시의 불교 경제나 사회에 미친 영향에 초점을 맞추고 있지는 않다는 점이다. 정제두는 불교의 심에 대한 이론적인 비판을 가하고 있으며, 이것은 불교의 선학과 유사하다고 인식되어 온 양명학을 불교와 구분하려는 시도에서 나온 것으로 보인다. 동시에 불교야말로 주자학과 양명학에게 있어 공동의 적이라는 사실을 적시하기 위한 것이기도 하다. 정제두 자신이 설정하고 있는 양명학은 그야말로 심과 리를 하나로 봄으로써, 마음을 밝게 하고 그것을 통해서 실질적인 삶과 현실에까지 드러나는 것으로 규정하고 있음을 알게 하는 대목이다.

2) 도통道統의 중시

성리학에서 도통론道統論은 중요한 의미를 가진다. 이것은 단순한 성리학의 학맥 전수라는 측면을 넘어서, 성리학이라는 정신의 흐름이 어떻게 이어지고 있는지를 규정해 주는 작업이다. 즉 성리학의 모태로 여기고 있는 요순과 주공周公, 그리고 그것을 완성시킨 공자의 정신이 어떠한 경로를 통해서 지금까지 계속해서 전해지고 있는지를 규정하고 있는 것이다. 특히 여기에서 중요한 것은 '진정한 유학의 도'를 기준으로, 그것을 지금까지 담당해 온 선유들을 설정하고, 이를 바탕으로 당시를 살아가는 학자들이 스스로 그 도를 자임自任하는 것이다. 이러한 도통의 문제가 직접적으로 언급되고 있는 것은 주희의『중용장구中庸章句』서문이다.

무릇 요·순·우 임금은 천하의 큰 성인이었으니, 그들이 천하를 가지고 서로 전하는 것은 천하의 큰일이었다. 천하의 큰 성인으로서 천

하의 큰일을 행하시니, 서로 주고받는 사이에 진실로 말씀해 주신 것
이 이와 같음을 넘어서지 않으므로, 천하의 리가 어찌 여기에서 더할
것이 있겠는가? 이 후로부터 성인과 성인이 서로 이어가셨으니, 성
왕·탕왕·문왕·무왕과 같은 임금들과 고요·이윤·부열·주공·소
공 같은 신하들이었다. 이들은 모두 이것을 가지고 도통의 전함을 이
어가셨다. 우리 부자夫子(공자)께서는 그 지위를 얻지는 못하셨지만, 가
신 성인을 잇고 오는 후학들을 열어주신 그 공에 있어서는 오히려 요
순보다 더 현인된 면모가 있다.[10]

주희는 공자를 요·순·우의 도통을 잇는 것으로 설정한 후, 여기로
부터 안회와 증자, 그리고 자사를 거쳐서 맹자에게로 이어지는 도통의
전수과정을 설명하고 있다. 이러한 과정에서 자사 이후 많은 이단들이
일어났지만, 그 도는 자사와 맹자를 통해서 이어졌다고 말한다.[11] 그리
고 이후 이 도가 끊어지면서 노불老佛의 무리들이 도道를 크게 어지럽
히다가 그것이 정호와 정이에게 심전心傳되면서 비로소 끊어진 도가
이어졌다고 본다.

이와 같은 도통의 중시 풍조는 양명학에 오면서 약화되는 모습을 보
인다. 그러나 이 약화라는 것이 도통을 완전히 무시하고 있는 것은 결
코 아니다. 왕수인은 자신이 맹자孟子를 직승直承했다고 보면서 중간의
모든 도통단계를 생략시킬 뿐, 자신의 철학 역시 공자에서 맹자로 이
어지는 도통의 반열에 서 있다고 말한다.

실제 이러한 모습이 없어지는 것은 양명좌파로 이행되면서부터이다.

---

10) 朱熹, 『中庸章句』, 「中庸章句序」, "夫堯舜禹, 天下之大聖也, 以天下相傳, 天
下之大事也, 以天下之大聖, 行天下之大事, 而其授受之際, 丁寧告戒, 不過如
此, 則天下之理, 豈有以加於此哉? 自是以來, 聖聖相承, 若成湯文武之爲君,
皐陶伊傳周召之爲臣, 旣皆以此而接夫道統之傳, 若吾夫子, 則雖不得其位,
而所以繼往聖, 開來學, 其功, 反有賢於堯舜者."

11) 위의 책, 같은 곳, 참조할 것.

이미 위에서 보았듯이 양명좌파는 도교와 불교의 회통까지 주장하게
되면서, 도통을 아무런 의미 없는 것으로 전락시켜 버렸다. 따라서 도
통을 주장한다는 자체가 성리학적 정통성과 이단관 속에서 이루어지
는 것이며, 이것이 바로 양명우파를 규정하는 요소로 자리매김 했다.
이러한 입장은 정제두에게서도 드러나고 있다. 정제두 역시 도통을 중
시하면서, 강한 벽이단론을 펼치고 있는 것이다. 정제두는 왕에게 경연
하는 자리에서 도통의 중요성을 다음과 같이 역설한다.

> 그러나 그 근본은 정심正心에 있으니, 정심의 근본 또한 신독愼獨이
> 라는 두 글자에 있습니다. 천리와 사사로운 뜻을 여덟 팔(八)자와 같이
> 벌려 가는 것도 신독 공부에 있으며, 천덕과 왕도의 공효를 함께 넓혀
> 가는 것도 신독 공부로 말미암습니다. 그러므로 『대학』의 성의정심과
> 『중용』의 계신공구戒愼恐懼의 공부가 신독의 뜻 아닌 것이 없습니다.
> 그러므로 최초로 시작해야 할 곳도 여기이며 철두철미하게 해야 할 부
> 분 역시 여기에 있습니다. 만약 심력心力을 굳게 하여서 길의 맥락을
> 찾아간다면 도통이 있는 곳에서 대본이 스스로 서게 됩니다.[12]

맨 마지막 구절에서 그가 강조하고 있는 것은 바로 "도통이 있는 곳
에서 비로소 대본이 바로 선다"라는 말이다. 그러면서 그는 도통의 궁
극적 내용을 "마음을 바르게 하는 것"이라고 말하는데, 이 말에서 우리
는 정제두가 마음을 통한 도통의 확보를 얼마나 중요하게 생각하는지

---

12) 정제두, 『국역하곡집Ⅰ』(서울 : 민족문화추진회, 1981), 「筵奏」, 257쪽, "此然
其本則在於正心, 而正心之本又在於愼獨二字, 天理私意八字打開者, 在於愼
獨工夫, 天德王道功效普博者, 由於愼獨工夫. 大學之誠意正心, 中庸之戒愼
恐懼, 無非愼獨之意也, 其最初下手處在於此, 徹頭徹尾處亦在於此. 若硬着
心力尋向路脉, 則道統所在大本自立矣." 앞으로 이 책은 『국역하곡집』으로
표기하고, 『霞谷集』은 앞에처럼 서지사항 없이 인용하기로 한다.

알 수 있다. 그리고 그것을 이어오는 학자와 그렇지 않은 학자의 차이를 중시한다. 그래서 그는 자신의 스승이었던 박세채(호는 南溪)의 제문에서 스승의 도통을 주자로 이으면서 "남기신 단서를 궁구해 보면 고정考亭을 종주로 하셨다"[13]라고 말하고 있다. 여기에서 고정은 주희를 지칭하는 말로, 자신의 스승을 주희와 도통으로 연결시키고 있다. 이러한 입장은 그 자신 역시 주자학으로부터 자유로울 수 없음을 밝히고 있는 것으로, 주자학으로부터 박세채로, 그리고 그것이 자신에게 영향을 주었음을 인정하고 있는 것이다.

그럼에도 불구하고 정제두는 성리학의 도통을 정리함에 있어서는 주희를 빼 놓고 있다. 그는 공맹孔孟 이후의 학문에 대해서 고민하면서 "의심이 없을 수 없다"라고 말하고, 오직 성인의 참됨을 얻은 사람들에 대해서 다음과 같이 규정한다.

　　후세의 학술은 의심이 없을 수 없다. 가만히 생각해 보면, 성인의 뜻이 밝혀지지 못한 바가 있는데, 오직 왕씨의 학만이 주자周子와 정자程子의 뒤로 거의 성인의 참됨을 얻었다고 할 수 있다. 이 때문에 일찍부터 마음에 깊이 두고서 부분 부분을 살펴보았지만, 아직 그것을 강해하지 못한 것이 한스럽다.[14]

여기에서 주자는 주돈이를 지칭한다. 정제두는 왕수인의 학문이 이어지는 데 있어서 맹자와 왕수인의 징검다리로 주돈이를 설정하고 있다. 북송오자 가운데 주돈이와 이정 형제, 이 가운데에서도 정제두는 특히 정호를 양명학의 도통으로 보고 있다. 우리는 여기에서 주돈이와

---

13) 정제두, 앞의 책, 卷6, 「祭文・祭南溪朴先生文」, "遺緖是究, 考亭其宗."
14) 위의 책, 卷7, 「壬戌遺敎」, "後世學術不能無疑, 窺恐聖旨有所未明, 惟王氏之學, 於周程之後, 庶得聖人之眞, 窺嘗委質潛心, 略有班見, 而恨未能講."

정호가 사승관계인 점을 제외하고도, 이 둘의 철학적 공통점이 성의誠
意에 있음에 주목할 필요가 있다. 주돈이는『통서通書』를 통해서 성의
공부를 강조했던 인물로 유명하다. "적연부동寂然不動한 것은 성誠이
고, 감이수통感而遂通하는 것은 신神이다"[15]라는 말이나, "성誠이라는
것은 지극히 진실하면서 망령됨이 없는 것을 일컫는 것이니, 하늘이
사물에게 부여하여 받은 정리正理이니, 사람은 모두 그것을 가지고 있
다"[16]라는 말 등은 성誠을 인간의 본성으로 본 것으로, 이것은 이후 성
의 공부론으로 이어진다. 동시에 정제두는 여러 면에서 정호를 중시하
는 모습을 보여주고 있다.

> 선생은 평소 정명도의 말을 외우고 음미하였다. 그래서 그 말한 것을
> 채취하여 문목을 나누어 3편의 책으로 만들고『정문유훈程門遺訓』이라
> 고 이름하였다. 또한『정성서定性書』는 공부하는 사람에게 절실하되
> 강론하는 자가 많이 그 취지를 잃고 있으므로, 선생께서 드디어 그것
> 을 주해하셨다. 하곡은 대체로 정백자를 흠모하고 좋아하는 것이 깊었
> 던 까닭에……[17]

이정 형제 가운데 특히 정호를 중시하고 있음을 보여주는 부분이다.
정제두의 이러한 모습은 행장에서 "평소에 명도의 말을 외우고 음미하
여『정문유훈』을 편찬하였고『정성서』를 주해하였다. 대개 그것을 흠
모하고 좋아하였던 것이 깊었기 때문에 말과 행동 사이에 매번 서로

---

15) 周敦頤,『周子全書』卷8,「進呈本通書二・聖」, "寂然不動者, 誠也, 感而遂通
者, 神也."
16) 위의 책, 卷7,「進呈本通書一」, "誠者, 至實而無妄之謂, 天所賦物所受之正理
也, 人皆有之."
17) 위의 책, 卷10,「年譜」, "先生居常論味明道之言, 採其論, 分門目爲書三篇, 名
程門遺訓, 且以定性書切於爲學, 而論者多失其旨歸, 遂解之. 盖於程伯子慕
悅也深, 故……"

통하는 것이 많았다"[18]라고 표현되고 있다. 이것은 매우 의미있는 부분으로『송원학안』에서 '정이의 학문은 주회에게, 정호의 학문은 왕수인에게 이어졌다'라는 주장을 십분 받아들인 것이다. 이러한 모습은 특히 주돈이와 더불어 성誠을 중시하는 모습에서 잘 드러나고 있다. 정호는 수양방법으로 성誠과 경敬을 제기하는데,[19] 이것은 이후 왕수인의 성의誠意 공부론으로 이행된다. 또한 정호의『정성서定性書』는 심학의 기초를 다지고 있는 책으로, 정제두가 이것을 왜 그렇게 중시하는지 알 수 있다.

　이러한 입장에서 정제두는 도통이 공맹으로부터 주렴계를 거쳐 정호로 이어지며, 그것이 다시 왕수인에게 전해졌다고 생각했다. 그리고 이를 바탕으로 심학이 자신에게로 이어졌으며, 그 내용은 심을 바르게 하는 학문이라고 생각했다. 그는 비록 스승의 도통을 주회로 보고 있지만, 그는 자신의 학문 연원을 공맹으로부터 주렴계와 정호, 그리고 왕수인으로 설정하고 있는 것이다. 그리고 그 속에는 성의 공부로 이어지는 일관적 학문의 특징이 발견되고 있다. 도통의 중시와 도통계열의 확보, 그리고 그 내용을 심학으로 설정하고 있는 모습은 기존의 양명학에서 드러나지 않는 면모라고 말할 수 있다.

---

18) 위의 책, 卷10,「行狀」, "居常論昧明道之言, 爲編程門遺訓, 註解定性書, 盖其
　　慕悅也深, 故言行之間, 每多相契."
19) 진래,『송명성리학』, 135쪽 참조.

2. 주자학 비판과 '주왕화회朱王和會'[20]의 가능근거

1) 주자학에 대한 이해와 비판

정제두가 살았던 환경이나 사승관계를 살펴보면, 주자학에 대한 그의 이해도가 매우 깊었음을 알 수 있다. 이 때문에 그가 비록 개인적 판단에 의해서 양명학을 선택했다고 하더라도, 그 이면에 주자학적 사고가 깔려 있음은 짐작 가능한 사실이다. 특히 이러한 모습은 민언휘나 민이승 같은 인물과의 논쟁에서 잘 드러난다. 정제두의 이러한 주자학 이해는 그의 학문을 정초하는 데에도 많은 영향을 주었을 것이며, 따라서 그의 주자학에 대한 이해와 비판은 그의 철학을 파악하는 데 있어서 중요한 역할을 할 수 있다.

주자학에 깊이 침잠했음에도 불구하고 정제두가 양명학을 선택했던 것은 '주자학에 대한 비판'에서부터였다. 주자학에 대한 문제점을 발견하고, 그것을 극복하는 과정에서 양명학을 선택했던 것이다. 이러한 입장에서 우선 그의 주자학 비판에 대한 시각을 확인해 보자.

---

20) 和會라는 말은 황종희가 오징의 「草廬學案」을 기술하면서 처음 사용한 말로, 오징이 주자학과 상산학을 하나로 회통시키고 있다는 입장에서 기술한 것이다. 이러한 입장은 단순히 어느 특정 학문을 중심으로 다른 하나를 '절충'하고 있는 입장보다는 좀 더 적극적인 의미로, 양쪽의 철학적 입장을 하나로 '회통' 시킨다는 의미로 이해된다. 주륙화회론은 주자학과 상산학을 자신의 입장에서 하나로 '회통'시키고 있다는 의미이며, 동시에 두 학문의 근원적 일치성에 대해서 인정한다는 의미이기도 하다. 여기에 대해 직접적인 언명은 다음과 같다. 黃宗義, 『宋元學案』卷92, 「草廬學案」, "祖望謹案, 草廬出于雙峰, 固朱學也, 其後亦兼主陸學. 蓋草廬又師程氏紹開, 程氏嘗策道一書院, 思和會兩家."(진하게 표시한 것은 필자가 강조하기 위해서 임의로 그렇게 한 것임) 필자는 이러한 황종희의 말을 차용하여 주자학과 양명학을 하나로 회통시키려는 정제두의 입장을 '朱王和會論'으로 부르기로 한다.

주자는 그 조리條理있게 통하는 것을 일컬어서 리라고 하였다. 이것
은 비록 사물에 두루 통한다고 말할 수 있지만, 그러나 사물의 헛된 조
리나 텅빈 도에 불과할 따름이니, 막연하고 텅 비어 있어서 본령本領과
종주宗主가 될 수는 없다.21)

주희가 리의 개념을 잘못 보았다는 말이다. 그는 자신의 리개념을
설명하면서 주희가 "조리있게 통하는 것"만을 리로 설정했다고 비판한
다. 즉 '물리'만을 리로 보고, 그것에 침잠했다는 비판이다. 이 때문에
이것이 비록 사물에는 두루 통하는 면이 있어도, 결국은 물物의 헛된
조목이나 공허한 도에 불과하다고 비판한다.

하나 하나의 일과 조목에 따라서 그것을 결정하고 때에 따라서 사물
들에게 명命을 내리는 것은 실제로 성이 나의 일심一心 가운데 있기
때문입니다. 그러므로 어떻게 심 밖에서 달리 구해야 할 리가 있겠습
니까? 만약 밭을 가는 것이 소에게만 있고 달리는 것이 말에게 있다고
하면서 오로지 (리를) 그것에서만 구하려고 하면 실로 또한 막연하고
텅 비어서 돌아갈 곳이 없어지니 이것이 외물을 따라다니는 병폐에 빠
지는 것입니다.22)

물리物理만을 리로 설정하면서 리를 심 밖에 있는 것으로 본다는 비
판이다. 이렇게 되면서 리가 소와 말에게 있다고 생각하게 되며, 이것
은 결국 외물만을 쫓는 병통에 걸릴 수밖에 없다. 그러면 주자학은 왜

---

21) 정제두, 앞의 책, 卷8, 「存言上·睿照明睿說」, "朱子以其所有條通者謂之理,
雖可以謂之該通於事物, 然而是卽不過在物之虛條空道耳, 茫湯然無可以爲
本領宗主者也."
22) 위의 책, 卷1, 「與閔彦暉論辨言正術書」, "其逐件條制, 隨時命物, 實惟在於吾
之一心. 豈有外於心而侂求之理哉. 若徒見可耕可馳之在牛在馬, 就而求之,
則實亦茫蕩無歸, 正涉逐物之病."

이러한 결과를 낳게 되었는가? 정제두는 이렇게 된 궁극적 원인을 심과 리를 갈라보는 데서 기인한다고 생각했다.[23] 그는 육구연의 말을 인용하면서 "주자는 리를 물에 있는 것으로 알고 그것을 구하니, 그 뜻은 장차 합치고자 하는 것입니다. 그러나 그 체가 이미 두 개의 갈래로 되어 있습니다"[24]라고 말한다. 여기에서 합치고자 한다는 것은 곧 심과 리를 의미하는 것으로, 합치려고 하는 것은 사실이지만 합치려는 시도 자체가 이미 둘이 갈라져 있음을 전제한다는 것이다. 이 때문에 정제두는 주자학과 양명학이 아주 작은 차이, 즉 호리毫釐의 차이를 가지고 있을 뿐이라고 규정하는데, 그것은 심과 리를 하나로 보지 않는 것이다.

> '물物에 나아가 그 리를 궁구窮究한다'는 것(심과 리를 합하여 하나로 했으니, 이것은 심과 리가 하나가 되었다고 하겠지만, 그러나 둘을 합해서 하나가 되게 했으니 그 근본은 하나가 아니다.)은 둘을 겸해서 하나가 되게 한 것이니, 원래 그 본체에 있어서는 분리됨이 있음을 면하지 못하므로 이 역시 둘로 하는 것이다.(이것은 심과 리 둘을 합해서

---

23) 이러한 비판의 관점은 전형적인 양명학자들의 관점을 수용한 것이다. 왕수인 역시 주자학에 대한 가장 강한 불만을 "심과 리를 둘로 나누는 폐단"(왕수인, 앞의 책, 卷2, 「傳習錄下」, "而未免已啓學者心理爲二之弊.")에서 찾고 있으며, 이러한 입장은 가장 최근의 양명학자였던 정인보에게까지 그대로 드러난다. 그는 왕수인이 理를 구하기 위해서 관사 뒤에 있는 대나무를 보다가 병이 들었다는 것을 『양명학연론』에서 소개하면서, 주자학에 대해서 "學者로서 宇宙의 生成을 討究하는 學究的 方法"에 불과하다는 비판을 가한다. 심과 리를 하나로 보는 '修行'의 학문이 아니라는 말이다. 자세한 것은 정인보, 앞의 책, 119쪽 및 135쪽 참조. 정제두 역시 주자학에 대한 기본 비판의 시각은 결국 심과 리를 나누어 보는 것에서 찾고 있음을 알 수 있다. 박연수, 앞의 책, 267쪽 참조.

24) 정제두, 앞의 책, 卷1, 「答閔彦暉書」, "朱子以理爲在物而求之, 其意固將以合之矣, 然其爲體則已爲二途矣."

함께 다하는 것이니 어찌 하나가 되지 않겠는가만 그 본체에 있어서는
여전히 둘로 나누는 것이 있으므로 마침내 심과 리를 각각 구하고 그
것을 각각 공부하는 것을 면치 못하게 된다. 이것이 바로 이른바 털끝
만한 차이라는 것이다.)[25]

이 말에서 정제두는 주자학이 기본적으로 심과 리를 하나로 보려 한
다는 점은 인정하지만, 이것이 결국은 둘임을 전제한 상태에서 '앞으로
합치려 하는 것'이기 때문에 근본상의 일치는 아니라고 말한다. 그래서
그는 "'심과 리가 하나임을 말하고 기품과 물욕의 사사로움에 대해서
는 살피지 않는다'는 주자의 말은 이 역시 끝끝내 둘이 되게 하면서 하
나가 될 수 없게 하는 것이다"[26]라고 비판한다. 심과 리가 이렇게 갈라
지면서 격물치지에 대한 해석 역시 물과 심을 다른 것으로 보는 결과
를 낳게 되었다는 비판이다.

격물치지에 대해 말하면, 물物이 사물의 리가 되면서 리가 물 속에
있다고 말한다. 그래서 지식은 사물 속에 있는 리에서 구함으로써 내
마음의 도를 밝힌다고 하면서 "지극한 사물의 리를 궁구窮究함으로써
그 마음의 지를 극진히 하는데 있다"고 말한다. 그러므로 천지 사이에
는 하나의 공중에 매달린 것과 같은 도리를 가지고 천지만물의 법칙을
통괄하는 것이요, 심이라는 것은 이러한 법칙을 받아서 통섭하는 것이
니 운행의 바탕에 불과하다.[27]

---

25) 위의 책, 같은 곳, "卽物而窮其理(以心與理合而一之, 是固心理爲一焉者, 但
合二而爲一則其本卽未嘗一也.), 此卽兼二而爲一, 原其於本體, 未免有離, 是
亦二之而已(此卽合心理二者兼盡, 則豈不爲一也哉, 只是於本體, 還有分貳
之, 則遂不免於心理各求而各用工夫矣, 此正所謂毫釐之間者耳.)"
26) 위의 책, 같은 곳, "說心與理一, 而不察乎氣稟物欲之私, 此亦終於爲二而不
能一矣."
27) 위의 책, 卷8,「學辯」, "其曰格物致知, 謂以物者爲事物之理, 而以理爲在物

주자학의 격물치지는 물을 심으로 보지 않고 '사물의 리'로 보면서, 천지에는 공중에 매달린 도리만 있게 되었다는 비판이다. 이처럼 공중에 매달린 도가 천지만물의 법을 통괄하게 되면서 심은 단지 이를 수섭하고 운행하는 바탕에 불과하게 되었다는 말이다. 주자학의 리일분수설理一分殊說과 격물치지格物致知에 대한 비판이다. 정제두는 주자학에서 말하는 태극이 궁극적으로 심 밖에 있는 것으로 설정되면서 이것은 "천지 사이의 공중에 매달린 도리"에 불과하며, 이 때문에 정작 중요한 심은 이것을 받아들여시 운행하는 존재로 전락시켰다고 본다. 격물치지에 대한 잘못된 해석은 여기에 기인한다.

이렇게 되면서 하나로 합일되어 있어야 하는 지와 행 역시 갈라지는 결과를 초래하게 된다. 이것 역시 격물치지를 해석하는 과정에서 나온 것으로, 그는 다음과 같이 말한다.

> 알기만 하고 행할 수 없는 사람(행하지 않으면 그 본체를 다할 수 없으니 알았다고 말할 수 없다.)과 행함만을 힘쓰면서 알 수 없는 사람(알지 못하면 그 본체에 근거하지 않는 것이니, 행한다고 말할 수 없다.), 이 둘은 모두 하나만 얻고 하나는 잃은 것으로, 모두 지와 행의 체體를 잃어버려서 둘로 본 것입니다.[28]

이 인용문은 주자학과 양명학을 비교하는 사이에서 나온 것으로, 지와 행을 갈라서 보는 주자학에 대한 비판이다. 정제두는 지와 행의 본체를 양지와 양능으로 이해하고, 동시에 심이 곧 리라는 근거 역시 양

也, 求識在物之理, 以明吾心之道, 則曰在於窮至物理, 以極其心知. 故以天地間一箇懸空道理, 該括天地萬物之則, 而心者不過爲受攝之地運行之資耳."

28) 위의 책, 卷1, 「答閔彦暉書」, "徒知而不能行者,(不行則不能盡其本體矣, 卽不可謂之知也.) 務行而不能知者,(不知則不本乎其本體矣, 卽不可謂之行也.) 此二者皆得一而亡一, 皆失知行之體而爲二者也."

지와 양능으로 이해한다. 이러한 입장에서 본체를 잃어 둘이 되게 했다는 것은 심과 리를 둘로 하는 것이며, 동시에 지와 행을 둘로 하는 것이라고 말할 수 있다.

이러한 입장에서 우리는 주자학에 대한 정제두의 비판 시각을 다음과 같이 몇 가지로 정리할 수 있다. 물론 이것은 모두 심과 리를 갈라 본다는 기본 비판 시각에서 출발하고 있다. 첫째, 주자학은 궁극적 리를 심 밖에 있는 것으로 설정한다는 점이다. 심 밖의 허공에 리를 매달아 놓음으로써 심은 그것을 받아서 움직이는 존재로 전락시켰다는 점이다. 둘째, 이렇게 되면서 기본 비판 시각인 심과 리를 갈라서 본다는 입장을 제기한다. 셋째, 이를 근거로 심 밖의 리에 대해서 열심히 공부하고 천착하는 결과를 낳았다고 비판한다. 주자학은 물리에 천착하는 결과를 낳은 이유이다. 넷째, 이러한 결과는 지와 행을 갈라서 봄으로써 행동하지 못하게 하는 결과를 낳았다.

그러나 정제두는 이러한 주자학이 양명학과 결코 합쳐질 수 없을 정도로 차원이 다른 학문으로 보지는 않는다. 다만 이러한 비판 시각을 견지하면서도 그는 주자학과 양명학의 차이를 '호리毫釐의 차' 정도로 설정하면서, 동시에 서로의 문제점을 극복함으로써 궁극적으로 성인됨의 학문을 완성할 수 있는 길을 열 수 있다고 생각한다. 이러한 모습이 그의 철학에서 '주왕화회론朱王和會論'의 근거로 작용하게 된다.

2) '주왕화회론'의 가능근거

정제두는 주자학적 학통과 풍토 속에서 양명학을 받아들였다. 그는 당시 주자학의 이론적 결함을 '갈라서 본다'라는 것에서 찾는다. 이 점은 그가 양명학적 전통에 서 있음을 부인할 수 없게 하는 중요한 입장이다. 왕수인이 양명학을 창시하면서 주자학을 비판했던 비판점과 다

르지 않기 때문이다. 하지만 양명학의 창시자였던 왕수인은 주자학을
전면 부정하면서 양명학을 탄생시켰던 반면, 정제두는 이러한 비판점
이 주자학을 전면적으로 거부할 수 있을 만큼의 중요한 이론적 결함으
로 인식하지는 않고 있다. 이 때문에 정제두는 양명학과 주자학의 차
이를 '호리毫釐'의 차이라고 말한다.29) 물론, 이것이 잘못 되면 천리千里
의 차이로 벌어질 수 있지만 동시에 이것은 언제나 서로 극복 가능한
부분임을 의미한다. 이러한 그의 입장은 주자학과 양명학을 바라보는
다음과 같은 시각에서 확인할 수 있다.

> 대개 주자는 일반 사람들이 일체一體가 될 수 없는 곳으로부터 도道
> 로 삼았기 때문에, 그 학설은 먼저 수만 가지로 갈라진 곳으로부터 들
> 어갑니다. 양명은 성인의 근본이 일체가 되는 곳을 도道로 삼았기 때
> 문에 그 학설은 하나의 근본이 되는 곳으로부터 들어갑니다. 혹 말末
> 로부터 본本으로 가고 혹 본本으로부터 말末로 가니 이것이 (두 학설
> 이) 갈라지는 이유일 따름입니다. 그 하나만을 위주로 하면서 다른 하
> 나를 폐하지 않은 것은 모두가 공통된 것입니다. 이것을 잘 배우지 못
> 하게 되면 이 두 개의 폐단을 또한 모두 없앨 수는 없는 것입니다. 그
> 러나 만약 이것을 잘 활용하면 이 학파 역시 함께 돌아갈 수 있는 리로
> 부터 시작해서 결국 서로 크게 차이가 나지 않을 수 있습니다.30)

이것은 기존 양명학자들이 주자학을 보는 것과는 사뭇 다른 입장이
다. 그는 주자학을 여러 곳에서 본체를 향해 들어가는 학문으로 규정

---

29) 이 장의 각주 25)를 참조할 것.
30) 위의 책, 같은 곳, "蓋朱子自其衆人之不能一體處爲道, 故其說先從萬殊處入.
陽明自其聖人之本自一體處爲道, 故其學自其一本處入. 其或自末而之本, 或
自本而之末, 此其所由分耳. 其非有所主一而廢一則俱是同然耳. 使其不善學
之則斯二者之弊, 正亦俱不能無者, 而如其善用, 二家亦自有可同歸之理, 終
無大相遠者矣."

하고 있으며, 양명학은 일체에 바로 들어가서 그곳에서 만수萬殊로 향해 가는 학문으로 규정한다. 정제두가 바라보는 주자학과 양명학의 차이점이다. 따라서 이 두 학문 모두 하나를 위주로 하고 하나를 폐하는 학문은 아니라고 할 수 있다. 두 학문의 근본은 같지만 그것을 잘못 배운 사람들에 의해서 각각의 폐단이 생겨난 것이며, 이러한 이유로 두 파의 학문을 잘 활용하기만 하면 한 가지 길로 가면서 서로 떨어지지 않을 수 있다는 말이다. 주자학과 양명학의 화회和會 가능성이 열리고 있는 것이다.

이제 (선생님의) 일과 학문함에 대해서 말하기를 이미 넓고 깊게 궁구한다고 합니다. 그러나 평상시에는 사승관계를 중히 여겨서 비록 그 사이에 좌우와 피차彼此가 있을 수는 있다 하더라도 (양명의) 뜻과 취지로 돌아가 보면 그 환함이 마치 불을 비추는 것 같아서 미혹된 사람들에게 지침이 될 수 있을 것 같습니다. 그런데 지금 일체를 여기에 반대만 하니, 혹시 양가 (주자학과 양명학) 말의 의미가 달라서 이미 서로를 발현시키기에도 부족한데 거기에 서로의 아주 작은 차이의 병통을 반박하여 그 실체를 얻기 쉽지 않아서 그런 것입니까? 또 무릇 변론가란 쉽게 부연함으로써 그 본령을 우선하지 않는데, 그러면서 의미 해석에만 급급하게 되어 리의 전체에 대해 가리운 바가 있는 것을 보지 못한 것이 많은 듯합니다. 그런데 어찌 말을 아는데 이르렀다고 하겠습니까?[31]

여기에서 정제두는 현재 주자학과 양명학이 갈라져 있는 이유를 다

---

31) 위의 책, 卷2, 「答崔汝和書」, "今以執事文學, 旣曰博極而究之矣. 恒日承沿之重, 雖或有左右彼此於其間, 若言意指歸則謂必曉然如燭照, 庶可爲迷者之指南. 而及一切反是, 豈兩家名言之意不同, 則旣不足相發, 而反能相病毫釐之間, 有未易得其實而然與. 且凡辨論家易以敷衍, 若不先其本領, 而急於義訓, 則理之全體, 或有所揜沒而不見者多矣, 豈得爲知言之至也."

음과 같이 설명한다. 첫째, 사승관계로 인해 한쪽을 편들기 때문이고, 둘째는 용어가 서로 달라서 서로 이해하지 못했기 때문이며, 셋째는 털끝 만한 차이를 가지고 서로 결점만을 공격하기 때문이고, 넷째는 변론가들에 의해서 본령을 찾지 않고 뜻 해석에만 급급하기 때문이다. 우리가 여기에서 주의를 기울여야 할 부분은 바로 실질적인 이론 차이나 서로 회복 불가능한 차별성이 없다는 점이다. 지엽말단적인 부분에서 서로 갈라져 있다는 것이다.

정제두가 보기에 주자학과 양명학은 학문적 방법의 차이만 존재할 뿐 본령은 같다. 만수萬殊로부터 하나로 접어드는가 아니면 하나로 바로 들어가는 것인가의 차이만 있는 것이다. 화회和會가 불가능할 정도의 차별성이나, 서로가 서로를 이단으로 규정할 정도의 차이는 존재하지 않는다는 의미이다. 따라서 주자학에 대한 그의 비판 역시 주자학을 잘못 이해하고 있는 사람이나 혹은 한쪽을 중시하는 것에 대한 비판이라고 할 수 있다.

이러한 입장은 단순히 양명학만 옳고 주자만 잘못되었다는 입장이 아니라, 양명학 역시 잘못이 있을 수 있다는 입장을 제기하는 쪽으로 이행된다. 이미 위의 인용문에서 보이듯이 그는 주자학과 양명학 모두 "각각 다 폐단이 없을 수 없다"라는 입장을 제기한다. 그래서 그는 양명학에 대해서도 다음과 같은 입장을 드러내고 있다.

신해년 6월에 동호東湖에 가서 묵을 때, 꿈속에서 홀연히 생각이 들기를, 양명의 치양지설致良知說이 매우 정밀하지만, 정에 맡겨 두어 욕망이 제 멋대로 움직이는 폐단이 있을 수 있다는 걱정이 생겼다.(이 넉자-任情縱欲-는 양명학의 병폐를 바로 깨달은 것이다.)[32]

---

32) 위의 책, 卷9, 「存言下」, "辛亥六月適往東湖宿焉, 夢中忽思得, 王氏致良知學甚精, 抑其弊或有任情縱欲之患.(此四字直得王學之病)"

그는 '임정종욕任情縱欲'이라는 네 글자를 양명학의 중요한 폐단으로 이해한다. 잘못하면 정에 모든 것을 맡겨 두게 되어 욕망이 제 멋대로 움직이는 폐단에 빠질 수 있다는 것이다. 이것은 심을 리로 보면서 그 것의 발현까지 양지의 발현으로 보는 양명학의 병폐를 지적한 것으로, 정이 악으로 빠질 수 있는 가능성을 인지하고 있는 모습을 보여준다. 이 때문에 정제두는 양명학을 받아들이면서도 정에 이끌려 욕망이 제 멋대로 움직일 수 있는 가능성을 없애 버리는 이론 보완작업을 하게 된다.[33]

정제두가 파악한 주자학의 문제점은 '심과 리를 갈라서 본다'는 것이다. 심과 리는 근원적으로 동일함에도 불구하고 이 둘을 하나로 보지 않게 되면서 행위로 이행되지 못하게 된다는 것이다. 동시에 정제두는 양명학의 문제점을 '임정종욕'에서 찾고 있다. 개인의 정감과 욕망을 인정할 가능성을 인식하고 있는 것이다. 그런데 '심과 리를 갈라서 본다'라는 비판과 '임정종욕'은 해석하기에 따라서 모순관계에 있다. 심을 곧 리라고 보게 되면 활동하면서 정으로 드러나는 것이 곧 리이기 때문이다. 따라서 임정종욕의 우를 범하지 않기 위해서는 심과 리를 별개로 해서 볼 필요가 있다. 그런데 심과 리를 조금이라도 갈라서 보게 되면 그 역시 '심과 리를 갈라서 본다'는 비판으로부터 벗어날 수가 없게 된다. 이 때문에 정제두는 심과 리를 갈라 보지 않으면서도 임정종

---

33) 이러한 정제두의 노력에 대해, 최재목은 이것을 정제두의 양지론이 지닌 동아시아적 의미 가운데 하나로 평가한다. 참고로 정제두의 양지론이 가진 동아시아적 의의를 정리하면 1) 양지 체용론의 체계적 수립, 2) 양명학이 지닌 양지론의 합리적 전개, 3) 임정종욕의 폐단을 논리적으로 극복, 4) 陽明의 역동적 만물일체론에 대해 정적이고 안정된 만물일체론 전개, 5) 致良知를 '양지에 이른다'로 해석함으로써 일본 양명학의 시조인 中江藤樹와 일치된 견해를 보인 점 등을 들고 있다. 자세한 것은 최재목, 『동아시아의 양명학』, 127~140쪽 참조.

욕의 잘못을 범하지 않는 철학을 찾게 되는데, 여기에서 양명학과 주자학의 접점에 서 있는 '하곡학霞谷學'[34]이 만들어진다. 이러한 하곡학은 용어와 철학적 입장들에서는 양명학을 우선적으로 받아들이고 있다. 이것은 다음과 같은 이유 때문이다.

> 제 생각에는 천리가 곧 성性(인의예지가 이것이다)인 것 같습니다. 이러한 심성의 취지에 있어서는 왕문성공의 학설은 바꾸는 것이 불가한 듯합니다. 맹자서 일부가 이것을 증명할 수 있고, 『중용』과 『대학』의 여러 종지와 『논어論語』에서 인을 구하는 것, 그리고 당우唐虞가 (심법을)서로 주고받은 것은 그 취지가 다름이 없는 것입니다.[35]

심성론의 영역에 있어서는 주자학에 비해 양명학이 더 옳다는 말이다. 이것은 심과 리를 갈라서 보지 않는 양명학에 대한 정제두의 신뢰를 보여주는 것으로, 『중용』이나 『대학』 등의 논지에 양명학이 더 잘 부합된다는 말이다. 그러나 이러한 입장이라고 하더라도 심성론의 기본 전제가 되는 리理에 대한 입장이나 심에 대한 설정에 있어서는 상당히 많은 부분을 주자학적 이론을 차용한다. 이것은 임정종욕의 가능성을 가진 양명학의 입장을 막으면서 양명학의 장점을 드러내기 위한

---

34) 이 말은 퇴계 이황의 철학을 '퇴계학'으로 규정하는 것과 같은 의미로 이해할 수 있다. 즉 퇴계학의 원류는 주자학일지라도, 그것을 변형시켜서 퇴계 이황만의 심학적 전통을 형성하고 있음을 의미해서 '퇴계학'이라고 말하는 것이다. 이처럼 '하곡학' 역시 양명학적 전통에 서 있음을 부정하는 것이 아니다. 그 원류를 양명학으로 인정하지만, 이미 그것을 변형시켜서 자신만의 독특한 학문을 형성하고 있기 때문에 붙인 말이다. 이러한 특징은 특히 이후에 논의될 '朱王和會論'에서 분명하게 드러날 것이다.

35) 정제두, 앞의 책, 卷1, 「擬上朴南溪書」, "竊以爲天理卽性也(仁義禮智是也), 心性之旨, 王文成說恐不可易也, 一部孟子書, 明是可證, 而如庸學諸旨論語求仁唐虞授受, 其旨實無不同者."

정제두의 복안으로, 그것은 주로 주자학적인 방법의 차용을 통해 이루어진다.

3. '주왕화회론'의 철학적 특징

정제두는 '심과 리를 갈라서 본다'는 주자학에 대한 비판과 '임정종욕'이라는 양명학에 대한 비판을 중심으로, 주자학과 양명학의 문제점을 동시에 극복하려고 시도한다. 이것은 리에 대한 입장으로부터 심성론과 공부론에 걸쳐 광범위하게 드러나고 있으며, 논자는 이러한 정제두의 특징을 '주왕화회론朱王和會論'으로 부르기로 한다.36) 이번 장에서는 이러한 정제두의 입장이 그의 리삼분설과 심성론, 그리고 공부론에

---

36) 松田 弘 역시 정제두의 철학적 특징을 규정하면서 '주자학적 양명학'이라는 용어를 사용하고 있다. 그는 여기에서 정제두의 철학적 특징에 대해서 "陸象山이나 王陽明으로 대표되는 心學의 思潮와 기대승으로 대표되는 朝鮮朝儒學思想에 있어서의 철저한 理氣合一論과의 合流點 상에서, 지금까지 밝혀온 것처럼 독자의 논리구조를 가지고 開花하고 結實한 것"이라고 규정한다. 이러한 입장은 정제두의 주자학적 사유를 기대승의 理氣合一구조에서 찾고 있으며, 양명학적 사유를 양명심학에서 찾고 있는 것이다. 자세한 것은 松田 弘, 앞의 논문, 411~412쪽 참조. 필자 역시 주자학적인 사유가 반드시 기대승의 것인지는 차치하더라도, 기본적으로 이러한 특징이 있음을 인정한 상태에서 출발했다. 그러나 松田 弘은 이것을 단순 '합류'로 이해하고 있기 때문에 '주자학적 양명학'이라는 용어를 사용하고 있지만, 필자는 이것을 단순 합류로 보지 않는다. 계속해서 논의되겠지만, 정제두의 양명학은 단순 合一이나 절충, 혹은 合流와 같은 의미가 아니라, 주자학과 양명학을 하나의 논리구조 속에서 해석하고 있다. 이것은 합류의 의미를 넘어서 和會의 의미에 가깝다고 할 수 있으며, 이러한 이유에서 필자는 오징이 사용했던 '朱陸和會論'이라는 용어를 차용해서 '朱王和會論'이라고 규정했던 것이다. 따라서 '朱王和會論'은 '朱王合流點' 정도로 정제두의 철학을 규정하는 것보다 더 적극적인 입장이라고 말할 수 있다.

서 각각 어떻게 드러나는지를 파악함으로써 정제두의 '주왕화회론'적
인 특징을 파악하고, 이를 바탕으로 주자학과 양명학의 동질성을 확보
함으로써 객관적 수양론을 확보하고 있는 양명우파 철학의 특징이 어
떻게 나타나고 있는지를 확인하기로 한다.

1) 리삼분설理三分說과 '주왕화회론'

정제두는 주자학과 양명학이 같은 목적을 가진 것으로 본다. 이러한
입장은 여러 층차를 통해서 드러나는 입장을 리 하나의 개념으로 설정
하고, 그 속에서 자신의 입장을 정리하는 모습으로 드러난다. 리의 층
차와 차별성에 관한 내용은 이미 앞장에서 논했으므로, 여기에서는 리
삼분설에 나타난 주왕화회론적 특징만을 정리해 보기로 하자.

우선 가장 두드러진 특징으로는 물리에 대한 인정이다. 정제두는 리
를 세 개의 층차로 나누어서 이해하면서, 물리 역시 리로 인정한다. 이
것은 왕수인의 양명학과는 달리 사사물물지리事事物物之理 역시 리로
인정하고 있는 것이다.[37] 각 사물은 각각의 리를 가지고 있으며, 그 리
로 인해 각 사물은 그 의미를 가지게 된다. 마음 밖에 있는 사물들의
존재와 그 속에 있는 리 역시 하나의 리로 인정하는 것이다. 물론 정제
두는 기본적으로 이러한 리가 생리를 통해서 인정되는 것으로 설명하
지만, 그럼에도 불구하고 사사물물지리事事物物之理를 부정하지는 않는
다. 이러한 면은 특히 마음의 범주에서만 사용되는 양지의 개념을 물
리의 영역까지 넓혀 줌으로써, 마음 본체가 물리의 영역에까지 이르고

---

[37] 왕수인의 理는 '마음 속'에만 한정된 개념이다. 이러한 입장은 대상 속에 理를
설정하지 않는 방식으로, 리의 개념이 양지인 경우 더더욱 그러하다. 이러한
입장들이 존재론까지 설명하게 되면서 세상 모든 리는 마음 속에 있는 것으
로 설정된다. 따라서 사물 속에 리가 있다는 정제두의 입장은 이러한 입장과
는 차이가 있다. 자세한 것은 진래, 『陽明哲學』, 58쪽 참조.

있는 것에서 잘 나타난다. 이것은 주자학의 사사물물지리事事物物之理를 인정하면서도, 그것을 태극과 같은 외재적 리에서 찾는 것이 아니라 양명학과 같이 마음을 통해서 찾고 있는 것이다. 따라서 물리에 대한 인정은 심의 영역에만 한정되어 있던 양명학의 형이상학적 틀을 사물의 범주까지 확대시키면서, 그 의미를 주자학적 방법론에서 찾는 것이라고 할 수 있다.

둘째는 진리와 생리에 대한 차별성을 확보하고 있는 부분이다. 양명학에서 심즉리의 의미는 심과 리를 하나로 본다는 측면이다. 따라서 심은 둘로 나누지 않으며, 리 역시 둘로 나누어지지 않는다. 그러나 정제두는 이러한 리를 진리와 생리로 나누면서, 심 역시 진리지심과 생리지심으로 나눈다. 이것은 심을 진리와 생리로 나누어 보는 것으로, 개념상 진리는 주자학의 성과, 생리는 주자학의 정과 유사하다.[38] 성과 정을 리와 기로 나누지 않고 모두 리로 설명하는 것은 양명학의 개념을 빌려 온 반면, 심의 구조는 주자학적 틀을 차용하고 있다.

이러한 모습들을 통해 우리는 다음과 같이 정리할 수 있다. 먼저 그는 심과 리를 갈라보는 주자학적인 폐단에 대해서는 '모든 것을 리로 인정'하는 모습을 보이는 반면, 임정종욕의 가능성을 가지고 있는 양명학의 폐단에 대해서는 '물리와 생리, 그리고 진리'를 나누어 봄으로써 정으로 흐를 수 있는 가능성을 차단하고 있다. 따라서 리삼분설은 주자학과 양명학의 폐단을 동시에 극복하려는 과정에서 나온 것으로, 그 방법론은 각각 주자학적인 틀과 양명학적인 개념을 빌려오고 있다. 둘째, 물리를 통해 사사물물지리事事物物之理를 인정함으로써, 주관적인

---

38) 본체로서의 성과 그것이 발한 상태인 정을 상정하는 것이 주자학이라면, 정제두는 본체로서의 진리와 그것이 발한 활동체로서의 모습을 생리로 설정하고 있다. 이러한 모습은 개념상 주자학의 성·정 개념과 유사하다고 할 수 있다. 자세한 것은 제2부 1장 1.을 참조할 것.

마음에 모든 것을 맡기는 것이 아니라 객관적인 리를 설정하려는 노력을 보여준다. 이것은 특히 일용윤물지칙日用倫物之則을 중시하면서, 리를 그 속에서 실현시키려는 정제두의 입장에서 잘 드러난다.

마지막으로 우리가 특히 주의를 기울여야 할 부분은 바로 '리'에 대한 강조이다. 이것은 유종주·황종희의 철학과 비교해 보면 그 특징이 더욱 분명하게 드러난다. 유종주와 황종희의 철학은 중국 양명우파의 이론적 정점에 서 있지만, 그 형이상학은 기학氣學에 근거한다. 이 때문에 심학적 연원을 확보하고 객관적인 수양론을 확보함으로써 성리학적인 면모에 초점을 맞추고 있지만, 세계에 대한 이해는 기학을 중심으로 이루어짐으로써 순수 성리학적인 면모에서는 벗어나는 모습을 보인다. 특히 황종희는 '강상윤물지칙綱常倫物之則'을 사람의 리로 설정하고 이것을 일반 사물의 리와 구분하면서, "'강상윤물지칙'을 세상 사람들은 '천지만물이 공유하고 있는 리'라고 생각한다"39)라고 말한다. '천지만물이 공유하고 있는 리理'는 기氣에 의해 펼쳐진 세상으로, 이것은 더 이상 도덕적 의미를 갖지 않는다. 이 때문에 황종희의 '성리학적 특징'은 사람에게만 한정된다. 명대 기학氣學이 낳은 결과인 것이다.

그러나 정제두는 이러한 양명우파 철학을 다시 '리학理學'으로 돌려놓음으로써, 여전히 세계를 도덕적 법칙의 체계로 설명하려고 한다. 세계를 기의 운동으로 설명하는 기철학에 비해, 도덕적 법칙의 체계로 이해하는 리철학 체계가 '성리학'에 더 부합되는 측면이 있다. 리학이 집단적 가치를 중시하면서 봉건적 특징을 가지는 이유는 여기에 있다. 그러나 '양명우파'를 기준으로 삼게 되면, 이 같은 정제두의 양명학이 유종주나 황종희에 비해 더 철저한 '양명우파 철학'이라고 말할 수 있다.

---

39) 黃宗羲,『孟子師說』卷7, "綱常倫物之則, 世人以此爲天地萬物公共之理."

2) 생리지심 및 진리지심과 '주왕화회론'

심성론에 있어서 '주왕화회론朱王和會論'적 성격은 앞장에서 살펴본 리와 유사한 형태를 보여준다. 정제두의 심성론 역시 리기론에 기반하고 있기 때문이다. 이러한 입장에서 생리지심과 진리지심에 나타난 주왕화회론의 특징들을 간단하게 정리해 보면 다음과 같다.

우선 가장 중요한 특징은 마음을 중층구조로 이해하고 있는 점이다. 물론 이것은 궁극적으로 체용구조를 통해 하나라는 설명을 한다고 해도, 마음은 도덕본체로서의 마음과 일상적 정감과 욕구들이 포함되어 있는 마음이 있다. 전자는 '표현하게 하는 마음'이고 후자는 그것에 의해서 '표현된 마음'이다. 이러한 모습은 마음을 '이발已發'의 관점에서 이해하면서 사람의 성과 정, 그리고 심을 '하나'로 이해하고 있는 양명학의 심성론과는 다른 모습이다. 이러한 점은 이미 위에서 살펴보았듯이 개념적으로 주자학의 성·정과 유사하며, 이것이 심성론의 영역에도 그대로 적용된 것이다. 따라서 주희가 심통성정心統性情을 말했다면, 정제두의 심은 생리지심과 진리지심의 합으로 이해한다고 말할 수 있다. 주자학적인 체용구조에 양명학적 개념이 결합되고 있는 대목이다.

둘째, 심즉리와 성즉리를 하나의 철학체계 속에서 설명하고 있는 모습이다. 원래 이 두 명제는 각각 양명학과 주자학의 심성론을 대변하는 대표적인 언명으로, 양쪽의 심성론 차이를 극명하게 드러내는 것이었다. 이것은 각각의 형이상학체계에 기반한 심성론의 특징을 그대로 부각시켜 주는 언명으로, 주자학에서는 심즉리를 받아들일 수 없는 반면, 양명학에 있어서는 심즉리나 성즉리가 같은 개념이다. 따라서 주자학의 측면에서는 심즉리가 하나의 철학체계 속으로 들어오는 것이 불가능하며, 양명학의 측면에서는 심즉리와 성즉리가 완전히 같은 개념이어야 한다. 하지만 정제두는 이러한 심즉리와 성즉리를 각기 다른 중층구조로 설정하고 있다. 이것은 주자학과 양명학의 심성론을 하나의 구조 속에서 수용해 내는 것으로, '주왕화회론'의 상징적인 모습이라고 말할 수 있다. 이렇게 되면서 정제두의 철학체계 내에서 심즉리는 생리의 영역에서, 성즉리는 진리의 영역에서 받아들여졌으며, 이것은 하나의 구조 속에서 모순 없이 받아들여지고 있다.

특히 내용적인 면에 있어서도 이러한 모습은 주자학의 본연지성·기질지성 구조와 유사한 모습을 보여준다. 순선한 것으로서의 본연지성이 진리에 해당된다면, 성이지만 기질의 영향을 받는 기질지성은 리이지만 형기에 의해서 영향을 받는 생리지심과 내용적으로 유사하다.[40] 그것을 비록 성의 영역에서 인정한다고 해도 순수한 성과 기질의 영향을 받는 성을 나누는 것처럼, 리의 영역이라고 해도 순수한 리와 형기의 영향을 받는 리를 나누고 있는 것이다. 주자학의 틀을 기본으로 심 전체를 리로 보는 양명학의 입장이 차용되면서 만들어진 결과라고 할 수 있다.

이러한 모습을 통해 우리는 심성론의 영역에서 나타난 정제두의 철학적 특징을 다음과 같이 정리할 수 있다. 즉 마음의 중층구조는 주자학적 구조를 인정함으로써 선과 악의 구조를 심 속에서 분명히 설정해 내고 있는 반면, 이러한 중층구조를 모두 리로 보는 양명학적 심 개념을 차용함으로써 현실적인 도덕실천을 도덕정감의 영역에서도 보증받으려고 시도하고 있는 것이다. 이를 통해 객관적인 수양론의 제기를 용이하게 하면서도 도덕정감을 통해서 도덕실천성 역시 용이하게 하려고 하는 특징을 보여준다.

---

40) 김교빈, 앞의 논문, 70쪽 참조.

3) 공부론에 드러난 '주왕화회론'

공부론은 여러 측면에서 주왕화회론의 성격이 분명하게 드러나는
영역이다. 주자학과 양명학의 실질적인 차이점은 바로 공부의 형태나
공부에 대한 입장에서 분명하게 드러나기 때문이다. 공부에 대해 객관
적 공부론을 설정하는가 그렇지 않은가의 차이로부터, 문자와 글공부
를 인정하는가 그렇지 않은가에 따른 주자학과 양명학의 차이는 분명
하다. 동시에 이것은 그대로 양명좌파와 양명우파에게서도 극명하게
대립되는 부분이다. 이러한 입장에서 정제두의 공부론에서 나타난 '주
왕화회론'의 입장을 정리하면 다음과 같다.

첫째, 양지를 체용론적인 구조로 이해하고 있는 부분이다. 이 부분
은 정제두의 철학이 가지고 있는 가장 중요한 특징 가운데 하나로, 원
래 양명학에서는 양지를 체용體用론 구조로 이해하지는 않는다. 물론,
앞에서 살펴보았듯이 양지는 두 가지 의미로 해석되는 것은 사실이
다.41) 하지만 그렇다고 해서 양지를 체용론의 구조로 나누지는 않고
있다. 여기에서 정제두의 독창적인 면모가 드러난다. 즉 정제두는 주자
학의 체용론적인 구조를 채택하면서 양지의 두 의미를 무모순적으로
해결하려고 한다. 즉 본체로서의 양지와 발용한 양지를 모두 같은 양
지로 이해하면서, 그것은 바로 체와 용의 관계라는 입장을 제기하고
있는 것이다. 이러한 모습은 양명학이 가지고 있는 양지의 이중적 면
모를 주자학의 체용관계를 통해서 해결하려는 모습으로 볼 수 있으며,
여기에서 정제두의 주왕화회론적 성격은 부각된다.

둘째, 지행합일知行合一 역시 양지와 양능이라는 체용구조를 통해서
하나임을 주장하고 있다. 지행합일은 정제두가 주자학 사회인 조선에
서 양명학을 선택하게 했던 가장 중요한 요소로, 직접적인 도덕적 행

---

41) 자세한 것은 제1부 1장 1-2)를 참조할 것.

위를 담보하려는 정제두의 입장이 잘 반영되어 있는 부분이다. 정제두
는 양지와 양능 역시 도덕행위를 위한 체용구조로 이해하면서 체와 용
이 원래 하나이듯이, 양지와 양능 역시 하나라는 입장을 제기한다. 이
를 통해서 지와 행 역시 결코 구분될 수 없다는 논리를 제시하고 있다.
이러한 입장 역시 양명학의 지행합일이라는 입장을 양명학의 양지와
양능이라는 개념을 사용하면서도, 그것을 주자학적인 체용구조를 통해
서 설명하고 있는 것이다.

셋째, 격물치지와 성의정심의 공부론이다. 왕수인의 양명학에서 공
부론은 '성의誠意 공부'를 중심으로 설명되었다. 격물치지 역시 성의정
심의 수양론 범주에서 설명되고 있는 것으로, 격물치지 그 자체를 수
양론으로 설정하고 있지는 않고 있다. 하지만 이러한 모습은 이후 양
명우파 계열의 학자들에게 이어지면서 『대학』 중심의 수양론보다는
『중용』 중심의 수양론이 전면에 등장한다. 이렇게 되면서 성의 공부나
정심을 강조하면서도, 그 방법론으로 제기하는 것은 『중용』의 계구戒
懼와 신독愼獨 공부이다. 수증파와 귀적파로부터 시작해서 유종주와 황
종희에게 이르기까지 이 점은 일관되게 유지된다.

그러나 정제두는 성의 공부론을 격물치지의 영역에서 설명하려고
시도한다. 공부 방법론을 『대학』을 통해 확보하려고 하는 것이다. 물론
격물치지에 대한 해석은 양명학의 해석을 따르고 있으므로, 그것 역시
'마음공부'로 해석되는 것은 분명하다. 그러나 중국양명우파는 이러한
마음공부를 계구나 신독에서 찾는 반면 정제두는 격물의 의미 해석을
통해서 이것을 '마음공부의 영역'으로 치환시켜 내고 있다. 이러한 모
습은 물物에 대해서 주자학이 물리로 본다고 비판하면서도, 기본적으
로 그것에 대한 인정이 들어 있음을 의미한다. 이것은 격물공부를 도
문학 공부와 같이 보면서 성현들의 글을 신봉하는 주자학과는 차이가
있지만, 내용적으로 경전이나 성현의 도통을 인정하는 정제두의 철학

이 투영되어 있는 것이다. 여기에서 공부 방법론이 마음 위주의 공부만이 아니라, 마음 공부의 일환으로서 도문학 공부를 인정하고 모습을 보여주는 쪽으로 이행될 수 있는 가능성이 내재하게 된다. 바로 여기에서 격물 공부에 대한 중시는 마음 공부를 중심에 둔 양명학 틀 속에 마음 공부의 한 형태로서 주자학의 도문학이 받아들여질 수 있는 가능성이 열린다.

넷째, 이러한 모습은 정제두의 양명학에서 '저작'이나 '글'을 중시하는 모습으로 드러난다. 양명학은 학문의 특징상 도문학에 비해 존덕성을 중시한다. 마음 위주의 공부론이 주를 차지하지, 책을 쓰고 그것을 읽는 공부에 대해서는 반대하기 때문이다. 이것은 왕수인이 주자학을 비판하는 중요한 논점 가운데 하나이기도 하다. 이 때문에 왕수인은 편지글이나 기타 제자들이 기록한 어록류는 있어도, 자신이 스스로 경전에 주를 다는 경우는 없다. 하지만 정제두는 스스로 양명학을 계승하고 있음에도 불구하고 『맹자』와 『대학』, 그리고 『중용』에 대해서 주를 달고 『심경心經』을 새롭게 해석하는 모습을 보여준다.42) 이 말은 공부에 있어서 책을 통해서 하는 '도문학' 공부의 중요성을 인정한 것이라고 말할 수 있다. 이것은 물리에 대한 인정으로부터 격물치지로 이어지는 주자학적 방식의 이해로부터 온 것으로, 특히 문헌을 통한 객관적 공부론의 설정이 중요했기 때문에 이루어진 결과라고 말할 수 있다.

---

42) 왕수인은 경전의 문구에 집착하는 것을 경계하고, 사서오경에 대해서도 '心體'를 설명한 것에 불과하다는 입장을 견지한다. 따라서 경학에 적극성을 보이는 태도 그 자체는 분명히 주자학적인 영향선상에 있다고 말할 수 있는 근거가 된다. 윤사순, 앞의 논문, 142쪽 참조.

결 론

　주자학에 대한 비판으로부터 탄생한 양명학은 '성리학'이면서 동시에 '성리학으로부터 벗어날 가능성을 가지고 있는 학문'이다. 주자학에 대한 강한 비판을 통해 도덕학 본연의 모습을 회복하려 했던 것이 '성리학'으로서의 양명학이라면, 주관적 성격이 강한 심을 리로 인정함으로써 심이 가지고 있는 정감과 욕망마저 인정할 가능성을 가지고 있는 것이 '성리학으로부터 벗어날 가능성을 가진 학문'으로서의 양명학이다. 이러한 두 가지 모순적 특징은 양명학의 탄생이 주자학을 비판하는 과정에서 이루어졌기 때문이다.

　이러한 이유에서 양명학을 제대로 이해하기 위해서는 주자학과의 비교가 필연적이라고 말할 수 있다. 동시에 양명후학에 대한 평가 역시 주자학과의 길항관계에서 살펴보는 것이 더 타당하다. 양명후학을 좌파와 우파로 보는 것이 더 나은 이유이다. 양명좌파는 주자학과 양명학의 차별성, 즉 '성리학으로부터 벗어날 가능성'에 초점을 맞춤으로써 개인의 정감과 욕망을 인정하는 철학적 특징을 보여준다. 이에 비해 양명우파는 주자학과 양명학이 가진 '성리학'이라는 공통점에 초점을 맞춤으로써, 양명학이 가지고 있는 '성리학으로부터 벗어날 수 있는 가능성'을 차단해 가는 입장이다.

　이 책은 양명우파의 철학적 특징을 추출해 내는 것이 중요한 목적 가운데 하나였다. 이미 들어가는 말에서 밝혔듯이 양명좌파는 그들이 가지고 있는 근대성이나 계몽적 성격으로 인해 많은 주목을 받았지만, 양명우파는 여전히 봉건적인 것으로 이해되어 이름만 존재할 뿐 철학적 특징이나 학적 연계관계 등에 대해서는 밝혀지지 않았다. 이러한 이유에서 이 책 1부에서는 우선 양명우파의 철학적 특징을 추출하고, 이러한 특징들이 양명우파 철학자로 인식되어 온 학자들에게 일관되게 유지되는지를 확인했다. 그러한 특징들은 다음과 같다.

첫째, 도덕정감과 도덕본체의 불일치를 전제하고 있는 입장이다. 물론 체용일원과 같은 용어를 통해 '하나'라고 주장하는 입장들은 있다. 하지만 이것 역시 '하나가 되어야 한다'는 당위에서 나온 것일 뿐, 내용적으로 보면 도덕정감 그 자체가 도덕본체의 현현顯現이 아닐 수 있음을 밝히고 있는 입장이다.

둘째, 객관적 공부론의 제기이다. 도덕본체와 도덕정감의 불일치가 전제되면서, 이 둘을 '하나로 합쳐야 한다'는 당위를 실현시키기 위해서 나온 것이다. 이러한 공부론은 성의誠意 공부로 드러나며, 그 방법론으로『중용』의 신독愼獨・계구戒懼 공부가 강조된다. 비록 '마음 공부'에 한정되어 있지만, 깨달음만을 강조하는 양명좌파와는 다른 모습이다.

셋째, 이단관과 도통론의 확보이다. 객관적 공부론의 설정은 성인됨에 이르는 기준의 설정으로, 이러한 기준의 설정은 이단과 정통을 구분하는 토대가 된다. 도통론과 이단관이 발생할 수밖에 없는 이유이다. 유종주의 「사설」이나 황종희의『명유학안』은 바로 이러한 이유에서 기술된 것으로 정리했다.

이렇게 되면서 양명우파 철학은 자연스럽게 개인의 사욕과 정감을 막는 철학으로 발전하게 된다. 심에 모든 리를 부여하지 않고, 공부를 통해서 리를 획득할 수 있게 함으로써 생겨난 결과이다. 이러한 과정에서 이들은 자연스럽게 주자학적인 구조와 수양론을 차용하게 되고, 이것은 주자학과 양명학의 '화회和會' 가능성을 모색할 수 있게 해 주었다. 양명우파 철학이 개인의 정감을 인정하지 않고 집단적인 윤리체계를 강조하는 등, 봉건적인 색채를 띨 수밖에 없는 이유는 여기에 있다.

양명우파의 이러한 철학적 특징은 정제두의 양명학을 분석하는 기준이 된다. 정제두의 양명학 역시 양명우파 철학 속에서 파악될 수 있기 때문이다. 따라서 위에서 제기한 특징 하나하나를 가지고 정제두의 철학을 확인함으로써, 그의 양명우파 철학의 입장을 규명할 수 있다. 또한 이를 통해 양명학사에서 그가 차지하는 위치 역시 확인할 수 있을 것이다. 이것이 바로 이 책 2부를 통해서 논의되었던 내용으로, 간단하게 정리하면 다음과 같다.

첫 번째, 도덕본체와 도덕정감의 불일치에 대한 정제두의 입장이다. 정제두 역시 드러난 도덕정감이 그대로 도덕본체의 현현顯現이 아닐 수 있음을 전제한다. 그러나 이러한 그의 입장은 도덕본체와 도덕정감의 문제가 주로 '심성론' 영역에 한정되어 논의되고 있는 중국 양명우파 철학자들과는 차이가 있다. 초기 양명우파 철학자들은 리기론理氣論을 거의 설정하지 않는 왕수인의 영향으로 인해 대부분의 논의 자체가 심성론 영역에 한정되었으며, 유종주나 황종희에게 있어서도 도덕본체와 도덕정감의 문제는 심성론 영역에 한정되어 있다. 특히 황종희는 기학을 통해 세계와 심을 설명함으로써 '본체'가 선천적인 우주만물의 원리로 이해될 수 있는 가능성을 배제시켰다. 이렇게 되면서 '본체'는 심의 영역에서만 한정되고, 일반 사물의 리는 심의 본체와 다른 것으로 이해되었다.

그러나 정제두는 리학에 근거해서 세계와 심을 하나로 이해하고 있으며, 도덕본체와 도덕정감의 불일치 역시 이러한 형이상학적 근거에 의해 이루어진다. 그는 세계와 사물이 리에 근거하고 있다는 사실을 인정하면서, 이러한 리를 물리·생리·진리로 삼분三分한다. 이 가운데 생리와 진리를 심의 영역에 위치시킴으로써, 심은 자연스럽게 생리지심生理之心과 진리지심眞理之心으로 이분二分된다. 형이상학적 범주로부터 도덕본체와 도덕정감의 불일치를 전제하며, 이를 통해서 심 역시 자연스럽게 '도덕정감'인 생리지심과 '도덕본체'인 진리지심으로 나누어지는 것이다. 심성론 위주의 논의에서 벗어나, 도덕정감과 도덕본체의 불일치를 전체 형이상학 체계를 통해서 설정해 내고 있는 것이다.

이러한 그의 입장을 양명우파 철학에서 보이는 '주자학차용' 정도로 설명하는 것은 부적절한 것 같다. 양명학에 기반해서 주자학의 입장을 차용한 것이 아니라, 형이상학적 측면으로부터 심성론에 이르기까지 주자학과 양명학을 하나로 '회통'시키고 있기 때문이다. 필자는 이 같은 그의 철학적 특징을 '주왕화회론'이라는 용어로 규정했는데, 그것을 정리하면 다음과 같다.

첫째, 물리에 대한 인정이다. 이것은 왕수인의 양명학과 달리 사사물물지리事事物物之理를 인정하고 있는 것으로, 심의 영역에만 한정되어 있던 양명학의 형이상학적 틀을 사물의 범주까지 확대시켜 놓고 그 의미를 주자학적 방법론에서 찾고 있는 것이다. 둘째는 진리와 생리에 대한 차별성을 확보하고 있는 부분이다. 이것은 개념상 주자학의 성·정과 비슷한 것으로, 모두를 리의 측면에서 설명하는 양명학적 틀에 주자학적인 심 구조를 받아들임으로써 이루어진 것이다. 셋째, 심 역시 생리지심과 진리지심으로 나누어진다. 이것은 심을 리로 이해하고 있는 양명학적 개념에 본연지성과 기질지성으로 심을 설명하는 주자학적 구조가 합해진 것이다. 넷째, 이를 통해 양명학의 심즉리와 주자학의 성즉리가 정제두의 철학체계 내에서 모순 없이 설명되고 있다. 이것은 그 내용적 측면을 넘어서 서로 모순되는 것으로 이해되어 온 명

제를 하나의 구조 속에서 이해함으로써, '주왕화회'의 상징성을 부각시
키고 있다. 다섯째, '리학'으로 양명학을 설명하고 있는 점이다. 이 점
은 유종주나 황종희가 기학을 통해 새롭게 양명학을 만들어 가는 것과
큰 차이가 있다. 기학에 근거한 그들의 철학은 심에 대해서는 '도덕'을
중심으로 설명하지만, 일반 사물은 그렇지 않다. 그러나 리학은 세계와
마음 모두를 도덕적 리로 설명하며, 따라서 '성리학'을 기준으로 할 때
기학체계보다는 리학체계가 더 '성리학'적이라고 말할 수 있다. 주자학
의 토대가 되는 송대 리학을 중심으로 명대 기학에 기반한 양명학을
받아들인 대표적 사례이다.

두 번째는 객관적 공부론에 대한 입장이다. 정제두 역시 도덕정감을
도덕본체의 모습 그대로 드러내기 위한 객관적인 공부론을 설정한다.
하지만 이러한 특징 역시 중국양명우파 철학에서 제기하고 있는 성의
공부 및 계구戒懼·신독愼獨 공부에 비해 한층 더 짜임새 있는 구조 속
에서 설명되고 있다.

정제두의 공부론은 양지로부터 출발한다. 그는 양지에도 체와 용이
있다는 입장을 제기하면서, 양지의 체를 진리지심으로 양지의 용을 생
리지심으로 본다. 그리고 이 둘의 합일을 치양지致良知로 봄으로써, 공
부의 최종 목적을 치양지致良知로 설정한다. 그리고 치양지를 이루기
위해서 정제두는 격물공부를 객관적 공부론으로 설정한다. 물론, 여기
에서 말하는 격물공부가 주자학의 도문학道問學 공부는 아니다. 그는
양명학의 격물치지론을 수용하여, 이것을 성의정심공부로 해석한다.
이러한 그의 입장은 격물과 치지의 관계를 용과 체의 관계로 보면서,
치지致(良)知를 기준으로 한 격물을 강조한다. 나아가 지행합일知行合一
역시 정제두는 양지와 양능의 체용구조로 설명한다. 원래 양명학에서
지행의 문제는 '애초부터 분리되어 있지 않은 하나'라는 사실에 초점을
맞추었는데, 정제두는 이것을 받아들여 그것을 양지·양능의 체용관계

로 설명한 것이다. 양명학의 지행론이 '인위적 노력'보다는 선천성에 주목하고 있는 것에 비해, 정제두는 이것을 체용體用관계로 설정함으로써 후천적 '공부'가 개입할 수 있는 가능성을 넓히고 있는 것이다.

이러한 공부론의 영역 역시 중국 양명우파 철학에서 약간 더 발전한 모습이 아니라, '주왕화회론'적 성격이 드러날 정도로 분명한 모습을 보여준다. 첫째, 양지를 체용구조로 이해하고 있으며, 치양지致良知를 이러한 체와 용의 합일로 설정하고 있는 부분이다. 이것은 정제두만의 독창적인 모습으로, 주자학의 체용론 구조 위에 양명학의 양지론을 결합시킨 것이다. 이를 통해서 양지가 가진 '정감'과 '본체'로서의 두 의미를 하나의 체계 속에서 무모순적으로 해결하고 있다. 둘째, 지행합일 知行合一을 체용구조로 설명하고 있는 부분이다. 정제두는 양지를 체로 양능을 용으로 설명하면서, 지와 행은 하나로 '합일되어 있다'라고 말한다. 이것 역시 주자학의 체용구조를 바탕으로 양명학의 지행합일설을 결합시킨 것이다. 셋째, 격물치지와 성의정심의 수양론이다. 정제두는 특히 격물 공부를 중심으로 성의정심을 해석하고 있는데, 이것은 유종주나 황종희 등이 『중용』의 계구戒懼나 신독愼獨 공부에서 그 방법을 찾는 것과는 다른 모습이다. 물론, 정제두가 격물 공부를 도문학 공부로 해석하는 것은 아니지만, 그럼에도 불구하고 이를 통해 정제두가 경전을 중시하는 모습을 볼 수 있게 된다.

세 번째, 이단관과 도통론이다. 유종주·황종희로부터 정제두에 이르기까지 불교와 도교는 이미 이단으로 전제되어 있었다. 이러한 점만으로도 양명우파의 전승이 가진 특징을 분명하게 보여준다. 양명좌파는 왕기에서부터 유·불·도의 통합논의가 나오고 있으며, 태주학파로 가면서 실제 이단이나 도통 개념은 없어지기 때문이다. 그러나 유종주·황종희와 정제두의 이단관에는 차이가 있다. 유종주나 황종희는 특히 선학禪學에 대해서 강한 비판적 시각을 견지하는데, 그 이유는 양명좌파 철학이 선학과 닮았기 때문이다. 이 때문에 그들의 비판시각은 양명좌파 및 그와 닮은 선학에 고정되어 있으며, 도통론 역시 양명학 내에서의 적통을 확인하는 작업이다. 이러한 모습은 양명학의 종지를 그대로 잇고 있는 사람과 그렇지 않은 사람을 구분하게 되며, 이러한 시각을 견지한 저술이 바로『명유학안』이다.

그러나 정제두의 이단비판은 이와 다르다. 그 역시 불교와 노장을 이단으로 비판하지만, 비판의 이유는 유종주나 황종희와 다르다. 그의 불교비판은 심과 리를 둘로 나누면서 그 중에서 심만을 강조한 것에 대한 비판이다. 이 비판은 양명좌파를 중심에 둔 것이 아니라, 심과 리를 이분함으로써 현실적인 도덕행위를 유발시켜 내지 못한 것에 대한 비판이다. 노장에 대한 입장 역시 마찬가지이다. 이러한 그의 입장은 심과 리를 이분二分하는 당시 학문들에 대한 비판으로, 양명좌파를 비판하기 위해서 불교를 비판했던 것과는 다르다. 이렇게 되면서 정제두의 도통론 역시 공맹 이후 주돈이와 정호를 중시하고, 이것이 왕수인에게 이어졌다는 입장을 제기한다. 이것은 심과 리를 하나로 보고, 성의誠意 공부를 중시하는 공통분모를 중심으로 도통으로 설정하고 있는 것이다.

이러한 이단관과 도통론에도 정제두의 철학적 입장이 들어 있다. 위에서 밝혔듯이 유종주와 황종희의 이단 비판은 양명좌파를 그 대상으로 한다. 도덕본체와 도덕정감의 완전한 일치를 통해 수양의 불필요성을 강조하고 있는 것에 대한 비판이다. 그러나 정제두의 이단 비판은 심과 리를 떼어놓고 있는 것에 대한 비판이다. 이것은 심과 리를 떼어놓음으로써 도덕주체의 담지자가 되는 심이 실질적 힘을 가지지 못하는 것에 대한 비판으로, 왕수인의 주자학 비판과 궤를 같이한다. 그러면서도 정제두는 주돈이와 정호를 도통의 반열에 넣고 있다. 왕수인이 맹자를 직승했다고 하는 반면에 정제두는 왕수인 앞에 주돈이와 정호를 놓고 있는 것이다. 이러한 입장은 심에 결정권을 부여하는 양명학을 수용하면서도, 성의誠意 공부로 일컬어지는 '심 공부'의 중요성을 강조하고 있는 것이다. 이것은 주자학으로 이어지는 심학적 전통과 왕수인의 심학을 결합하면서 나온 결과로, 왕수인의 심학에 기반해서 주자학으로 흐르는 '심 공부론'을 받아들이고 있는 것이다. '심학' 그 자체를 가장 중요한 철학적 입장으로 채택하고 있음을 보여주는 부분이다. 황종희나 유종주에 비해 더 '성리학적'이라고 말하는 이유는 여기에 있으며, 이것 역시 '주왕화회론'의 한 측면으로 해석할 수 있다.

이렇게 정리하고 보면, 정제두 철학적 특징은 같은 양명우파 내에서도 분명한 차별성을 가지고 있다. 도덕본체와 도덕정감의 불일치에 대한 전제로부터 객관적인 공부론의 설정, 그리고 도통론과 이단관에 이르기까지 중국 양명우파의 정점에 서 있는 유종주나 황종희의 철학에 비해서 한 단계 더 발전적인 모습으로 드러난다. 이러한 모습은 특히 형이상학적인 구조로부터 심성론과 수양론에 이르기까지 하나의 구조 속에서 설명되고 있다. 우리는 정제두의 이러한 모습을 통해, 그의 철학이 양명우파 철학의 정점에 서 있음을 알 수 있다.

동시에 그의 이러한 양명우파 철학의 특징은 중국 양명우파처럼 양명학의 '성리학'적 특징을 지켜나가는 것에서 그치는 것이 아니라, 주자학과 양명학을 하나로 '회통'시킴으로써 만들어진 결과이다. 이러한 측면에서 우리는 정제두가 가지고 있는 양명우파 철학의 특징은 '주왕화회론'이라고 말할 수 있다. 이것은 주자학적 틀을 바탕으로 양명학적 개념을 받아들이거나 혹은 양명학의 개념들을 주자학 개념들로 치환시켜 해석하는 등의 노력들을 통해 완전한 하나의 이론체계로 구성해 내고 있음을 의미하는 말이다. 따라서 주자학과 양명학의 길항관계에서 정제두의 양명학을 평가할 경우, 그의 양명우파 철학은 전체 양명학사에서 가장 완성된 형태라고 말할 수 있겠다. 이러한 측면에서 우

리는 양명우파와 정제두의 양명학을 중심으로 다음과 같은 결론을 내
릴 수 있다.

첫째, 양명우파는 수증파와 귀적파를 통해서 양명좌파와의 이론적
분기가 일어나며, 이것은 중국의 양명우파 철학자인 유종주와 황종희
에게 오면서 이론적 심화 과정을 걷는다. 이 과정에서 양명우파 철학
은 양명좌파와 차별화되는 이론적 특징을 완비하게 된다. 하지만 이러
한 양명우파 철학은 황종희를 끝으로 중국에서는 맥이 끊어지는 반면,
한국에서는 정제두를 통해서 이론적 정점에 서게 된다. 따라서 양명우
파 철학은 왕수인으로부터 출발해서 섭표와 추수익 등의 초기 양명우
파를 거쳐 유종주나 황종희에게 오면서 그 철학적 특징이 완비되고,
정제두에게 오면서 이론적 정점에 선다고 정리할 수 있다. 전체 양명
우파의 흐름에 대한 정리이며, 세부적인 부분은 조금 더 진척된 연구
성과를 필요로 한다.

둘째, 이러한 흐름에 기반한 정제두 철학의 위치이다. 이미 위에서
간단하게 밝혔듯이, 전체 양명학사에서 정제두의 철학은 양명우파 철
학의 정점에 서 있다고 말할 수 있다. 이것은 정제두의 양명학을 규정
하는 중요한 내용으로, 특히 이론적 구조나 '주왕화회론'을 통한 성리
학적 토대를 마련하는 점 등에 있어서 완성된 양명우파 이론을 구가해
내고 있다. 이러한 점은 정제두의 위치가 양명우파 흐름의 정점에 서
있으면서, 가장 완성된 형태로 양명우파 이론을 만들고 있는 것으로
이해할 수 있다. 즉 양명우파 이론은 왕수인으로부터 출발해서 정제두
에게 오면서 이론적 정점에 도달하고 있는 것이다.

참고문헌

1. 원전

『孟子集註』(서울 : 成均館大學校大東文化研究院, 1998).

羅洪先, 『念庵文集』, 史庫明人文集叢刊總目(上海 : 上海古籍出版社, 1993).

聶豹, 『雙江文集』, 欽定四庫全書.

王艮, 『王心齋全集』(臺北 : 中文出版社, 1975).

王畿, 『龍溪全集』, 欽定四庫全書.

王棟, 『一庵集』, 欽定四庫全書.

王守仁, 『王陽明全集』(上海 : 上海古籍出版社, 1992).

劉宗周, 『劉宗周全集』(臺北 : 中央研究員中國文哲研究所, 1996).

李贄, 『焚書』(北京 : 中華書局, 1975).

鄭寅普, 「陽明學 演論」, 『薝園 鄭寅普全集』 2권(서울 : 연세대학교출판부, 1983).

鄭齊斗, 『霞谷集』(韓國文集叢刊 160).

鄭齊斗, 『國譯霞谷集Ⅰ』(서울 : 民族文化推進會, 1981).

周敦頤, 『周子全書』(臺北 : 臺灣商務印書館, 1978).

朱熹, 『大學章句』(서울 : 成均館大學校大東文化研究院, 1998).

朱熹, 『朱文公文集』(臺北 : 臺灣商務印書館, 1980).

朱熹, 『朱子語類』(北京 : 中華書局, 1994).

朱熹, 『中庸章句』(서울 : 成均館大學校大東文化研究院, 1998).

焦竑, 『焦氏澹園集』, 續修四庫全書, 1364(上海 : 上海古籍出版社, 2002).

鄒守益, 『東廓集』, 欽定四庫全書.

黃宗羲, 『明儒學案』(臺北 : 河洛圖書出版社, 1974).

黃宗羲, 『南雷文案』(上海 : 商務印書館, 1929).

黃宗羲, 『宋元學案』(臺北 : 華世出版社, 1978).

268

黃宗羲,「孟子師說」,『黃宗羲全集』(富陽：浙江古籍出版社, 1992).

2. 연구서

岡田武彦,『王陽明と明末の儒學』(東京：明德出版社, 昭和45年).

岡田武彦 編著,『陽明學の世界』(東京：明德出版社, 1986).

김교빈,『양명학자 정제두의 철학사상』(서울：한길사, 1995).

김길락,『象山學과 陽明學』(서울：예문서원, 1995).

김길환,『韓國陽明學硏究』(서울：일지사, 1994).

勞思光,『中國哲學史 - 宋明篇』, 정인재 옮김(서울：탐구당, 1987).

맥렐란. D,『청년헤겔운동』, 홍윤기 옮김(서울：학민사, 1984).

牟宗三,『從陸象山到劉蕺山』(臺北：臺灣學生書局, 1979).

牟宗三,『心體與性體』(臺北：正中書局, 1985).

박연수,『陽明學의 理解 - 陽明學과 韓國陽明學』(서울：집문당, 1999).

배영동,『明末淸初思想』(서울：民音社, 1992).

북경대 철학과 연구실,『중국철학사 3 - 송·명·청 편』, 홍원식 옮김(서울：자
　　작아카데미, 1997).

山下龍二,『陽明學の硏究 - 成立編』(東京：現代情報社, 昭和46年).

아라키 겐코,『佛敎와 儒敎』, 심경호 옮김(서울：예문서원, 2000).

楊國榮,『양명학』, 김형찬, 박경환, 김영민 옮김(서울：예문서원, 1994).

유명종,『韓國의 陽明學』(서울：同和出版社, 1983).

윤남한,『朝鮮時代의 陽明學 硏究』(서울：集文堂, 1986).

이규성,『내재의 철학：황종희』(서울：이화여자대학교 출판부, 1994).

張學智,『明代哲學史』(北京：北京大學出版社, 2000).

齊魯大學國學硏究所,『明代思想史』(臺北：臺灣開明書店, 1978).

중국철학연구회,『역사속의 중국철학』(서울：예문서원, 1999).

陳來,『송명성리학』, 안재호 옮김(서울：예문서원, 2000).

陳來,『양명철학』, 전병욱 옮김(서울：예문서원, 2003).

陳來,『주희의 철학』, 이종란 등 옮김(서울：예문서원, 2002).

蔡仁厚,『왕양명 철학』, 황갑연 옮김(서울：서광사, 1996).

최재목,『동아시아의 양명학』(서울：예문서원, 1996).

최재목,『내 마음이 등불이다 - 왕양명의 삶과 사상』(서울：이학사, 2003).

충남대학교유학연구소 편저,『기호학파의 철학사상』(서울：예문서원, 1995).

한국사상사연구회 편저,『조선유학의 학파들』(서울 : 예문서원, 1996).

한단석,『헤겔철학사상의 이해』(서울 : 한길사, 1981).

嵇文甫,『晚明思想史論』(北京 : 東方出版社, 1996).

黃公偉,『宋明淸理學體系論史』(臺北 : 幼獅文化事業公司, 1971).

侯外廬,『中國思想通史』(北京 : 人民出版社, 1960).

侯外廬, 邱漢生, 張豈之,『宋明理學史』(北京 : 人民出版社, 1997).

3. 학위논문

김교빈,「霞谷哲學思想에 관한 硏究」(빅사학위논문, 성균관대학교, 1991).

김수중,「陽明學의 '大同'社會意識에 관한 硏究 - 王守仁, 王艮, 何心隱을 중심으로」(박사학위논문, 서울대학교, 1991).

박경환,「張載의 氣論的 天人合一思想 硏究 - 天道論과 人道論을 중심으로」(박사학위논문, 고려대학교, 1997).

박연수,「하곡 정제두의 사상에 있어서 인간이해에 관한 연구」(박사학위논문, 성균관대학교, 1989).

유동환,「李贄의 天理人欲論 硏究」(박사학위논문, 고려대학교, 2000).

이상호,「鄭仁普의 陽明哲學硏究」(석사학위논문, 계명대학교, 1998).

홍원식,「程朱學의 居敬窮理說 硏究」(박사학위논문, 고려대학교, 1991).

4. 연구논문

강중기,「黃宗羲의 朱子學 批判과 氣一源論」,『철학논구』19(서울대학교 철학과, 1991).

금장태,「霞谷 鄭齊斗의 心學과 經學」,『종교학 연구』17(서울대학교 종교학연구회, 1998).

김길락,「明代에 있어서의 陽明哲學의 展開」,『중국사상논문선집 - 양명학(1)』(불함문화사, 1996).

김동혁,「陽明學의 哲學的 特性과 그 分派的 展開」,『논문집』제19집(혜전대학, 2001).

김성태,「陽明學과 王門三學」,『철학논구』21집(서울대 철학과, 1993).

김성태,「鄭齊斗(1649~1739) 철학사상을 통해서 본 朝鮮陽明學의 위상」,『대동철학』창간호(대동철학회, 1998).

김세정,「鄒守益의 心學思想」,『양명학』제3호(한국양명학회, 1999).

270

박경환, 「주자학 완성의 사상사적 의미 - 修己와 經世의 문제를 중심으로」, 『中國哲學』 제6집(중국철학회, 1999).

박상리, 「王艮의 安身說」, 『양명학』 제3호(한국양명학회, 1999).

박연수, 「霞谷鄭齊斗의 知行一體觀」, 『한국유학사상논문선집』 56권(불함문화사, 1993).

박홍식, 「陽明 王守仁의 良知說과 霞谷 鄭齊斗의 生理說 比較研究」, 『한국유학사상논문선집』 28권(불함문화사, 1993).

裵永東, 「陽明學 左派思想의 歷史的 性格」, 『한국정치학보』 24권(한국정치학회, 1990).

송석준, 「霞谷 鄭齊斗의 학문세계와 生命思想」, 『누리와 말씀』 5호(인천카톨릭대, 1996).

송석준, 「韓國 陽明學의 形成과 霞谷 鄭齊斗」, 『양명학』 제6호(한국양명학회, 2001).

松田 弘, 「朝鮮朝 陽明學의 特質과 그 論理構造」, 『韓國學報』 제25호(서울 : 일지사, 1981).

松田 弘, 「朝鮮朝 陽明學研究의 現狀과 今後의 課題」, 『朝鮮後期論文選集』 (서울 : 삼귀문화사, 1994).

심도희, 「상산학은 선학인가」, 『중국철학』 10집(중국철학회, 2002).

윤사순, 「鄭齊斗(霞谷) 陽明學의 研究」, 『韓國學研究』 4권(고려대학교 한국학연구소, 1992).

이경룡, 「羅汝芳의 天命流行과 主靜主敬工夫論」, 『양명학』 제7호(한국양명학회, 2003).

이상호, 「강화학파의 實心論」, 『철학』 69집(한국철학회, 2001).

이상호, 「南宋象山學의 전개」, 『중국학논총』 14집(고려대학교 중국학연구소, 2001).

이상호, 「『명유학안』과 양명우파 철학」, 『중국철학』 12집(중국철학회, 2004).

이상호, 「이지의 私欲긍정과 多欲부정의 논리」, 『중국철학』 14집(중국철학회, 2006).

이해영, 「霞谷 鄭齊斗 哲學의 陽明學的 展開」, 『한국유학사상논문선집』 28권(불함문화사, 1993).

임홍태, 「王陽明 '四句敎'에 대한 유종주의 재해석」, 『양명학』 제6호(한국양명학회, 2001).

전병술, 「泰州學派의 理論展開 - 自得에서 狂禪까지」, 『양명학』 제3호(한국양명학회, 1999).

정인재, 「鄭霞谷의 良知說」, 『한국유학사상논문선집』 56권(불함문화사, 1996).

정지욱, 「王龍溪의 良知現成論 - 歸寂·修證派와의 비교를 통하여」, 『양명학』 제6호(한국양명학회, 2001).

주칠성, 「朝鮮朝 陽明學과 鄭齊斗」, 『한국유학사상논문선집』 28권(불함문화사, 1993).

嵇文甫, 「左派王學」, 『民國叢書』 弟2編 7(上海 : 上海書店, 1990).

홍원식, 「'근대적 개인'의 발견 - 泰州學派를 중심으로」, 『중국철학』 3집(중국철학회, 1992).

홍원식, 「退溪學과 『孟子』, 그리고 孟子」, 『퇴계학과 한국문화』 제36호(경북대학교 퇴계연구소, 2005).

찾아보기

276

이 상 호

경북 상주 출생으로, 계명대학교를 졸업하고 동대학원에서 「정제두 양명학의 양명우파적 특징」으로
철학박사학위를 받았다. 현재 계명대학교 교양과정부에서 강의전담 교수로 재직 중이다. 『조선시대
심경부주 주석서 해제』(공저)를 썼으며, 『정인보의 양명학 연론』(공역)을 현대 말로 옮겼다.
주요논문으로는 「정제두 양명학의 '주왕화회'적 특징」, 「맹자의 인간관계론에 드러난 생태적 함의」,
「일제강점기 정인보 실심론의 주체성과 창조적 정신」, 「'성인됨'을 위한 유학의 기획과 그 철학적
전개—원시유가에서 성리학까지」, 「강화학파의 실심론」 등 다수가 있다.

연세국학총서 100

양명우파와 정제두의 양명학

이 상 호 지음

2008년 3월 20일 초판 1쇄 발행

펴낸이 · 오일주
펴낸곳 · 도서출판 혜안
등록번호 · 제22-471호
등록일자 · 1993년 7월 30일

⊕ 121-836 서울시 마포구 서교동 326-26번지 102호
전화 · 3141-3711~2 / 팩시밀리 · 3141-3710
E-Mail hyeanpub@hanmail.net

ISBN 978 - 89 - 8494 - 332 - 2 93150

값 22,000원